天津市高校人文社科重点研究基地

南开大学性别文化与社会发展研究中心

资 助 出 版

性别叙事的嬗变
与
"70后"女作家论

曹 霞 著

人民出版社

前　言

　　中国当代文学的性别意识与性别叙事问题，是一个与新中国的社会主义建设、改革开放、现代性和全球性进程等相关的重要命题。70余年来，性别叙事经历着外部和内部的双重推动而艰难前行。就外部力量而言，随着中国社会的剧烈变化与巨大转型，经济、政治、思想、文化、艺术都在变化，这必然导致性别叙事的物性外壳——叙事形式、视角、语言、技巧等都要应时而变。就内部力量而言，中国当代性别叙事是敏于与西方女性主义理论接榫、在本土化女性文学学者和作家的共同努力下而完成的自我接力与自我哺育的过程。

　　中国当代女性主义研究成果颇为丰硕，刘思谦、乔以钢、戴锦华、孟悦、林丹娅、董丽敏等学者的论著已经成为当代文学研究的重要部分。可以说，关于20世纪后半期的女性文学已有了较为稳定的结论。有鉴于此，再结合我近年来一直致力于的"70后"研究，本书确定了两个主题：性别意识与性别叙事的变迁、"70后"女作家论。目前，学界较少对"70后"女作家进行专题论述，而这一代人经过20年左右的创作磨砺，已经走向了成熟的写作阶段。在她们身上，有着历史发展、文化记忆、先锋美学、现代艺术等多重特质的缠绕，最大限度地体现了阿甘本所说的"当代性""当代人"的特点，构成了一个时代的肖像和性别镜像。作为研究者，我们必须对此予以确认和重视。

全书分为上编和下编。上编四章，下编六章，共十章。

第一章　20 世纪 50—70 年代：意识形态话语与性别意识的规训。这一时期的性别意识是社会主义建设的附属物。新中国成立后，在社会主义美学的规约下，性别话语被重新进行了解码和编码。在文学作品中，通过建构工农兵妇女的身份、对婚恋故事设定边界或将其纳入宏大叙事的链条之中，以及支持鼓励妇女参加公共实践，一个"干净"、纯粹、具有道德净化功能和精神权威特质的社会主义妇女形象被建构起来。然而，性别等级秩序并未因性别无差异说而消失，反而成为一种新的削除女性意识和主体性的力量。

第二章　20 世纪 80 年代：人道主义话语与性别话语的分野。这一时期的女性写作是作为人道主义话语的"同路人"参与到了"伤痕""反思"等文学思潮之中。谌容、张辛欣、陆星儿和早期张洁喁喁诉说的是社会对女性的传统压迫，力图申辩女性应当与男性拥有同样的社会认同。然而，一旦她们意识到性别差异带来的主体差异时，她们开始着墨于自己与同性的生命经验，性别意识和性别叙事的发展便势不可挡。铁凝、王安忆注意到了女性独特而强大的母性和"女性"性，它们坚韧绵密，历史的沧桑无法使之磨损。那在自我感知里静谧生长的欣悦，那在情爱婚姻探索里滋生的思考，还有那厚重安详如大地如母亲的"麦秸垛"和"棉花垛"，都展现了女性的生命活力与性别力量。

第三章　20世纪90年代：多元化语境与性别意识的自觉。陈染、林白和海男等女性作家在"身体""私语"层面上进行了深度推进。在她们那里，女性身体得到了前所未有的自我认识和释放。这个女性形象是如此自足，一切的欢乐痛楚都因之而丰饶磅礴。但一味执着于"个体"终将是自我封闭的，随着中国社会经济的发展和作家对于世态人情的深度认知，她们开始从身体修辞返回到了历史场域。对于历史的重新叙述、对于巨变中国的描写、对于现实的精微呈现，都使她们的文本具有了坚硬开阔的质地。

第四章　新世纪：对话性与性别叙事的超越。在新世纪，"超越性"的写作趋向正在弥漫，意味着性别叙事正在走向辽阔和敞开。女作家也写女性故事，但不再拘囿于女性视角，不再迷恋于对身体、欲望等"小世界"的探索，而更关注中国社会转型期的变化等公共话题，更敏锐于现代化大都市提供的多维生活和丰富的精神资源。她们在个人话语与公共话语的交织中走向了精神探索，与中国社会发展之间保持着彼此对应又互为观照的关系。这使得新世纪的性别写作超越了单纯的女性经验和性别表述，而具有了社会学、心理学、地理学、存在主义等层面的意义和价值。

关于"70后"女作家，本书涉及的是魏微、盛可以、鲁敏、黄咏梅、付秀莹、梁鸿，她们的书写脉络、重心和方式都迥然有异而自成风格。研究对象的选择与我十余年来的研究方向和兴趣密切相关。早在 2006 年攻读博士学位之前，我就已经开始了对于同代女作家的研究。可以说，我的学术生涯是与"70后"的创作历程同步展开的。我希望通过学理性的研究工作，将我同样作为女性的生命经验、感受、领悟、思索纳入其中。

第五章　魏微：一个时代的精神形态学。我认为魏微是迄今为止这一代人（不仅限于女性）中艺术品质最高的。在日常生活叙事中，她通过成长书写以及对风景、物象和细节的描摹，构成了庄重隽永的诗性风格；在时／空叙事中，她以携带着丰饶记忆的时间序列和"地理学"转向形塑了不同的生命形态，深度介入到了中国社会转型期波澜壮阔的现实之中；在情感叙事中，她通过父女、母女、兄妹、姐弟等关系的设置及其互动，展现出了现代生活的图景与不同质地的情感结构。她为当代文坛贡献了一批具有极高辨识度与情感饱和度的文本，建构起了属于一代人、一个时代的精神形态学。

第六章　盛可以：闪电在深渊里的舞蹈。这个命名是我在读完盛可以作品后从心里"自动"浮现出来的。她的热烈、犀利、力量都使这个命名具有了高度的有效性。在早期，她着力于"两性战争"，以明亮的尖锐和力度劈开了幸福生活的表象，以结实冷峻的笔墨形塑了"战争"中的女性形象。随着时间的流逝，经验不断地磨削她的尖锐和决绝，她开始以"悲心"观照人世。她依然写两性关系，但不再写得硝烟四起、狼奔豕突，而是将外露的锋芒化作了温和的体恤与柔软的叹息。当她以"在地化"姿态扎根于现实时，她对当代中国变幻的现实进行了抽样提取和轮廓式再现，在那恢宏壮阔、变化万端的激流之下，建立起了时代逻辑和人性变化幅度之间隐秘而繁复的联系。

　　第七章　鲁敏：一个作家的"变形记"。鲁敏的叙事自觉如此鲜明，以至于她在每一个臻至成熟的创作领域中都觉察到了强烈的不安，主动积极地谋求叙事的"冒险"。她最早成名于"东坝系列"，以丰饶、葳蕤、氤氲着前现代文明的乡愁建构起了一个"日月有情、人情敦厚之所"和"纸上的乌托邦"。"东坝"之后，她转向了"暗疾"书写，这个词连同匮乏、丧失、孤独、无聊等现代性经验共同构成了凛冽的灰调。在近期作品中，鲁敏又转向了身份和身体书写，这与私人化写作的个人性、私密性相去甚远。她探索身份的不确定性，为荷尔蒙"背书"，讲述各种身体关系打开的空间，旨在勘测生存的边界和深度，使生命的哲思有所附丽。

　　第八章　黄咏梅：走向形而上的旅程。我目睹了黄咏梅从书写南国俗世经验到探寻中年内涵再到想象老年生活的全过程。在她的早期小说中开满了"坚韧的破碎之花"，那些生活在南国都市的边缘者、卑微者和残病者，在生活的废墟中艰难生存的同时，也领略着生命的无限惊奇与美丽。随着工作和生活的变化，她开始将笔触转向历史的某些段落，以及人到中年的委顿。她也写老年，以想象力去触及她还没有抵达的领域，并一改中国传统观念里颐养天年、儿孙绕膝的老年生活，按照人性的逻辑讲述老人们在社会化"面具"脱落之后的猥琐、尴尬与灰败。这是一种惊人的冷静旁观与自我警醒。

第九章　付秀莹：美学自觉与"陌上中国"。美学自觉来自于付秀莹所受的古典文学教育，以及她从乡村成长起来的自然、悠游、善感的心。她惯于让笔下人物做梦，将梦境与真实水乳交融；她惯于让叙事留白，在令人伤感的谜面中为人世留存情义与忠贞。她"追忆"少女时代的乡村，"转述"变化中的乡村，她的欢喜与忧思同样深重。当然，她还有一个名字——"陌上"。她以这个古典之名作为回忆、怀想和可依偎的青葱界碑，为童年的乡村和记忆祭出了一份久远深阔的情感涌动。

第十章　梁鸿：抵抗遗忘的艺术与意义。所有的文学固然都在"抵抗遗忘"，但对于梁鸿来说，这个意识是自觉而深切的。她以"梁庄女儿"的身份，对"梁庄"与"中国"的彼此互喻进行着朴素、忠直而令人惊心动魄的记录。她对以故乡为原型的"吴镇"进行现实观察，指引我们记取故乡亲人被连根拔起的心痛。她对"梁庄的堂吉诃德"——父亲的形象进行回忆性想象，只要文字不朽，"父之名"便永生。在这一切之后，她以"中国知识分子"的身份，对近现代中国的变迁进行书写和反思，提醒我们记住逝去之人寂寞清冷的面容，记住自己生命的来路与去处，以及主宰过人们精神和生活的那些或辉煌或荒谬或暴力的历史经验。四象即万象，书写即记忆，抵抗遗忘的意义就在于此。

篇幅所限，本书的研究对象以小说为主。除50—70年代这一部分之外，其他章节以女性作家的创作为主。本书在承认丁玲、杨沫、茹志鹃、王安忆、铁凝、迟子建、林白、陈染等留下的丰富性别命题的基础上，既具体论述"70后"女作家的创作，也关注不同代际女作家之间的叙事差异，绘制出女性主义理论与文本研究、文化研究、社会学研究互动的图景。在研究方法上，本书主要借助女性主义、社会性别、叙事学、新历史主义、现代性、后现代主义等理论，并且将文学批评上升为一种重要的论证材料，融入笔者多年来对女性文学和当代文化的观察与思考。

本书力图展示从社会主义初级阶段到新时期再到新世纪女性文学的思想和文化资源，揭橥性别意识和性别叙事发展的复杂性和多元性，着力于分析以下问题：为什么"70后"女作家的性别意识逐渐不那么明确和强烈，而是自如地融入了广阔的社会化和现代性表述之中。在这种种变化背后，有哪些深刻的社会和历史问题，又有哪些变化的成因。

我希望能够借由本书和相关研究，将"70后"女作家的创作与新中国成立以来的性别叙事脉络进行有机接驳，使历史的连续性、文化的连续性的重建成为可能，以丰富中国女性文学的研究谱系，为拓展性别书写的边界与范畴提供思路。作为后革命或革命后出生的一代，"70后"遭遇的断裂太深了，历史的、传统的、伦理的。我们是沉默的一代、低谷的一代、被遮蔽的一代，虽然年近半百，依然蹒跚于无法自足自洽的荒野，是名副其实的"超晚熟的人"，这些断裂、匮乏、迷茫在女性写作中表现得更为明显和突兀。

此书的部分构想来源于天津市高校人文社科重点研究基地"南开大学性别文化与社会发展中心"资助的课题（"性别视角下的70后作家研究"，项目号63192617），还有一些章节起源于我的第二部书《文化研究与叙事阐释——当代小说史观察的若干视角》。可以说，本书既是一次延续，也是一次重建。我希望，重建的工作是一个开端，更是一种毕生的责任和使命。我愿意和众多同代女性作家一起努力，让这一工作能够持续地开出花结成果。

目　录

前　言 001

上　编　性别意识与性别叙事的变迁

第一章　20 世纪 50—70 年代：意识形态话语与性别
　　　　意识的规训 003
　　第一节　工农兵妇女的身份建构 005
　　第二节　婚恋叙事的净化功能 010
　　第三节　公共实践中的妇女权威 018

第二章　20 世纪 80 年代：人道主义话语与性别话语的
　　　　分野 026
　　第一节　"人"与"性别"的失衡 027
　　第二节　性别意识与主体建构 036
　　第三节　历史场景中的女性 043

第三章　20 世纪 90 年代：多元化与性别意识的自觉 050
　　第一节　身体叙事与姐妹情谊 051

　　第二节　女性与新历史主义 *059*

　　第三节　城市经验与性别写作 *066*

第四章　新世纪：对话性与性别叙事的超越 *074*

　　第一节　自我与他者：从对立到和解 *075*

　　第二节　女性写作与城乡叙事 *082*

　　第三节　文化史中的性别书写 *092*

结　语 *099*

下　编　"70后"女作家论

第五章　魏微：一个时代的精神形态学 *105*

　　第一节　日常生活的诗性建构 *106*

　　第二节　时间、空间与生命形态 *115*

　　第三节　情感结构与现代生活 *125*

第六章　盛可以：闪电在深渊里的舞蹈 *138*

　　第一节　明亮的尖锐及其力度 *139*

　　第二节　慈念悲心与证悟修行 *145*

　　第三节　叙事空间与美学机遇 *153*

第七章　鲁敏：一个作家的"变形记" *161*

　　第一节　乡村乌托邦与时代伦理的变迁 *162*

　　第二节　匮乏、暗疾与孤独 *168*

　　第三节　身份/身体：抵达生命认知的路径 *182*

第八章　黄咏梅：走向形而上的旅程 *189*

第一节　从日常生活到历史叙事 ………………………… 189

第二节　从边缘人生到中年书写 ………………………… 199

第三节　迫近终点的生命，或"丧失" …………………… 209

第九章　付秀莹：美学自觉与"陌上中国" …………… 217

第一节　梦、留白与叙事的宽度 ………………………… 217

第二节　追忆与转述：审美与实践的矛盾 ……………… 226

第三节　"陌上中国"与乡土书写 ……………………… 234

第十章　梁鸿：抵抗遗忘的艺术与意义 ……………… 243

第一节　"梁庄"与土地的黄昏 ………………………… 244

第二节　飞地、幻象与知识青年 ………………………… 248

第三节　从时间中拯救经验 ……………………………… 255

结　语 ……………………………………………………… 266

参考文献 …………………………………………………… 269

后　记 ……………………………………………………… 280

上 编
性别意识与性别叙事的变迁

共和国文学已经走过了 70 余年的历史。70 余年来，社会主义意识形态的建构、改革开放的发展、现代化的经济建设、文化浪潮的更迭等，都为文学带来了题材、主题、风格、内涵等方面的变化。其中，性别叙事是共和国文学最重要的收获之一。作为生产社会主义中国文学新质的重要场域，性别叙事与社会发展之间保持着平行、阐释和呈现等多重关系，为"中国"讲述提供了别样的叙事维度与美学风格。

第一章　20世纪50—70年代：意识形态话语与性别意识的规训

　　1949年，随着新中国的成立，社会制度和文化秩序面临着新的发展语境，本尼迪克特·安德森指出，社会主义国家从成立起就有着浓郁的民族特性："第二次世界大战后发生的每一次成功的革命，如中华人民共和国、越南社会主义共和国等，都是用民族来自我界定的；通过这样的做法，这些革命扎实地植根于一个从革命前的过去继承而来的领土与社会空间之中。"① 可以说，对于民族国家的建构和以共产主义为终极目标的社会主义建设成为并行不悖的现代性诉求。葛兰西在分析现代国家的形成时，指出不能简单地把国家视为统治的机器。他说："社会集团的领导作用表现在两种形式中——在'统治'的形式中和'精神和道德领导'的形式中。"② 除了维持政治

---

① ［美］本尼迪克特·安德森：《想象的共同体》，吴叡人译，上海人民出版社2005年版，第2页。

② ［意］葛兰西：《狱中札记》，曹雷雨、姜丽译，中国社会科学出版社2000年版，第316页。

与社会秩序外，国家还要通过意识形态宣传实现对民众的教育，使之在心理上完成对社会主义新秩序的认同，这也是一个建立黑格尔所称的"普遍同质领域"(universal homogenous sphere)① 的规训过程。

在对"异质"的收编和整改中，性别话语无疑是一个重要的亟待重新编码的领域。社会主义文学叙事罅隙里流露出的女性的美丽、脆弱等特征有可能成为影响经济建设的"落后"因素，因而成为文学作品着力改造的对象："国家是使所有臣民隶属于它的主体（subject to the subject），而异质成分则被剥夺其主体性而不隶属于国家主体。"② 此外，由于妇女形象在政治、文化和革命意识等方面处于有待启蒙的"次等"位置，对她们进行叙述、归置和重新编码也就显得相对安全。在社会主义美学的规约下，50—70年代文学通过对"妇女故事"③ 进行

---

① ［美］酒井直树：《现代性与其批判：普遍主义和特殊主义的问题》，张京媛编《后殖民理论与文化批评》，北京大学出版社1999年版，第408页。

② ［美］酒井直树：《现代性与其批判：普遍主义和特殊主义的问题》，张京媛编《后殖民理论与文化批评》，北京大学出版社1999年版，第409页。

③ 此处称"妇女故事"而非"女性故事"，缘于两个词语包含的时代内涵与价值取向有所不同。汤尼·白露指出，"'妇女'是指一个国族化的主体，它代表着所有政治上合格或正派的妇女整体。"而"女性"则"意味着一个被'西方化了的'、'资产阶级的'、个人主义的、情欲化的女性气质"。［美］汤尼·白露《中国女性主义思想史中的妇女问题》，沈齐齐译，李小江审校，上海人民出版社2012

阶级政治和时代价值判断等实践，逐渐建立起了一个祛除了"女性"性和多样性、以"男女都一样"的无性别差异或扁平化女性身体的存在而彰显民族寓言的新妇女形象。

第一节　工农兵妇女的身份建构

在 50—70 年代，资产阶级 / 无产阶级的二元对立结构被建立起来，阶级话语成为社会主义最重要的文学表述和美学规范。加上第一次文代会确定以《在延安文艺座谈会上的讲话》为新中国文艺事业的总方针，以及有着"以工农联盟为基础的人民民主专政国家"的意识形态支持，代表"无产阶级"的工农兵形象在文学和阶级话语中占据了合法地位。"妇女只有依从男性意识形态的严厉规则，才可表现为支持者或社会变革中的参与者。"① 这意味着女性要想获得和男性同样的主体性，就必须以契合工农兵要求的形象出现。

以女工农兵为主人公的作品，在这一时期受到大力推介和赞颂。在南丁的《检验工叶英》中，女工叶英坚决地反驳那

年版，第 64 页。国内学者也有类似的看法，如刘思谦认为，"女性""以区别于旧式女人的作为人的主体性为本质内涵"，而"妇女"则是"一个被国家权力话语政治化了的意识形态话语"。见刘思谦《女性·妇女·女性主义·女性主义批评》，《南方文坛》1998 年第 2 期。

① ［美］克内则威克：《情感的民族主义》，陈顺馨、戴锦华选编《妇女、民族与女性主义》，中央编译出版社 2004 年版，第 149 页。

些嘲笑她职业的人，充分体现了她"对于自己的职业的自豪感"。她为之苦恼而消瘦的不是正当年华的恋爱问题，而是如何降低工厂的"废品率"。当强烈的工作责任使她忍不住愤怒地斥责青年工人小马时，像"子弹"一样的话语中透露着她"作为国家主人翁的自觉精神"①。在唐克新的小说《沙桂英》中，女主人公是一个优秀的纺织女工，一个新时代的劳模。这个人物的"工人"身份及其面向未来的特性得到了充分肯定，因为这个形象身上有着"工人阶级朴直而又充沛着的革命锐气和足以冲破那庸俗、苟且习气的力量"②，她"生机勃勃，心地明朗，敢作敢为，勇往直前"，"代表着我们社会的未来。"③王愿坚《党费》里的黄新留给人们的印象是"一个有血有肉的英雄形象，一个对党的事业万分忠诚的共产党员"④。冯德英的《苦菜花》中冒认区委书记为自己丈夫的花子、堪与高尔基《母亲》中的母亲相媲美的仁义嫂被认为体现了"革命人民光辉灿烂、宁死不屈的性格"⑤。作家将女性人物的工农兵身份当作了一种高度完美的评准标准，使其自洽性地具有了政治正当

① 唐挚：《勇敢地干预生活的激情——从叶英和刘莲英所想到的》，《文艺报》1956年第5、6期合刊。
② 侯金镜：《短篇小说琐谈》，《河北文学》1962年第7期。
③ 唐春新：《从〈沙桂英〉的创作谈起》，《北京文学》1964年第2期。
④ 李长明：《一个农村女共产党员的英雄形象——读王愿坚的短篇小说〈党费〉》，《光明日报》1956年1月21日。
⑤ 李希凡：《英雄的花，革命的花——读冯德英的〈苦菜花〉》，《文艺报》1958年第13期。

性和道德优先性，这种对女性身份和主体意识进行"男性化"和政治化"拔高"的叙事方式并非为了建构女性主体，而是将工农兵妇女当作"党"之名和集体主义的载体，使之构成一个彼此指涉、相互证明的社会主义"崇高形象"的链条。

在阶级话语的规约下，这一时期文学作品中出现了不少"高大""无私"、具有"党性"的工农兵妇女形象；另一方面，那些有着个人主义、利己主义等危及社会主义建设、不符合劳动美学规范的"异质"则被准确地辨认出来并予以了矫正。在赵树理的《"锻炼锻炼"》中，除了高秀兰等少数妇女干部，大部分农村妇女都想尽办法逃脱集体劳动，其中以"吃不饱"和"小腿疼"等一心谋"私利"的妇女为代表。这令人们担心可能会让读者误会农村有的"只是一大群不分阶层的、落后的、自私到干小偷的懒婆娘①。在此，"落后""自私""懒"等个人化的道德品质被视为与社会新秩序格格不入的"异质"以及妨碍社会主义妇女身份建构的危险因素而着力清除之。

其实，问题不仅在于如何改造"自私""落后"的妇女促使其成为"社会主义新人"，更重要的问题是，如何通过对工农兵形象的正面评价来梳理阶级政治与性别政治之间的复杂纠葛，时代主流和意识形态要求又是如何完成了对于"性别"的"改装"，从而为社会主义妇女形象提供了重要的支撑。1951

---

① 武养：《一篇歪曲现实的小说——〈锻炼锻炼〉读后感》，《文艺报》1957年第7期。

年萧也牧《我们夫妇之间》的发表、批评与结局可以说提供了典型个案。小说讲述革命胜利后，有着知识分子趣味的男主人公李克开始生出了与战争时期不同的精神追求，希望劳动人民出身的妻子张英也能像自己一样有生活情趣，夫妇意见不合，产生了矛盾。小说发表后，先后受到了李定中（冯雪峰）和陈涌的批评。冯雪峰严肃地批判了萧也牧对李克的同情和对张同志的讥讽，认为这体现了对知识分子和工人干部关系的颠倒，斥其为"低级趣味"和"对人民没有爱和热情的玩世主义"，将他当作"敌对的阶级"驱逐出了"人民"内部。①

　　在这一事件中，丁玲文章的杀伤力远远超过陈涌和冯雪峰，用她自己的话来说就是"差不多'消灭'了萧也牧"②，主要原因就在于她敏锐地捕捉到了小说中的性别描写、女性形象塑造对于新中国文学成规和政治成规的冒犯。在这一时期的文学里，无论性别设置如何，知识分子／工农兵之间应当是启蒙／被启蒙、教导／被教导等主次关系。而《我们夫妇之间》却通过传统家庭伦理中的夫妇关系"掩盖"并"颠倒"了知识分子／工农兵之间的关系，这使社会主义性别／政治的设置陷入了两难困境。小说多次通过李克的视角将张同志描写得泼悍、粗糙、土气，比如"农村脑瓜""狭隘、保守、固执""土气十足"等等，这让女革命家丁玲大为不满。她质问萧也牧，

① 李定中：《反对玩弄人民的态度，反对新的低级趣味》，《文艺报》1951 年第 5 期。
② 王蒙：《我心目中的丁玲》，《读书》1997 年第 2 期。

工农出身的女干部"那里会是像你所描写的那么一个雌老虎似的泼妇样子呢"，"你怎么能把当着典型来写的一个工农出身的女干部，写成是偷了丈夫的稿费往家中去寄钱的呢。"丁玲一再强调李克和张同志的阶级身份而非性别身份与家庭关系。也就是说，在她的逻辑中，知识分子李克"俯视""玩弄"的不是他的妻子，而是一个"工农出身的女干部"，这是"最使人讨厌的"，因此她论定这是一篇"穿着工农兵衣服，而实际是歪曲了嘲弄了工农兵的小说"①。丁玲借用政治话语成功地为性别话语提供了合法的美学"隐身衣"，这使得她对李克（萧也牧）的批判具有了强有力的意识形态合法性。在这一质询下，小说中丑化工农干部妇女的描写成为一个负面样板，为新中国妇女形象的塑造树立了一个不可触动的"警戒区"。然而，这并不意味着丁玲、冯雪峰等人建立了一种性别话语模式，事实上，这只是纠正了"女工农干部"/"男知识分子"中蕴含的阶级秩序和性别秩序，从而使得小说中不合理的性别／权力资源得以重新调整和分配。

通过对工农兵妇女形象的阐释和建构，50—70 年代文学提供了一个性别话语与阶级话语共同生效的叙事机制。工农兵妇女最终以无性化或扁平化的空洞存在被填塞进了意识形态指令，并成为一种新的面向"异质"的规约。比如，《耕云

① 丁玲：《作为一种倾向来看——给萧也牧同志的一封信》，《文艺报》1951 年第 8 期。

记》中的萧淑英和《黑凤》中的黑凤经历了思想矛盾和投身社会运动而成长起来，这个过程被称为具有"生活教科书"的意义①，对"在生活的十字路口举步不定"的青年"更会具有启发和教育意义"②。孟悦将这种在阶级名义下消弭性别差异的过程称为"话语国有化"："在新中国语境中生效的'阶级对立'，偷换的乃是一切差异，是'差异'本身。……其中，性别和性别角色这种最古老的差异或等级，使得'阶级'的偷换更其'自然'，天经地义。"③ 正是借助于被抹除性别痕迹的女性身份，以阶级话语为核心的社会主义意识形态才得以发挥比性别本体表述更为强大的力量。

第二节　婚恋叙事的净化功能

在50—70年代的文学中，妇女的情感变迁与家庭关系打上了意识形态的烙印，这在婚恋叙事的评价机制中得到了充分体现。在这一时期，关于日常生活的描写并非"禁区"。即便是在革命化"纯度"极高的《红日》《红旗谱》《保卫延安》《林海雪原》等文本中，对于主人公的爱情与家庭描写依然会伴随其革命事业而隐约滋长。这些"带有女性温和气质的描写'儿

① 黄沫：《〈耕云记〉的思想意义》，《文艺报》1960年第20期。
② 谭霈生：《进攻的性格——读中篇小说〈黑凤〉》，《文艺报》1964年第3期。
③ 孟悦：《性别表象与民族神话》，《二十一世纪》1991年第4期。

女情'、'家务事'的作品"虽然"属于革命文学的范畴"，可它们还是由于日常化而受到了"贬抑"①。当我们把恋爱、婚姻和家庭问题置于与社会主义政治发展的相互关系中，可以看到在 50—70 年代文学中，妇女形象的塑造由于驱逐了生活细节而日益"干净""纯粹"，从而具有了"同一化"的特质。

在关于家庭题材的小说中，可以典型地看到一己之私是如何在进入公共空间的路径中被"收编"和"整改"的。由于新中国并没有经历西方市民化社会的发展阶段，公共空间实为意识形态所主导的政治空间，"家庭"也被纳入其中而成为净化"异质"的重要场所："家庭成了一种替代性的公共领域，而不是公共领域的对立物。"②而事实上，在社会主义美学中，女性必须抛弃"狭窄"的"小世界"，否则就有被沉浸于革命工作的丈夫所抛弃的危险。茹志鹃的《春暖时节》描写了一对夫妻的感情随着社会主义建设而发生的变化。夫妻二人的隔膜是由于对社会运动／家庭事务的不同态度而引起的："丈夫投在'大跃进'的火热斗争中，幸福的小家庭里的家务事却局限了妻子的眼界，两个人所关心所追求的东西不同了。"直到妻子也和丈夫一样被吸引到社会劳动（街道生产组）中后，丈夫对她的感情才重新被激活了。小说"由小见大地暗示了时代的

---

① 乔以钢：《中国女性的文学世界》，湖北教育出版社 1993 年版，第 77 页。

② ［美］南尼特·芬克：《东西方女权主义》，王昌滨译，李银河主编《妇女：最漫长的革命》，三联书店 1997 年版，第 251 页。

变化对于家庭妇女们的精神生活、对于家庭关系所发生的隐微细腻而又深刻的影响",写出了许多和女主人公类似的"家庭妇女的发展道路"。① 文学作品除了运用操持家务、慈爱奉献和养儿育女等传统修辞塑造家庭内妇女形象外,还赋予了她们投入社会工作、展现"为公""舍小家为大家"等功能,只有这样,她们才能获得与国家建设宏伟愿景同步的丈夫的"爱"。这种塑造和想象旨在鼓励年轻女性由传统的妇女角色扩展到社会主义建设的领域中去。

草明被视作"中国革命的见证人"②,她始终参与中国革命的建设,新中国成立后在鞍钢担任党委副书记,在那里工作了十余年,积淀了关于新中国工业发展的丰厚思考与创作。她的工业题材小说在气质上很"刚",体现出了意识形态话语对于女性形象的"雕刻"和"打磨"。《乘风破浪》(1959)一开头就展现出了李少祥对于乡村少女小兰的朦胧情感,小兰通过努力也进城和李少祥一样当了工人,几经误会后嫁给了他,为优秀的年轻工人提供了稳定的家庭支持。《火车头》里的秀凤身体健壮、吃苦耐劳,嫁给了工人李学文。草明对这类有着中国传统女性美德的少女持赞赏态度,让她们经历了曲折的成长,最终给予她们完美的结局。此外,草明还写到了共产党的女干部形象,如机车厂党委副书记方晓红、市委宣传部长邵云端,

---

① 侯金镜:《创作个性和艺术特色——读茹志鹃小说有感》,《文艺报》1961 年第 3 期。

② 昕歌:《螺丝与小草——草明印象》,《文艺评论》1988 年第 4 期。

她们兼顾事业和家庭，难免遇到坎坷。草明将她们置于家庭危机、事业发展等具有戏剧性冲突的环境中，通过强调她们能干沉稳、立场坚定地处理危机的能力，使之作为新中国妇女形象的代表显得鲜明饱满。《乘风破浪》中的邵云端被认为"体现了中国女性美好的品质"，因为她不仅"具有中国女性传统的温厚性格"——在丈夫宋紫峰和她闹离婚时依然忠贞不渝地爱着丈夫，更重要的是她"没有因为个人感情放弃过原则"，"就在她的家庭生活很不愉快的时候，她仍然积极工作，关心着党的利益，和以冯棣平为首的资产阶级路线进行了坚决的斗争。"① 邵云端虽遭婚变却不忘"革命工作"，这种品质成就了一个大公无私、完美无瑕的妇女形象。这种将社会、政治利益置于家庭利益之上的行为虽然有违女性的本能和特征，却充分展现了新中国通过公共事业来推行"男女平等"的社会主义性别伦理。在"婚恋家庭"向政治集体的"进化"中，妇女传统美德必须"搭载"上民族话语才是合理的、有效的，这意味着妇女实际上面临着传统性别权力关系与新的意识形态双重宰制的困境。

在这一时期，如何规范并讲述情爱、婚恋、家庭等成为一个极为敏感的问题。由于日常叙事的琐碎化和无序性，它们必须被重新整编。也就是说，爱情描写应当经过对世俗快感的

---

① 黄沫：《一部反映工业建设的好作品——读〈乘风破浪〉》，《文学知识》1960年第2期。

"过滤",在其达成的目标上也要取消私人性和个体化,即"以爱情如何服从革命的需要来叙述革命的爱情"①。只有给日常生活叙事设定边界或将它们嵌入宏大叙事的链条之中,才能防止它们溢出合法领域而造成对社会主义妇女形象的侵蚀。杨沫的《青春之歌》(1958)及其批评、修改构成了一个错综复杂的叙事现象,可以作为"革命"与"女性"之间关系的典型观照。小说以从"九·一八事变"到"一二·九运动"的爱国运动为背景,讲述林道静的成长故事。林道静是一个出身低微、命运不幸的小资产阶级知识分子,为了逃避继母的逼婚而离家出走。在经历了与北大学生余永泽的共同生活、对革命者卢嘉川的情感波动、与革命者江华的共同生活这三个阶段之后,逐渐成长为了一个坚定的革命知识分子。1958年,小说出版后引发了不少争论,被批评为没有意识到小资产阶级知识分子唯一的道路是"沿着红透专深的方向前进"②,而女主人公的爱情是"不健康"的,"对一些革命者的敬与个人的爱羼杂在一起",使人物形象受到损害。③可见,批评家意识到了庄严的革命正义在美丽多情的林道静面前受到了严峻的诱惑和挑战,这恰恰是革命所不允许的。杨沫按照批评意见对小说进行了大幅度修改,将林道静的感情和精神进行了净化,将男女私情转换为了高尚干净的革命情义。几经修改之后,在情感选择中总是处于

---

① 余岱宗:《被规训的激情》,上海三联书店 2004 年版,第 76 页。

② 刘导生:《党使我们的青春发出光辉》,《文艺报》1958 年第 12 期。

③ 刘茵:《反批评和批评》,《文艺报》1959 年第 4 期。

徘徊、迷茫状态的林道静成长为了坚定的"党"的女儿，从"革命的同情者，或同路人""仿同者""追随者"① 等历史客体成长为了历史的主体。

　　类似于《青春之歌》这样通过婚恋抉择体现意识形态话语规训功能的文本，在50—70年代并非个案。宗璞的《红豆》在"革命"与"女性"作为影响/被影响、塑造/被塑造、选择/被选择的二元关系上进行了判断和书写，既明确又有所游移。女革命家萧素和男艺术家齐虹分别作为"革命"与"爱情"的两种样本，向江玫展开了各自的吸引力。萧素向江玫灌输和展现的信念是理性的，而有着一张清秀的象牙色面孔的齐虹，则以音乐和文学的高妙造诣赢得了江玫的爱情，这种吸引是感性的、天然的。两相比较，爱情的力量似乎更强。小说最后以国仇家恨让江玫放弃了爱情，归属于革命，从而将她的革命动机与宏大信念的召唤完整地缝合起来。与其说江玫和齐虹的分手是情感分歧和齐虹远赴美国而致，毋宁说是宏大话语与个人主义话语分裂的必然结果。但即使分手后，江玫牵系的那份情感并未彻底消失，这就是小说开头她面对多年前的定情物潸然泪下。鉴于江玫在走向革命过程中出现了诸多反复和软弱，批评家无法将《红豆》归为"革命历史小说"，他们批评从作品中"看不到革命力量在江玫身上的增长，以及她怎样

---

① 戴锦华：《〈青春之歌〉——历史视域中的重读》，唐小兵编《再解读：大众文艺与意识形态》，北京大学出版社2007年版，第200页。

战胜资产阶级感情而成为好的共产党员"①。刘真的《英雄的乐章》同样表现了战争年代的爱恋，通过清莲的回忆讲述她与张玉克的短暂相聚。一对年轻的战士在艰难中互相倾诉和鼓励，以抵御残酷战争对他们青春生命的剥蚀，自然而然地萌生了纯洁而强烈的情愫。张玉克牺牲后，清莲陷入了深深的悲痛。与《红豆》一样，这部小说无法让批评家满意，批评它写得"缠绵悱恻，感伤凄苦"，是"悲观绝望的哀歌"而不是"英勇战斗的颂歌"。② 看得出来，在批评家对于女性书写的要求与纠偏中，合法性的书写姿态应当是明朗的、清晰的、坚定的，而这与女性天然的感性意识之间产生了裂缝。

在一些男作家笔下，有意无意流露出的性别 / 婚恋意识也让文本具有更加耐人寻味的内蕴。《创业史》（1961）中的徐改霞不甘心像农村妇女那样与梁生宝生儿育女，最后进城当了工人。在批评家看来，改霞在感情上"过分纤细、过分动荡"，这使她身上"染上了一层和农村气质不大协调的色彩"。③ 在这样的阐释下，改霞和"正面（先进）人物"梁生宝之间无疾而终的"爱情"也就能够令人释怀了。相似的例证还有邓友梅的《在悬崖上》。加丽亚是刚从艺术学院毕业分配到设计院的雕塑师，她年轻漂亮、浪漫热情、充满幻想、生气勃勃。在爱

---

① 《〈红豆〉的问题在哪里？——一个座谈会记录摘要》，《人民文学》1958 年第 9 期。

② 王子野：《评刘真的〈英雄的乐章〉》，《文艺报》1960 年第 1 期。

③ 冯牧：《初读〈创业史〉》，《文艺报》1960 年第 1 期。

情问题上，她认为除了感情外，还应当有"美"的追求，而结婚"会消退爱情的诗意"，"将天才的想象力磨光"，所以她积极主动地寻求浪漫的爱情，而不想过早地被束缚于婚姻家庭之中。这样一个女性形象虽然是在"百花"时代出现的，但由于其道德观迥异于中国传统和革命伦理，因此被批判为"灵魂是龌龊的，手段是卑鄙的，心肠是毒辣的，是个彻头彻尾的自私者"①。在岳野的《同甘共苦》（1956）中，革命者孟莳荆爱上了年轻漂亮的护士华云，与乡村妻子刘芳纹离婚。十年后孟莳荆目睹前妻的新变化，又对她产生了感情，提出要和她重新开始生活。在老帅夫妇的调解下，孟莳荆和华云重归于好，刘芳纹则与农业生产合作社主任展玉厚喜结连理。如果我们将国家建设引入对性别政治的解读，就可以看到它与个人生活、婚恋选择之间错综复杂的价值关系。如果说革命者丈夫和乡村妻子之间的关系是"革命前史"的话，革命者的"新生活"则伴随着新的民族国家历程而展开。革命者发现自己在革命年代追求的那个青春可爱型女性已然消失，曾经的身心相许也随着战争生活的结束而分歧丛生，最终在和平岁月里出现了巨大的差距和裂痕，这也许是自由恋爱的双方当初始料未及的。而其中的问题仍然与性别身份在国家建设中的不同角色分配有关：男性承担着重要工作，其个体成长与国家发展是一致的。在新的历史阶段到来时，妻子与丈夫都必须在生活和思想中获得共同的

---

① 杨羽、芦萍：《谈"妻"和"加丽亚"》，《文艺学习》1956年第11期。

成长与超越。这些文本通过对女性在婚恋生活中所扮演角色的政治化评价,将女性形象身上那些"女性化""情感化""私人化"的性别特性逐一剪除,以免其对社会主义美学形态造成某种逾越。

在50—70年代文学中,以女性形象为主导的"儿女情""家务事"被设定为与意识形态相异的矛盾:情感婚恋问题是个人的"小事情",它必须被转化为有关社会进步、国家建设、政治利益等高于自我的话语才能得以确立。在对女性形象及情爱叙事的层层净化下,文学塑造了大公无私的社会主义妇女形象,这一形象又成为新中国家庭生活、情感生活的净化剂与道德指南,与政治经济制度和社会运动等一道构成了有效的动员力量。

第三节　公共实践中的妇女权威

在新中国,妇女获得了参加工作、劳动和政治运动等面向公共空间的社会实践的权利,这是新中国妇女解放的重要成就,也是妇女介入社会主义建设的方式之一,即"作为民族、经济、政治和军事斗争的参与者"[1] 而体现其社会价值。在50—70年代,经由文学作品和批评家的不断阐释与强化,一

---

[1]　[英] 沃尔拜:《女人与民族》,吴晓黎译,陈顺馨、戴锦华选编《妇女、民族与女性主义》,中央编译出版社2004年版,第71页。

个积极参与公共事业的妇女形象被建构起来。社会主义妇女超越了传统女性的角色，在小我 / 大我的转换书写中被赋予了具有某种精神权威的政治和文化的想象色彩。

参加社会工作使女性有机会摆脱固有的命运，走出家庭而体现自我的价值。如果考虑到"工作机会""工作能力"等公共领域曾经为男性专有的话，那么，女性参加工作就只能在"男女平等""男女都一样"的性别表述中得以落实。这个貌似平等的性别叙述毋宁说是一个"去女性化""去小我化"的机制。在参加公共实践的过程中，"'女性'的事业牢固地建立了一个亲属范畴以外的妇女整体"①，它使女性摆脱家庭羁绊、获得"幸福感"和"美"之源泉成为可能。如果说在《青春之歌》《红豆》《英雄的乐章》等作品中，由于女主人公情感的游移与意识形态话语之间产生了些许抵牾而使女性形象不那么"典型"的话，那么在以下小说中，女性历经了血与火的考验而决然成为"革命者"，就颇为圆满地完善了社会主义美学对于女性形象的建构需求，被认为具有"准女性"特色，即作品"出自女作家之手，在对社会生活和女性生活的文学表现中或隐或显地融入了女性的性别意识和审美体验；与此同时，又正视它所内蕴的女性主体性明显缺失的不足"②。陈学昭的《工

① ［美］汤尼·白露：《中国女性主义思想史中的妇女问题》，沈齐齐译，上海人民出版社 2012 年版，第 81 页。

② 陈千里：《论十七年女性文学的"准女性"特色》，《天津师范大学学报》（社会科学版）2000 年第 1 期。

作着是美丽的》（1949）讲述李珊裳出国学习并最终投身于延安文艺事业的经历。小说就题材而言具有埃莱娜·西苏所说的"妇女自传"的特点——"妇女必须参加写作，必须写自己，必须写妇女"①，但由于它铭刻着中国知识女性在严酷战争和革命环境中的成长经验，而使得政治话语和革命话语覆盖了性别话语。刘真的《长长的流水》也是如此，"我"在大姐的引导下学习知识文化，懂得革命道理。"妇女自传"和"姐妹情谊"被当作革命话语的叙事元素加以呈现。茹志鹃的《三走严庄》以土地改革为背景，讲述娴静温柔的农村媳妇收黎子成长为干练坚强的支前模范。上海作协1961年进行研讨时对此加以了肯定，认为这个女共产党员的形象是茹志鹃在塑造人物方面的新发展。② 在《如愿》里，何大妈在新中国成立后吃穿不愁，生活宽裕，但她却觉得"不幸福"。因为对于她来说，"真正的幸福和快乐不是闲在家里坐吃懒做，而是劳动生产、工作。"因此，只有当她参加了街道生产组工作并当上玩具小组组长之后，她才意识到自己的重要性。批评家肯定了何大妈将个体"小我"与国族"大我"自觉联系起来的社会意识："'自己做好做坏，和大家，甚至和国家都有了关系。'这是她对于国家主人翁意义的真正认识，这是集体主义思想的萌芽，是

① ［法］埃莱娜·西苏：《美杜莎的笑声》，张京媛编《当代女性主义文学批评》，北京大学出版社1992年版，第188页。

② 《作家协会上海分会举行茹志鹃作品讨论会》，《文汇报》1961年8月5日。

她美丽灵魂的闪光，是她性格中最可宝贵的部分。"[1] 在《静静的产院里》中，谭婶婶和荷妹之间的矛盾其实是新旧观念的冲突，身体健壮、一心扑在工作上的年轻产科医生荷妹在一定程度上体现了"革命中国"对于女性特质的有效修改。由于这是不多见的"和大跃进的时代一起跃进"的妇女故事，在当时就受到瞩目，不过得到肯定的并非女性特质的展现而是"不断革命""革命到底"的信念。[2]

在女性参加的公共实践中，"劳动"是农村妇女获得经济自给自足和精神自尊自立的重要方式，被视为女性分享民族国家主体身份的主要途径。"1949 年以后的当代文学，其致力于叙述的，正是妇女如何积极地介入到社会事务或者公共政治之中，并逐渐形成了自己的主体性。而在妇女介入社会的过程中，'劳动'（或者'工作'）正是其中极为重要的一个中介。"[3] 关于"劳动妇女"的建构和表述成为社会主义美学和意识形态的重要内容。据相关统计，妇女参加劳动的比例随着新中国土地改革、合作化运动的开展而呈上升趋势。1950 年，农村妇女参加劳动的只占妇女劳动力的 20%—40%，到 1957 年，农

① 孙昌熙：《什么是人生最大的幸福——读茹志鹃的〈如愿〉》，《文艺月报》1959 年 8 月号。

② 冰心：《一定要站在前面——读茹志鹃的〈静静的产院里〉》，《人民日报》1960 年 12 月 14 日。

③ 蔡翔：《革命／叙述：中国社会主义文学——文化想象（1949—1966）》，北京大学出版社 2010 年版，第 80 页。

村适龄妇女中有 70% 参加了劳动，到 1958—1959 年，有 90% 的妇女参加了劳动。① 随着生产劳动在妇女生活中的日常化，它不仅仅完成了对妇女传统角色和功能的代替与超越，而且促成了妇女新的品质的生成。在赵树理的《传家宝》中，金桂和婆婆李成娘通过"劳动"这一中介被塑造为新／旧两代妇女的不同代表。批评家认为，金桂由于参加了广阔领域里的繁重劳动，从而改变了女人因袭的传统观念，她在劳动中"形成了自己的新品德和新的个性，并且明显地标示着这是一种时代精神"。也正是由于金桂作为"劳动妇女"的身份，才使她"摆脱了作为男人劳动的从属地位"，"比李成娘看得远，成为一个为婆婆不能代替的人物。"② 通过对"劳动"附加上与国家建设相关的时代含义，金桂被纳入了社会主义新秩序建构者的行列。在这一意义上，"劳动"承担着政治和伦理的双重意义。参加劳动的妇女以其家庭地位和感觉体验的变化承担着意识形态政策的宣传功能："随着这一新的妇女形象，'妇女作为主要劳动力'的党的政策也得以推行。"③"劳动"有效地确立了妇女的主体性，并创造了她们新的生活世界。走出家庭、参加劳

---

① 转引自董丽敏《性别、语境与书写的政治》，人民文学出版社 2012 年版，第 154 页。
② 思基：《谈赵树理的小说》，《文艺报》1958 年第 11 期。
③ 张莉：《政权意志、民间伦理与妇女翻身——以赵树理小说〈孟祥英翻身〉、〈传家宝〉为讨论中心》，《魅力所在：中国当代文学片论》，北京大学出版社 2013 年版，第 130 页。

动的妇女不仅没有失去家庭，反而以主人公的身份重新获得了对家庭的话语掌控权。

在种种公共实践中，"大跃进"、人民公社最大限度地集结了人的力量，提供了关于阶级自由、民族复兴、经济发展等现代化想象，成为妇女主体性成长的重要舞台。批评家通过分析人民公社、"大跃进"与妇女形象之间的关系，为妇女的建构提供了带有政治色彩的想象性资源。在王汶石的《黑凤》中，黑凤在"大跃进"运动的熔炉中接受考验并得到成长。批评者赞赏黑凤身上那种"进攻的性格"："她不仅敢于向生活中一切不合理的东西进攻，也肯于向自己身上的缺点进攻。"在"大炼钢铁的群众运动"的影响和锻造下，黑凤这块"含铁量很高的矿石""愈炼愈纯"，最后成为"一块闪光发亮的纯钢"。①这种"进攻的性格"其实是一种"雄化"的表现，它彰显了力量、进步、建设等现代性特点，也与人民公社、"大跃进"超越现实的乌托邦气质相吻合。当"进攻的性格"被视为黑凤的性格优势时，意味着女性只有抹去自身的特点和"弱点"，才能获得主流话语的肯定。对于王汶石小说中的吴淑兰、张腊月、卢仙兰、马芸芸、米燕霞等妇女形象，批评家关注的不是她们身上的性别特征，而是她们作为消弭个性的群体对于社会主义建设的投入与贡献："当她们把自己的青春和才智献给集

---

① 谭霈生：《进攻的性格——读中篇小说〈黑凤〉》，《文艺报》1964 年第 3 期。

体劳动和社会主义事业的时候,她们的生活是多么充实,多么富有光彩!"只有这样,她们的劳动才不是为了个人,"而是为着社会主义事业",因此"蕴藏在她们身上的才智和力量有可能得到充分的发挥"。① 这种将女性作为性别整体与社会运动相关联的逻辑,打破了塑造女性传统角色和功能的家庭空间的束缚,同时也贬抑和否定了女性的性别特征,形成了50—70年代文学中"性别倒置"的主体格局。

以"性别倒置"承担着调整家庭关系功能的叙事话语在《李双双小传》中得到了充分体现。在传统的家庭生活中,李双双的身份是"喜旺家""俺小菊他妈""俺做饭的",这意味着妇女只能通过家庭获得存在的意义和价值。在参加"大跃进"和人民公社之后,李双双的性格和命运发生了"由内而外""由私而公"的变化。只有到这个时候,"李双双才揭开了她的卑微的生活传统中的新的一章。"这是一个"生动地体现了社会主义劳动妇女的革命朝气和冲天干劲的美好的共产党员的形象"。因此,李双双与孙喜旺的"旧思想旧习惯"之间的矛盾并非单纯的性别冲突,而是她所代表的意识形态话语与夫权话语之间的冲突:"她用自己的行动教育了落后的丈夫,而且积极地参与了农村两条道路、两种思想的尖锐斗争。"② 妻子对丈夫的教育及其最终胜利也与传统的家庭伦理无关,它关涉

---

① 曾华鹏、潘旭澜:《论王汶石的短篇小说》,《延河》1961年第6期。

② 冯牧:《新的性格在蓬勃成长——读〈李双双小传〉》,《文艺报》1960年第10期。

的是社会主义新秩序对具有破坏性的异己力量的再次编码。只是这一次，承担编码任务的不是男性，而是在社会主义建设中完成了自我规训和性别潜抑的女性。也因此，李双双这一形象就不仅仅超越了传统妇女的角色，更因其参加集体劳动而获得的主体性而一跃成为面向家庭生活的"精神权威"。

在50—70年代的文学中，随着小我/大我、家庭/社会等关系被转化为个人利益小于民族前途的等级秩序，妇女"自传式"书写中的个体话语逐渐为国家和集体话语所代替。民族国家的文化政治想象为性别的整合与重置提供了一套新的符码，妇女形象贯穿着阶级话语、意识形态、社会运动等宏大叙事脉络，这使得"男女平等""男女都一样"的"无差异"说从新中国成立初始便成为一个被广泛认同的概念。"社会主义妇女解放运动及其实践造成了当代中国女性的两面性：一方面，当代中国女性迄今仍是世界上社会地位最高的女性群体之一，社会主义革命的历史塑造了当代中国女性格外强烈的主体意识；但另一方面，在'平等'的旗号下父权制结构对女性的压抑却被作为视而不见的因素遭到压制。"[1] 社会主义文学和社会中的性别等级并没有因此而消失，反而在意识形态话语的遮蔽下成为一种新的削除女性意识和主体性的力量。

---

[1]　贺桂梅：《当代女性主义文学批评的一个历史轮廓》，《解放军艺术学院学报》2009年第2期。

第二章 20世纪80年代：人道主义话语与性别话语的分野

1978年下半年，随着真理标准的讨论和思想解放运动的展开，中国历史上再次掀起了启蒙运动。中国的现代性追求从"阶级"话语复归到"人"的话语，重新接通了五四新文化运动的人道主义、人文主义思潮。作家普遍意识到了书写"人"的重要性："考察人，人的命运，人的命运变化的原因，不同的人命运的交错、搏击、相依、消长……这是文学眼光的聚焦所在。""正是人而不是别的，正是单独的，一个一个有名有姓、不可重复、不可代替的活人，而不是抽象的、概括的群体（阶级、阶层、集团……）才首先是文学的对象。"① 刘思谦以"向'人'学攀登"② 来概括80年代前期的小说创作可谓一语中的。从20世纪70年代末到80年代，在人道主义话语与性别话语之间，经历了相融、相分的复杂过程。

---

① 刘心武：《我掘一口深井》，《文艺研究》1981年第1期；王蒙：《漫谈文学的对象与功能》，《延河》1980年第4期。
② 刘思谦：《向"人"学攀登》，《十月》1981年第5期。

这一时期，涌现出了一大批优秀的女作家，她们以自己的思考和观察加入到了文学思潮之中，其作品多涉及女性的成长、工作和家庭问题。"1980年代的'女性文学'范畴大致也是一个人道主义理论脉络上的范畴，而非以反抗性别歧视和性别压迫的女性主义理论脉络上的范畴。"① 当"女性"与"人性""人道主义"被放置在同一个平面进行书写时，男性的权力核心就被有意识地淡化了，女性的被解放、被指认和被确立便是一个悬置的命题。从80年代后期开始，中国引入了西方的女权／女性主义理论，如波伏娃《第二性》、贝蒂·弗里丹《女性的奥秘》、伍尔芙《一间自己的屋子》、玛丽·伊格尔顿《女权主义文学理论》等，从理论层面促进了中国女性文学及其研究开始转向性别差异论。女性文学从"人"和社会层面延伸到了女性的身体、爱恋、欲望、潜意识等领域，对社会生活与历史事实中存在着的性别权力、性别压迫等问题进行了深度质询，为性别意识与性别叙事的生长、发展与成熟夯实了基础。

第一节　"人"与"性别"的失衡

从20世纪70年代末到80年代初，女作家和男作家一样，在经历过特定历史时期的创伤之后，意识到了阶级话语的消退

---

① 贺桂梅：《当代女性主义文学批评的一个历史轮廓》，《解放军艺术学院学报》2009年第2期。

以及人道主义思想的增长。张抗抗说:"我写的多是'人'的问题。是这个世界上男人和女人所面临的共同的生存和精神的危机。"① 表明在女作家的认识中,一个超越"女性"的"人"的大世界应当被关注。这种阐释实际上伴随着历史的压抑和焦虑。曾经被扼杀的心灵、被扭曲的观念,彷徨怀疑的社会状态使"人"的话语面临着"确立/消解"的两难境地:刚刚醒来,又陷入困惑;刚刚确定,又面临质疑和焦虑;刚刚开始展望,又有荒谬如潮袭来。对"人"的渴求和怀疑同时并存,这使人们有着比五四更强烈的话语欲望。

女作家的叙事倾向普遍与当时的"伤痕""反思"等文学思潮保持一致。在《剪辑错了的故事》中,茹志鹃一改清新俊逸的风格,打破了传统的时空顺序,以历史和现实相交叉的结构来表现主人公老寿迷惘的心理状态。宗璞将自己的作品分为两类:一类是现实主义,另一类她称为内观手法即超现实主义,这类作品"透过现实的外壳去写本质,虽然荒诞不经,却求神似"②。在《我是谁》中,韦弥恍惚之中觉得自己变成了一只大毒虫,她虽成了虫身,却有着清醒的人的意识,但又想不起自己是什么,不禁发出了"我是谁"的呼喊。如果说卡夫卡以格利高里感受到的孤寂和痛苦表达了来自危机社会的晦暗情绪,《我是谁》则展现出"十年动乱"留给人们身心变形的历

---

① 张抗抗:《我们需要两个世界》,《文艺评论》1986 年第 1 期。
② 宗璞:《小说和我》,《文学评论》1984 年第 3 期。

史悲剧。《泥沼中的头颅》的荒诞因素有所增加。在绿色世界的泥沼里，出现了一个头颅，他不记得自己曾经属于谁，有过什么样的经历，以及因何来到此地。小说有着浓厚的象征意味，批判依然指向历史的荒谬。无论是对自我身份的辨认，还是对残缺记忆的拼贴，都展现出梦魇岁月结束后人们的创伤感和关于"人"的认识难度。

戴厚英的《人啊，人!》作为一个典型文本，对历史的误区、误解与误伤进行了启喻式书写，向着"人"发出了深情的呼唤。何荆夫被打为"右派分子"，但即使他在苍茫的塞外以天当被以地做床时，他思考的仍然是"人"的问题。平反后回到学校，他所到之处应者云集，成了极具号召力与感染力的"人道主义救世者"①。小说中没有鲜明的性别修辞，孙悦对于何荆夫的跟随不是因为爱情和性的吸引，而是因为他能够提供将"人"从"非人"状态下解放出来的强大精神力量。在小说的《后记》中，戴厚英大声呼出了她的渴望："我写人的血迹和泪痕，写被扭曲了的灵魂的痛苦的呻吟，写在黑暗中爆出的心灵的火花。我大声疾呼'魂兮归来'，无限欣喜地记录人性的复苏。"② 这种以"人"为核心的文本，表现了这一时期女作家的普遍叙事倾向和价值判断。

在谌容和张辛欣的作品中，虽然涉及了女性的婚恋和家

---

① 乔山、俞起：《略谈〈人啊，人!〉的得与失》，《文艺报》1982年第5期。

② 戴厚英：《人啊，人!》，广东人民出版社1980年版，第353页。

庭状态，但所表达的并非女性的主体意识。在谌容的《永远是春天》中，韩腊梅和师丽华分别作为"革命艰苦生活"和"革命后舒适生活"的代表，折射着她们的丈夫李梦雨在不同时期的生活。两位女性的观念差异并未构成性别意识的有效分层，而成了社会主义政治与经济生活的不同表征。在《懒得离婚》中，夫妻双方以疲沓的生活态度应付疲沓的情感状态，反映了具有代表性的某种社会现象。在《人到中年》中，陆文婷作为眼科大夫和医院骨干，所承担的超负荷突显了这样的知识分子形象："他们在'文革'前接受了高等教育，而在人才短缺的改革初期，他们负有特别重要的责任，要为……现代化作出关键性的贡献。"① 这极大地遮蔽了她作为妻子／母亲／职业女性等性别身份在社会主义经济建设时期所遭遇的困境。文本及性别认知之间存在着错位，说明这一时期的性别意识依然模糊漫漶。

在张辛欣的《我们这个年纪的梦》中，女主人公不满于平淡的婚姻，牵念着少年时代在夏令营遇到的男孩。无意中听到丈夫与邻居的对话时，才知道那个讨厌的邻居兼同事就是当年的小男孩。一个有着喜剧色彩的美丽误会，传递着女作家对于伴侣和家庭的一种浪漫期许。《我在哪儿错过了你》中，女主人公不落俗套，她勇敢地追求那些知识丰富的"理想"男性。但悖谬的是，恰恰是因为她有着独立的思想，反而被"理

---

① 严海蓉：《"知识分子负担"与家务劳动——劳心与劳力、性别之阶级之一》，《开放时代》2010 年第 6 期。

想"男性视为不够"女人味"而遭到了拒绝。在《在同一地平线上》中，男女主人公的奋斗历程都堪称坎坷。在严酷的生存竞争中，他并不畏惧流血流汗，只想有一个公开搏斗的地方，谁先到达终点谁就是胜利者。为了取胜，应该像孟加拉虎那样"变得更机警，更灵活，更勇敢和更残忍"。女主人公曾经为他放弃了自己的追求，然而，当她将女性特质在现实生活中进行印证后，她的本性却失落了。她意识到女人和男人一样"面临着生活的各种竞争：加工资，提级，分房子"。小说中的弱肉强食观引起了争论。有论者认为作品"孤立地强调个人苦斗决定一切，赤裸裸地宣扬主人公的利己主义的人生哲学"①；也有人认为正是"合作"使人丧失了作为个体的灵性和主动性，"生活日益集体化和外在化的群体社会意味着个体的死亡"②。张辛欣敏锐地看到了人生的有限与不幸、现实的残酷与竞争。这类去女性化、无性别差异的书写被称为"有问题的性别主体建构"，其原因不在于作家而在于时代语境，那个历史转折期生产出了新的"个人"，但没有及时地生产出"与之相匹配的合理的性别结构／文化"。③ 这构成了中国当代文学史上一个颇为奇特的现象：女作家为了追求"人人平等"而掩盖了"男女

---

① 朱晶：《迷惘的"穿透性的目光"》，《光明日报》1982年7月15日。

② ［美］威廉·巴雷特：《非理性的人》，杨照明译，商务印书馆1995年版，第172页。

③ 董丽敏：《历史转折时期的性别主体建构困境——重读张辛欣小说〈我在哪儿错过了你〉》，《名作欣赏》2015年第19期。

平等"的吁求，性别意识的建构被大幅度地延宕。

这种错位在王安忆那里也有所表现。王安忆从 1980 年开始创作"雯雯系列"①，写的是少女的成长与感悟，但性别意识并不浓厚，而是像铁凝的《哦，香雪》《没有纽扣的红衬衫》《村路带我回家》那样以女孩 / 少女 / 女人的渴求与行动来传递中国社会变化的信息，完成了"人"与"生活"的自我学习和启蒙。《六九届初中生》（1986）中的雯雯在男友指导下对自己的人生重新进行了抉择。《广阔天地的一角》中的雯雯在荆国庆的指点迷津下，完成了人情世故的认知。在《雨，沙沙沙》中，雯雯轻淡惆怅的失恋与现实中的美好奇遇构成了双向对照，而这一切并不指向她的性别探索，而是寄寓着作家带有自叙性的对于蹉跎岁月的思考。雯雯一代的上山下乡与哥哥姐姐不同，她们温顺地服从社会安排，对前途和情感懵懂无知，时代境遇也并未在她们稚嫩的心上留下创伤。雯雯不断究诘的是"活着的意义""人生的价值""小我（个人）"与"大我（集体）"之间的对立等问题，与其说是少女的困惑，毋宁说是在人道主义话语推动下的全民性思索。"少女的忧伤以舒缓的形式开启了关于人性的讨论，成为 80 年代'人道主义'思潮中不可或缺的部分。"②

----

① "雯雯系列"包括《雨，沙沙沙》《命运》《广阔天地的一角》《幻影》《一个少女的烦恼》《六九届初中生》。

② 周思：《八十年代"成长小说"中的女性启蒙困境——以王安忆的"雯雯系列"为例》，《郑州大学学报》（哲学社会科学版）2018 年第 3 期。

在"雯雯系列"之后，王安忆进入了更为复杂的性别表述。在《弟兄们》中，虽然作家本意是通过小说来回答纯粹精神关系是否可能的问题①，但其所涉及的女性身份认知、姐妹情谊、妻性母性等问题都涉及到了性别问题。小说以兄弟关系为三个姐妹般的朋友命名。她们曾经相互友爱，"你拉住我，我拉住你"，才不至于"沉没"。"她们因能摆脱男人而感到生存的满足，并且在同性相处之中获得了自我认识和肯定的体验，这种具有团结、平等、自由和发展特质的感情关系，是女性主义者极为重视的姐妹情谊。"② 这种情谊是女性之间"分享丰富的内心生活""反抗男性暴君""提供和接受物质帮助和政治援助"的重要关系。③ 然而，对于"三弟兄"来说，这种状况是暂时的。她们最后各走各路：老大做了母亲，保护孩子的愿望将她的个性完全扭曲了，让她强韧的生命变得惊颤起来；老三做了妻子，在小县城过着平淡生活；老二则在无目的的生活中丧失了朝气与勇气。在日常生活的磨损之下，三位女性共同成长、分享青春与爱情的珍贵情谊遭到了瓦解。女性所有的牵系与羁绊都来自于男性他者及其所携带的伦理序列、秩序安

---

① 王安忆、斯特凡亚、秦立德：《从现实人生的体验到叙述策略的转型》，《当代作家评论》1991 年第 6 期。

② 陈顺馨：《中国当代文学的叙事与性别》，北京大学出版社 2007 年版，第 97 页。

③ ［美］艾德里安娜·里奇：《强迫的异性爱与女同性恋的存在》，［英］玛丽·伊格尔顿编《女权主义文学理论》，胡敏、陈彩霞、林树明译，湖南文艺出版社 1989 年版，第 39 页。

排，比如王安忆的《逐鹿中街》，陈传青对于幸福生活的定义实际上取决于丈夫的情感态度，她对出轨丈夫的跟踪就像一场场"角逐"："其精神和毅力是超凡的，其人格价值又是等而下之的。"① 在这样被动消极的意义层面上，姐妹情谊和自我认知都很容易被消解。对于《弟兄们》，批评家也主要是从"人"的角度来解读的，认为它表现了"人的主体性中有许多不稳定和分裂的性质"②。

这种"阴差阳错"在 20 世纪 80 年代前半期普遍存在，如乔以钢所说："女性文学创作始终不渝遵循的人道启蒙以及重建个人自主性的努力，与女性自身发展的内在要求并不完全一致。"③ 即便是在具有现代主义风格、先锋气质的刘索拉和残雪笔下，也多是在社会学、历史学、政治学的意义上讲述着"人"的悲凉荒谬的命运。刘索拉的《蓝天绿海》描写两个女歌星的生活，她们不认同俗世众生的活法，生活在嘲讽、辱骂、误解和冷冰冰的孤独中："我们这些人，被一般人看成'放荡的艺术家'，被艺术家看成'下里巴人'，哪边都不沾，自己是什么只有自己知道。"蛮子死了，"我"孤独地往前走，

---

① 刘慧英：《走出男权传统的樊篱——文学中男权意识的批判》，三联书店 1996 年版，第 101 页。

② 张京媛：《解构神话——读王安忆的〈弟兄们〉》，《当代作家评论》1992 年第 2 期。

③ 乔以钢：《"人"的主体性启蒙与女性的自我追求——20 世纪 80 年代女性文学创作侧论》，《中山大学学报》(社会科学版) 2007 年第 2 期。

注定没有归宿。在这里，造成女主人公悲剧的不是"性别"而是"个性"。有论者将蛮子等人物称为"多余人"，认为他们体现了这样的生活态度："冷漠、静观以至达观，不置身其中，对人世的一切采取冷嘲、鄙视、滑稽感和游戏态度，简而言之，多余人就是一种在生活中自我感觉找不到位置的人。"① 其实，并不是他们找不到自己的位置，而是由于体验到了生命激流的创造与冲荡，因此被"集体"和"平庸之辈"当作了异类。

残雪对于母女关系、夫妻关系、性别归属都进行了颠覆性的解构，她以"人"的破碎、失落、变形来探问非理性时代的癫狂与混乱，其中寄寓着深刻的文化反思和伦理质疑。在她笔下，亲人之间伴侣之间互相隔绝、彼此封闭："交往的失败较少由于语言没有交往的能力，更多由于人们不愿暴露自己。"② 在《两个身世不明的人》中，如妹害怕与人交流，怕光、怕声音、怕气流，整天一动不动龟缩着。在《山上的小屋》中，母亲总在背后恶狠狠地盯着"我"的后脑勺，小妹的目光"刺得我脖子上长出红色的小疹子来"。在《苍老的浮云》中，虚汝华将自己关在房里长达三年零四个月。老况的母亲总在跟踪虚汝华，并不断往她房里扔纸条，提醒她的所作所为。在《阿梅在一个太阳天里的愁思》中，老李一到阿梅家，就将自

① 何新：《当代文学中的荒谬感与多余者》，《读书》1985年第11期。
② ［英］阿诺德·P.欣契利夫：《荒诞派》，樊高月译，北方文艺出版社1988年版，第130页。

己和阿梅母亲闩在房里说呀笑呀，将阿梅拒之门外。老李和阿梅结婚后很快搬回了自己老家，阿梅则忙着给远方的陌生人写信。每个人都是孤独的，他们对亲密关系的渴求与恐惧同样强烈，最终还是将自己关回了牢笼里。残雪用"荒诞叙述"完成了"叙述荒诞"的历史任务。用她自己的话来说，她进行的是"黑暗灵魂的舞蹈"① 和"最真实的人生表演"②。梦境、呓语、噩梦、扭曲等种种陌生化手法准确地还原了历史境遇中个体生命的创伤碎片。

女作家以自己的书写为"人"的话语添砖加瓦，摇旗呐喊。与50—70年代相比，这种无性化表述、这种致力于消弭性别差异的做法吁求着女性对作为"人"的平等权利，反而在某种程度上造成了性别主体的失衡与匮乏。女性的事业奋斗、性别意义与价值的悖谬、"弟兄"与"姊妹"的能指／所指错位等，本身就象征着性别意识的滑移、未定型以及女性主体性建构的艰难。

第二节　性别意识与主体建构

"性别意识"可以分为生理性别（sex）和社会性别（gender）两个方面，前者是指从生理学角度区分的女性／男性

---

① 残雪：《黑暗灵魂的舞蹈》，人民文学出版社 2000 年版，"代序"第 2 页。
② 残雪：《我的创作》，《作品与争鸣》1988 年第 6 期。

的自然特征，这使女人天然地关注性别群体的生活和命运；后者是指在社会文化影响下形成的女性不同于男性的角色分工、社会期待和行为准则等，其形成涉及社会文化各个部分，"对它的考察必须是历史的、具体的，而不能是超越社会历史的、本质主义的。"① 在20世纪80年代，性别意识随着西方女性主义和本土研究者的理论建构而走向自主独立，在女性命运的书写、性别意识的确立、反抗男权传统等方面提供了新的文本。从本土化研究成果来看，首推戴锦华和孟悦的《浮出历史地表》，它将女性主义、叙事学、精神分析学等西方理论与中国现代文学研究高度结合，提炼出了中国女性文学的精神内涵与价值伦理，对后来的性别研究有着深远影响。

　　一个颇有意味的现象是，在这一时期，性别意识的建构是从父亲（男性）的"缺席"开始的。张洁《爱，是不能忘记的》破开了新时期文学情爱主题的冰封河面，也植下了此后作家的创作母题：父亲形象的缺场、母女的情爱悲剧、"共生固恋"② 的母女关系、女性自我与男性他者的对立。在小说中，"我"是一个大龄女青年，父亲的形象始终模糊，而比父亲更具有情感度的形象是一个接近完美的年长男性，他与母亲钟雨之间有着长达20年的柏拉图之恋。他们的爱情超越了婚姻、道德和法律的约束，甚至超越了肉体和生命的桎梏，而上升为

---

① 王政：《"女性意识""社会性别意识"辨异》，《妇女研究论丛》1997年第1期。

② 王绯：《作家与情结》，《当代作家评论》2003年第3期。

精神的永恒牵系。正是对于爱的追忆"使生命抵御了十年的历史灾难","为未来的、活着的、可在历史的严寒中僵硬瑟缩的生命们留住了本可能一去不返的诗意、温暖与理想。"①

如果说"幼年失父"在《沉重的翅膀》（1981）中尚能找到慰藉（郑子云）的话，那么，到了《方舟》（1983）和《祖母绿》，女性对父亲（男性）的寻找则滑向了难以掩饰的失望甚至冷嘲热讽。在《方舟》里，题词"你将格外不幸，因为你是女人"将"男人／女人"进行了明确而决绝的差异化处理。"三剑客"曹荆华、梁倩、柳泉是60年代的大学生，性格刚硬、事业心强。"也许这是一个永远不可调和的矛盾，你要事业，你就得失去做女人的许多乐趣，你要享受做女人的乐趣，你就别要事业。"这样一个永恒的矛盾迫使她们不得不作出选择。然而，当她们挣脱了无爱婚姻的罗网后，却落入了更大的世俗之网。虽然小说依然是在人道主义、公共话语层面上对女性予以同情性和理解性描写，并难以逃脱传统窠臼地将女性的不幸归结于男人，但不可否认的是，《方舟》在与人道主义的"同路"中走向了"交叉小径的花园"，它着力的不是"人"的话语而是女性的自我探索。在《祖母绿》中，女性创伤镜像加速了男性形象的崩溃，与之相伴的是女性主体的觉知与成熟。曾令儿是比钟雨、荆华们更为博大的女性和母性的存在。她在

---

① 孟悦：《人·历史·家园：文化批评三调》，人民文学出版社2006年版，第308页。

将风流无能的左葳衬托得渺小可笑的同时，呈现出了大海般的容纳度和吞吐量。一切的肮脏、不洁、可鄙、痛苦都在这富有弹性的包容之中被清洗，被抹去。随着女性主体 / 自我的觉醒与成长以及随之而来的对父权 / 男权的深度认知，张洁带有虚妄色彩的爱情理想也随之幻灭。

在陆星儿笔下，女性虽然没有建立起明确的自我意识，但通过两性之间的依靠、对立、背叛等复杂关系的呈现，她提出了性别建构的重要命题：女性是否能够摆脱男性他者而获得独立的性别意识与主体性。《今天没有太阳》讲述丹叶在不同类型的男性那儿体会到同样的痛苦与绝望，传统意义上的"男子汉"竟然让妻子半年内做了三次人流，浪漫的诗人情人则让女性独自承担着耻辱与损害。在《一个和一个》中，单身的华菁看似潇洒，却必须借助于男性才能保持情感的平衡，她对于丧夫的宋惠珊的劝慰也由此成了可堪质疑的托词。事实上，华菁比宋惠珊更加可悲，她是"包装更精美、质量更可人、价值也更昂贵的男性的'消费品'"[1]。她自以为不受缚于婚姻和世俗就是自由的女性，"岂不知不过是向男人提供了一个'新女性'罢了"[2]，而让男人能更加无所羁绊和易于推卸责任。陆星儿以内涵丰富的文本传达着性别的困境，这种质疑式、拆解式的呈现对于性别意识的建构也是有效的。

---

[1]　刘慧英：《走出男权传统的樊篱——文学中男权意识的批判》，三联书店 1996 年版，第 117 页。

[2]　王安忆：《故事和讲故事》，浙江文艺出版社 1991 年版，第 199 页。

王安忆通过对于女性的身份、情感、特质等维度的辨认，对女性在婚恋、家庭、欲望等方面的状况进行了书写。在"三恋"① 中，王安忆通过女性的"性"进入了对于"人性"的探索："如果写人不写其性，是不能全面表现人的，也不能写到人的核心，如果你真是一个严肃的、有深度的作家，性这个问题是无法避免的。"② 在《荒山之恋》中，拉大提琴的男人与同事结了婚，拥有了传统意义的家庭和两个可爱的女儿，却在金谷巷女儿的情感中苏醒过来。大胆热烈的婚外情当然不见容于 20 世纪六七十年代封闭的小城，两人最后殉情而死，可谓惊人之举。两个女性成为男性生活与精神面相的给予者、分担者、承受者。在《锦绣谷之恋》中，在 20 世纪 80 年代后期风气较为开化的省城，女编辑幻想能够在庐山出差时找到浪漫的情感寄托。她离开了熟识的环境和家庭，重新变得年轻而新鲜。然而，她与男作家的精神之恋随着会议结束而走向了终结。这出婚姻外的精神越轨促使女主人公加速走向了自我探索。

女人实际上有超过男人的力量与智慧，可是因为没

---

① 王安忆的"三恋一岗"发表时间如下：《小城之恋》（1986）、《荒山之恋》（1986）、《锦绣谷之恋》（1987）、《岗上的世纪》（1989）。为论述方便，此处将"三恋一岗"放在一起谈论，特此说明。

② 王安忆、陈思和：《两个 69 届初中生的即兴对话》，《上海文学》1988 年第 3 期。

有她们的战场，她们便只能寄予自己的爱情了。

　　为了一个软弱、怯懦的男人。其实，这男人配不上她们那样的挚爱。可是，女人爱男人，并不是为了那男人本身的价值，而往往只是为了实现自己的爱情的理想。为了这个理想，她们奋不顾身，不惜牺牲。(《荒山之恋》)

　　她爱和他在一起的这个自己更超过了爱他。(《锦绣谷之恋》)①

　　在两性关系的博弈与较量中，王安忆将张洁笔下强悍女性/柔弱男性的人物模式进行了深化处理，两者之间不再是对抗与输赢关系，而是引导和被引导的关系。无论是拉大提琴男人的妻子，还是金谷巷女儿，还是柔弱的女编辑，她们都比男人更加勇敢，更有实践能力。王安忆将叙事重心朝向女性进行了彻底倾斜，将叙事的主导权交给了女性，就连男人生命的终结也取决于她们的选择。她们在自我营构的情感关系里，经历着"欲望激情—精神依恋—自我唤醒"的过程。

　　相较而言，《小城之恋》更专注于女性主体性的探索和建构，并在当代文学史上第一次将"身体"作为欲望本体/中心而反复书写。不过，彼时的王安忆还没有像90年代的"私人写作"那样将"身体"作为性别认知的介质，《小城之恋》中的"身体"处于"生理身体（肉体）和交往身体"的意义层面

---

① 王安忆：《三恋》，浙江文艺出版社2001年版，第35、99、233页。

上,"被撞击、敲打、碾碎,进而被摧毁"①。因此,"身体"没有在女主人公的生活中发挥自我启喻作用,而是如镜像般出现在舞台上,成为男女主人公之间奇特关系的依凭。小说将"她"和"他"放置于封闭的空间里,两个舞者像是陷入了肉身的苦刑,彼此触摸、依靠、咒骂、嫌弃、折磨、虐待。小说通过她在"身体/欲望/生育"层面的递进式的自我教育,完成了女性的自我启蒙。新的生命赋予了她新的身份,欲望由此得到了清洁和平息,而他则无所依凭地陷入了自我沦落。这种充满爆发力和欲望感的身体探索在《岗上的世纪》中体现得更为集中。"岗上"是远离世俗喧嚣的伊甸园,身在其中的李小琴和杨绪国各自脱离了知青和队长身份,作为原始个体共同完成了"爱"的探寻之旅。

王安忆的探索和结论都是超前的,她自陈只有从"性爱"角度而非"历史原因、社会原因"去解释文本,才能令人信服。② 批评家对此也予以了正面回应,认为《岗上的世纪》比"三恋"更有意义,它以"原欲"对世俗利害的超越消解了"巨大的历史盲点"。③ 王安忆凭借对时代、社会风气的敏感为80年代女性书写提供了范式,"足以鼓舞后来女作家同类题材

---

① [美]约翰·奥尼尔:《身体形态——现代社会的五种身体》,张旭春译,春风文艺出版社 1999 年版,第 3 页。
② 王安忆:《话"三恋"》,《作品与争鸣》1988 年第 3 期。
③ 刘慧英:《走出男权传统的樊篱——文学中男权意识的批判》,三联书店 1996 年版,第 144 页。

的生产"①，也为中国的女性主义理论建设、性别研究提供了富
有启发性的文本。

第三节　历史场景中的女性

20世纪80年代后半期，铁凝意识到，"我们无法确切地
单纯地从人自身去寻找并发掘人性"②，人道主义话语不能为性
别话语提供更加丰富的精神与叙事资源。因此，她转而将性别
意识、性别困境作为书写重心，为当代文坛贡献了她最重要的
作品《玫瑰门》（1988）以及中篇小说"三垛"之《麦秸垛》
和《棉花垛》。③ 这些文本所呈现出来的女性与历史之间的悖
谬关系表明，无论是主动进入还是被动撤出"历史"，女人都
以最纯粹的本质、最脆弱的标识被裸露于历史荒原。这本质在
铁凝那儿表现为女性的爱、欲与生育，而许多时候，它们之间
并不相通。

在《麦秸垛》里，"麦秸垛"的象征意味坦荡又明确，"当
初，那麦秸垛从喧嚣的地面上勃然而起，挺挺地戳在麦场上"，

---

① 程光炜：《狂欢年代的"荒山之恋"——王安忆小说"三恋"的叙述
经验》，《吉林大学社会科学学报》2007年第1期。

② 王斌、赵小鸣：《〈麦秸垛〉的象征含义》，《小说评论》1987年第
4期。

③ 铁凝的"三垛"发表时间如下：《麦秸垛》（1986）、《棉花垛》（1989）
和《青草垛》（1995）。

"宛若一个个坚挺的乳房"。这个意象与大芝娘保持着同等丰硕的质地，同时暗暗迎合着土地上的生命与爱欲。大芝娘是一个传统的乡村妻子，这种传统不但源于相夫教子的伦理教育，更来自于她拥有一颗大地般单纯博大、"坤厚载物，德合无疆"①的心。这天性超越了文化与社会规定而使她始终保持着淡然，也注定了她在等级森严的男权社会遭遇失败。丰满肥硕的身体并没有留住丈夫，大芝娘被离婚，她唯有动用生育力量挽留丈夫，苦苦哀求他和自己生一个孩子。如果我们将这个情节与莫言《白狗秋千架》中暖对"我"的乞求相比，可以看到，男作家对"借种"的女人带着怜悯和施舍，女作家却具有共情力地观照到了"类"的悲剧。

如果说丈夫的抛弃使得大芝娘的"女性"性和"妻性"无处安放的话，那么，女儿大芝的惨死则褫夺了她的"母性"，从此她在漫漫长夜只能怀抱着满当当的长枕头入睡，直到把枕头磨得又黑又亮。女知青沈小凤是性蒙昧的牺牲品，和大芝娘一样被所爱之人抛弃。杨青被陆野明当作圣母对待，她看不起轻贱的沈小凤。究其实，她们在历史场景中的展览并无区别，都是被男权话语观看和扭曲的悲剧形象。而大芝娘、沈小凤、花儿无不是在生育资源的争取与剥夺中，走入了看似不同但又有着性别循环性的悲剧命运。花儿怀着四川丈夫的孩子嫁给了小池，又怀着小池的孩子被四川丈夫带走，宿命感在她身上自

---

① 《周易·坤·象传》。

我重复地演绎着。

　　这种被"他者"（男性、集体、社会）而非"自我"主宰的命运，在历史场景中比比皆是。在《棉花垛》中，百舍人以棉花为生，漂亮的米子不愿辛苦劳作，她钻窝棚挣花再卖掉，所得到的花也是各色的。"米子不愿人看到她的花，她自知那花色杂，来路不正，可它来得易，花碗儿不再刺她的手，她愿意男人看见她的手嫩！"这是身体的一种异化／物化。米子挣钱只为嫁人，谁知女儿小臭子也继承了她的命运。由于抗日战争的发生，这种相对单纯的物物交换被卷入到了复杂的政治时局之中。乔和小臭子这对童年共同探索身体奥秘的朋友走上了不同的道路。乔积极抗日，小臭子并不明白战争的实质，只是在追求享乐的欲望驱赶下，凭借丰满鲜润的身体获得了不自知的罪恶权力，成为双面"间谍"，导致乔被日本人轮奸残杀，自己也面临着双重的抛弃和杀人灭口。美貌并未为小臭子赢得生存的可能性，反而以身体和生命的献祭成就了虚伪的男性之名。国在领取消灭小臭子的任务之后，对其先是诱奸然后枪杀，美其名曰对"汉奸"正法。在正义、战争、政治等男权中心格局中，女性的命运异曲同工，殊途同归。

　　《棉花垛》中的一个情节表明，女性在追求自我解放的道路上，其实有着强烈的学习动因，这来源于她们对于自身处境的苦涩体会。小臭子参加了夜校，她听不进"曾参之子泣"等解说，却对"反封建"和"妇女解放"等性别教育颇感兴趣。她认为自己在夜校找到了思想和行为的支持："你们都快听听吧，我从来都是反封建的。"从性别认知和自我解放的角度来说，小臭子比乔要更为积极自觉。

铁凝冷峻严苛地省察着女性在历史、政治、权力语境中的痛楚与失败，致力于描述女性由于性别而遭遇的不同困境，这在《玫瑰门》中得到了叙事品质极高的展示。小说通过苏眉对从历史中走过来的祖母辈、母一辈（外祖母司猗纹、舅妈竹西、"姑爸"）的观察，充分细致地呈现出了历史中的女性群像。在20世纪初期的社会环境下，受过五四新文化洗礼的大家闺秀司猗纹虽然可以自由恋爱，却难逃封建婚姻的牢笼。她在庄家被压制、被蔑视、被欺侮，在她心中埋下了报复的种子。她用被丈夫玷污的身体勾引公公，以令人震惊的反伦理行为宣告了一个贤妻良母的终结。新中国成立后，庄家败落了，这激活了她的生命能量，她积极参加街道生产活动，主动向红卫兵告发家里隐藏的财产，在《婚姻法》的保护下离婚。司猗纹"无时不在用她独有的生活方式对她的生存环境进行着貌似恭顺的骚扰和亵渎，而她每一个践踏环境的胜利本身又是对自己灵魂的践踏"[1]，最终成了一个绝望地试图作为"'纯粹的女人'进入（挤进）历史的女人"[2]。她的受虐／施虐、戕害／自戕如一柄双刃剑，彰显着历史场景中女性受到的伤害与压迫。

庄家的儿媳竹西健康大方、沉稳从容，充满自赏意识和

① 盛英：《二十世纪中国女性文学史》，天津人民出版社1995年版，第772页。
② 戴锦华：《真淳者的质询——重读铁凝》，《文学评论》1994年第5期。

旺盛生命力，虽不幸嫁给了精神残废庄坦，但她是新社会的女性。她先是忍受无味的婚姻，丈夫死后，她勇敢追求健壮的大旗并与之结婚，后因情感枯竭而离婚，转而追求令她心动的叶龙北。"姑爸"的经历至为特殊。由于貌丑，新郎在新婚之夜逃走，令她对自己的性别身份发生怀疑，从此走上了自觉抹除性征的雌雄莫辨的道路。"姑爸"这个称呼本身就兼容着性别的混乱与倒错。但假扮为男人并没有为她在男权社会获得保护，反而带来了双重侮辱与蹂躏。这一切，都是通过女主人公兼故事内叙事者苏眉的视角进行讲述的；同时，小说还通过童年眉眉与成年苏眉的对话展开情节，从而构成了性别叙事的自我镜像与多重视域。

苏眉看到了外祖母司猗纹所有的不幸和扭曲，也在她那儿体会到了与历史同步的阴影；她在舅妈竹西那儿领略到了成熟女性令人着迷的肉体力量，也明了历史是如何不动声色地修改了女性的命运；她在"姑爸"那儿看到了历史暴力对于女性的迫害，一份惊心动魄的性别经验从此深深植入了心中。那根插入"姑爸"身体里的通条将这个一意扮成男人的女人又还原为了女人，只不过，这一次还原也是一次彻底的弃掷。"姑爸"和大黄猫的被虐杀，铭刻着一份女性雄化的惨淡失败。作为第三代女性，苏眉较为完整地体现了女性性别意识的自觉。她从小对于周遭的性别环境有着惊人的敏感与领悟，对于司猗纹和竹西之间的微妙关系了然于心，并从中获取着美丽、娇艳、健康与智慧的性别经验。成年后的苏眉在与叶龙北的交往过程中，力图通过精神交流与对方达到和谐共融。《玫瑰门》中依然有着强悍女性与弱质男性的格局，但铁凝并未落入性别对抗的窠臼，而是通过从司猗纹到竹西／"姑爸"再到苏眉的成长，自足地呈现出了女性主体意识的发展。她们不再视男性为归属之地，而是在追寻与探索中成为自己领地的主人，"玫瑰门"最终抵达了绚丽和丰饶。这种自觉性、自洽感既是女性写作自我启蒙和自我教育的结果，也是中国当代社会转型和文明发展的结果。

然而，性别忧虑依然存在。在苏眉女儿的额头上，有一个和司猗纹相同的"新月"伤痕，潜在地诉说着苏眉对于外祖母包含着憎恶、反感、质疑但又无比认同和深爱的情感。这神秘的"转世"表明，女性在生与死、爱与恨、情与欲的循环中永远无法摆脱前定的命运。她们彼此映照出了在男权社会和主流历史中遭遇的掠夺和匮乏。戴锦华指出，正是这份"真淳者的质询"、这份冷静的反思，使得铁凝的小说具有了鲜明的女性写作特征，也将20世纪80年代的女性写作进行了"由控诉社会到解构自我的深化"①。在这里，批评家与作家一道，将新时期的性别写作从"history"中剥离出来，为"女性"建立起了属于其性别领域的认知角度、叙述逻辑与话语谱系。

从茹志鹃、张洁到王安忆、铁凝，她们的书写经历了性别话语与人道主义话语的分野。正是在与人道主义关系的演变

① 戴锦华：《真淳者的质询——重读铁凝》，《文学评论》1994年第5期。

中，在激烈的争论和不懈的探索中，"女性意识""女性写作"①
等概念及其理论逐步得以确立。有论者指出，以《玫瑰门》和
《岗上的世纪》为标志，"铁凝和王安忆开始将女性文学提升到
一个自觉意识的层面"，宣告了"一个新的女性文学时代的到
来"。② 这是中国女性写作、性别意识的开端和起航。

---

① 戴锦华倾向于以"女性写作"这一相对明晰的提法代替"女性文
　学"这一歧义丛生的概念。见戴锦华《涉渡之舟——新时期中国女
　性写作与女性文化》，北京大学出版社 2007 年版，第 16 页。
② 谭湘记录整理：《"两性对话"——中国女性文学发展前景》，《红岩》
　1999 年第 1 期。

第三章　20世纪90年代：多元化与性别意识的自觉

20世纪90年代，随着中国经济的勃兴和市场化的全面推进，大众文化、港台文化、西方文化等大面积地传播，与此同时走向萎靡黯淡的是曾经高扬的知识分子精神化追求。由上海文化精英阶层发起、迅速席卷南北的"人文主义（精神）大讨论"即是最后拯救的努力，但意指模糊的讨论并没有获得相应的成果。"躲避崇高"、消解中心、众声喧哗的世俗化成为中国20世纪90年代的重要特征。这个时代有其奇观化、媚俗化的一面，但它的多元化为性别叙事提供了相对自由的空间。以1995年在北京召开的第四届世界妇女大会为契机，女作家的创作、出版和专题研究层出不穷。从出版来看，有四川人民出版社的"红辣椒"丛书、河北教育出版社的"红罂粟"丛书、华艺出版社的"风头正健女才子"丛书、云南人民出版社的"她们"丛书。有意思的是，这四套丛书的主编都是男性，分别为陈骏涛、王蒙、陈晓明和王朔、程志方和刘存沛。《人民文学》《中国作家》《北京文学》《大家》等刊物都先后推出了女作家的作品专号。陈祖芬、叶文玲、张抗抗、王安忆、方方、蒋子丹、唐敏、池子建、林白、陈染、林白、赵玫、徐小斌、张欣、池莉等人集体亮相于公众视野。

与 80 年代只有孟悦、戴锦华、乔以钢、杜芳琴、李小江孤军奋战的状况相比，可以说，90 年代是中国历史上从未有过的大规模译介和研究女性主义的时代。戴锦华的《镜城突围》和《犹在镜中》、乔以钢的《中国女性的文学世界》、刘慧英的《走出男权传统的藩篱》、盛英的《中国女性文学新探》、林丹娅的《当代中国女性文学史论》、陈惠芬的《神话的窥破——当代中国女性写作研究》等纷纷问世。性别乌托邦不再是虚妄之地，而切实地安泊着性别差异、女性体验、姐妹情谊、身体叙事等性别命题。作品、理论、批评互生共荣，促进了自觉的性别意识与丰饶的性别叙事图景的生成。

第一节　身体叙事与姐妹情谊

女作家认识到，女性在男权社会无法获得本质性的认同，只能通过唯一拥有的"身体"作为表述的途径。约翰·奥尼尔将现代社会的身体形态分为五种：世界身体、社会身体、政治身体、消费身体、医学身体。"政治身体"又分三种：生理政治身体、生产政治身体、力比多政治身体。90 年代女性写作中的"身体"属于"力比多政治身体"："它超越了对家庭财产和经济利益的关心，它所向往的是那种最难以企及的情愫，如爱和幸福；所以，力比多政治身体完成了人格的秩序建构。"① 以身体为中心的话语系统祛除了社会化和男性化的影响，包含着女性对自我身心的探索和审视，它是新鲜的，也是合理和重要的："用身体，这点甚于男人。男人们受引诱去追求世俗功名，妇女们则只有身体，她们是身体，因而更多地写作。"② 身体叙事的生成、建构、增长构成了一个繁复的语义链，一个游荡着丰盛、华美、感性修辞的能指星群，指涉着女性在摆脱了对男性的精神与情感依赖之后抵达的书写场域。

在 20 世纪 90 年代的"私人写作"中，"身体"之于性别的叙事功能得以突显。对于这一时期的女性作家来说，公共记忆和主流叙事往往意味着被规训的历史化经验，她们将自己从中分离出来，去感受"个人"的"情愫"和"力比多"："只有当我找回了个人的记忆，才能辨认出往昔的体验，它们确实曾经那样紧紧贴着我的皮肤。"③ 在此，身体写作被赋予了"女性个体"和"以血代墨"等性别写作意义。林白的《一个人的战争》（1994）以多米为主人公，从她童年时对身体的热烈探索开始，详细描写了她在性别经验中进行自我辨认的过程。成年后，她不断遭遇情感和身体的创伤：强奸、诱奸、失恋、因抄

---

① ［美］约翰·奥尼尔：《身体形态——现代社会的五种身体》，张旭春译，春风文艺出版社 1999 年版，第 76 页。

② ［法］埃莱娜·西苏：《美杜莎的笑声》，黄晓红译，张京媛主编《当代女性主义文学批评》，北京大学出版社 1992 年版，第 202 页。

③ 林白：《记忆与个人化写作》，《花城》1997 年第 7 期。

袭而身败名裂。多米的性体验和欲望感受引发了很大的争论，还被消费市场包装利用。事实上，在小说中，林白并没有把多米的躯体和感官描写当作叙事目的，而是将之作为心理的探测器，探测女主人公对生命的感悟程度和孤独的深度，来阐述她的成长过程和性别意识的成熟。陈染从一开始便体现出直视自我、背对社会和人群的姿态。她的创作带有自传色彩，用陈晓明的话来说就是"偏执，顽强，以自虐的方式不停地涂抹着狂怪的自画像"①，加之涉及隐私性体验，在内省和内观的氛围中展开叙事，因此被视为"私人化写作"的典型。她的小说多以第一人称女性为叙事者，讲述现代都市独居女性在家庭和社会中的创伤性体验。这些女性的经历相似：被抛弃与被冷落的破碎童年，在孤独封闭的环境中生活，瘦削清秀，内心忧郁，多愁善感。《私人生活》（1996）讲述少女倪拗拗的成长经历。女主人公在探索身体的同时，也意识到自己患有严重的心理幽闭症，是一个"残缺的时代里残缺的人"。倪拗拗和多米有许多相似之处：从小缺乏父爱，惧怕群体，在孤独落寞中度过了蒙昧的少女时代，在身体的探索中建构起了鲜明的自我意识和主体意识。"一个人的战争意味着一个巴掌自己拍自己"，"一个人的战争意味着一个女人自己嫁给自己。"这种从身体出发、蕴含着女性欲望和生命意识的书写，建立起了新的性别叙事

①　陈晓明：《守望私人生活：陈染的意义》，星辰在线，http：//www.changsha.cn，2004 年 6 月 30 日。

谱系。

　　海男与陈染、林白有所不同，她更强调的是"为女性而写，而非女性主义"①，她的小说和诗歌均有鲜明的性别意识。即便是在身体修辞中，她也主要是将身体作为认知外部世界的介质。在《粉色》《关系》《私奔者》中，女主人公罗韵、罗曼林和苏修不再是传统男权社会中的欲化和物化对象，也不再是守身如玉的传统女性形象，她们用身体体验着世界。在《私奔者》中，几个女人围绕一个男人不断地私奔，她们的身体分别占据着这个男人生命中的不同部分，"在路上"的未终结状态构成了女性的身体"流浪"特征。《蝴蝶是怎样变成标本的》以女性的"出走"和"逃离"为主题。普桑子跟随男友去南方采集蝴蝶标本，因为一场鼠疫走散天涯。她在一个个男性之间不断地游走，最后居无定所，孑然一身。凡庸沉重的生活与女性的精神飞翔之间构成了巨大的悖论。对女性来说，"寻找蝴蝶"就是寻找生命开到极致的绚烂华美。这是一个不断逃离的过程，逃离自己的欲望，逃离纠葛不清的情感，逃离传统的社会秩序。为此，女人不惜用余生舞出最后的蹁跹。在《女人传》中，海男用颜色来比喻不同年龄的女人，少年时是粉色，18岁以后是蓝色，30岁是红色，40岁是紫色，50岁是黑色，80岁是白色。无论在哪个阶段，女人都对自己的身体充

---

① 林宋瑜：《海男访谈：为女性而写，而非女性主义》，《艺术评论》2007年第3期。

满了欣赏，沉迷于对生命的丰沛感悟和坦然领受。"女性占领文学的目的之一即是，通过写作放纵躯体生命，冲破传统女性身体修辞学的种种枷锁，用自己的血肉之躯充当写作所依循的逻辑。"① 在身体修辞中，她们将自我感受嵌入到笔下人物的经历里，以女性的私密化体验冲击着、荡涤着父权文明的晦暗角落。

在关于身体叙事的建构中，封闭空间作为重要场域强化着修辞的力量，女性将自己封闭在房间一隅并在那里获得对身体的亲密认知。斯妤的《浴室》、林白的《说吧，房间》(1997)、海男《私生活》中的浴室、房间、箱子意象构成了对世俗世界的抵抗。在《私人生活》中，倪拗拗在浴缸里享受着自怜自爱的快乐。"浴缸的对面是一扇大镜子，从镜子中我看见一个年轻的女子正侧卧在一只摇荡的小白船上……我凝视着镜子里的我，像打量另外一个女人一样。"在徐小斌的《迷幻花园》《双鱼星座》《羽蛇》中，墓地花园、镜子、灯、金耳勺和巨蚌包含着强烈的性别寓意，它们是承载着女性生命、爱欲、渴望的容器，荡漾着女性生命的源泉和力量。"镜子"意象也很重要，女主人公揽镜自照，重新辨认和打捞被遮蔽的性别经验，展开了戴锦华说的"镜城突围"的艰难历程。这不仅是对男权文化的反叛，也是打破意识形态以实现独立女性自我的重要途径。与封闭空间相契合的叙事风格幽暗地闪烁着：飘

---

① 南帆：《躯体修辞学：肖像与性》，《文艺争鸣》1996 年第 4 期。

忽不定的内心私语，破碎华美的记忆片段，自我抚慰中的穿越性遐想，它们闪回、交叉、叠合，共同构成了独属于女性书写的叙事美学。

与身体修辞相平行的还有两个主题：放逐男性与姐妹情谊。既然女性能够通过"身体"的自我探索而建立起主体意识，那么男性的存在不仅没有必要，反而成为这一探索通道上的障碍。在她们笔下，女性处于绝对中心位置，男性则被放逐到了叙事边缘，他们要么虚弱无能，要么仅仅作为性别符号而存在或被嫌弃。在林白的《致命的飞翔》中，北诺杀死了秃头男人。在徐小斌的《双鱼星座》中，卜零身边的三个男人各有各的不堪，以至于她宁愿选择孤独。无论是《一个人的战争》中与多米有过关系的男性，还是《私人生活》中的 T 老师，他们都是为了完成女性的成长而出现的。在叙事链中，女性的心理、行为、爱欲指引着故事的走向，男性丧失了在叙事里的决定性作用。多米和倪拗拗最后都放弃了男性，义无反顾地走向了"另一个世界"。在那个世界里，女性与灵魂的自我相互应答："你才是我虚构的"（《一个人的战争》），"这个世界，让我弄不清里边和外边的哪一个是梦"（《私人生活》）。这份应答是姐妹情谊的重要标识。

在陈染的《麦穗女与守寡人》《另一只耳朵的敲击声》《凡墙都是门》中，作者将爱与信任都投射到了同性身上，构成了一个自洽丰盈的女性情感乌托邦。这种投射是在女主人公经历了对男人的失望之后而作出的，它仿佛是一次逃离之后的回归，一次误入他者世界之后的退出、诀别和幡然自省。因此可以说，陈染文本中的姐妹情谊不是少女时代漂浮于生活表层的喁喁倾诉，也不是"五四"女学生风流云散的短暂聚合，而是终极的、永恒的、结实而亲密的依偎。在《破开》中，"我"与陨楠商量成立"真正无性别歧视的女人协会"，她们把这个协会命名为"破开"。她们相约"像姐妹一样亲密，像嘴唇和牙齿，头发和梳子，像鞋子与脚，枪膛与子弹。因为只有女人最懂得女人，最怜惜女人"。这份直面现实的清醒与判断表明，女性无意于与男性对抗，更不愿意像大芝娘、小臭子、司猗纹那样从男性手里去抠取一份施舍。女性只能信任女性，彼此温暖以抵御世间的寒凉。"在相互之中，我们永远不会感到匮乏。"①

　　在《同心爱者不能分手》《子弹穿过苹果》《回廊之椅》中，林白以女性对于女性的认同和欣赏，塑造了朱凉、邵若玉、姚琼等美丽优雅、孤绝于世俗的形象。林白自称"美化女人"、将女性描绘成"既美丽又有很好的气质"是她的爱好："在水和水生植物中间，美丽的女人像天鹅一样浮游其中，她们美得令人心痛，在幽暗的湖畔，在乌云密布的天空下，她们缺乏真正的保护。在我的文字之流中，脱落的羽毛比比皆是，我从来不丑化女人，这将使我付出真实与深刻的双重代价。"②

---

① ［法］埃莱娜·西苏：《美杜莎的笑声》，黄晓红译，张京媛主编《当代女性主义文学批评》，北京大学出版社1992年版，第210页。

② 林白：《空心岁月》，《林白文集》（第4卷），江苏文艺出版社1997年版，第45页。

林白将女性置于与传统社会观念不断发生冲突的语境里，将富有南国特色的自然环境与文化语境相糅合，敏锐地体味和把握女性的情感和心理，勾勒出了独属于女人的"秘密花园"。这份姐妹情谊联结起了女性的渴望、恐惧、焦虑、期盼，是女性精神、情感演变史的深度体现。

在 20 世纪 90 年代，女性身体和欲望的张扬、情感世界的暗潮涌动、黑夜中的喃喃私语、零碎化和片断化的写作方式，构成了对男权话语和主流叙事范式的消解。这种写作的意义如埃莱娜·西苏所强调的那样，"妇女的身体带着一千零一个通往激情的门槛，一旦她通过粉碎枷锁、摆脱监视而让它明确表达出四通八达贯穿全身的丰富含义时，就将让陈旧的、一成不变的母语以多种语言发出回响"，从而"长驱直入不可能的境地"[1]。毋宁说，女性写作完成的是中国历史上从未有过的性别"革命"。自此以后，女性的身体修辞不再是禁地，私人化写作成为一种反抗力量，"可能构成对男权社会的权威话语、男权规范和男性渴望的女性形象的颠覆。"[2] 这种写作方式拓展了文学的表达空间和审美范畴，也为 90 年代及其后的女性写作提供了坚实的基础。

---

[1] ［法］埃莲娜·西苏：《美杜莎的笑声》，黄晓红译，张京媛主编《当代女性主义文学批评》，北京大学出版社 1992 年版，第 201 页。

[2] 王干、戴锦华：《女性文学与个人化写作》，《大家》1996 年第 1 期。

第二节 女性与新历史主义

20世纪90年代正是新历史主义思潮走向盛行和成熟之时①，莫言、苏童、叶兆言、格非、刘震云向文坛贡献了一批令人目眩的新历史主义文本。女作家亦以自己对历史的观照与书写，加入到了新历史主义叙事思潮之中。在她们笔下，"妇女历史"与"社会历史"相互携手，使得"角色的规定、观念、价值、心理以及主体性的构造"等问题成为人们关注的中心。② 一向富有探索精神的王安忆在90年代开初便写出了厚重的《纪实与虚构》（1993）。她从母亲的"茹"姓和家族史一路追溯到民族史，将北方少数民族柔然认作自己的血缘来处。王安忆将"母亲"代表的"她"种族放置在边疆，这既是对80年代浩荡的寻根文学的后设性清理和解构，也彰显出女性不再焦虑和受制于父权文明的压迫、宰制、定位，而是在边缘化、少数化的自觉选择里再度为女性绘制出了新的文化/心理/精神坐标。

《长恨歌》（1995）是女性新历史主义写作的重要收获。小说讲述了上海小姐王琦瑶的一生，突显了大上海在一个世纪里

---

① 张清华：《十年新历史主义文学思潮回顾》，《钟山》1998年第4期。

② ［美］朱迪丝·劳德·牛顿：《历史一如既往？女性主义和新历史主义》，黄学军译，张京媛主编《新历史主义与文学批评》，北京大学出版社1997年版，第204页。

的兴衰沉浮。小说从一开始就展开了大上海小弄堂这样一个温暖、神秘、可感可知的背景。值得注意的是,在王安忆笔下,是小弄堂而不是霞飞路、外滩等繁华地代表着上海的城市精神,这种在琐碎的"阴面"进行书写所彰显的正是女性的历史观。① 在"形形种种,声色各异"的背景中,流言与鸽群孕育了花蕊般的闺阁。王琦瑶就这样在小弄堂的闺阁里诞生了。她的一生和命运都带着浓重的个人化和时代性色彩。片厂试镜的失败,为她竞选上海小姐带来了新的契机。入选上海小姐后,权高位重的李主任走进她的生活,让她做了爱丽丝公寓的女主人。王琦瑶与李主任的关系以他留下一盒金条、飞机失事而结束,而这盒金条作为一个暗示潜伏在故事中,终于在 40 年后断送了王琦瑶的性命。王琦瑶不是忧郁伤感的雯雯,也不是在情欲煎熬中挣扎的"三恋"中的"她",更不是《流水三十章》里那个在无爱中长大对社会充满抵抗和病态的张达玲。王琦瑶风姿绰约,清丽可人,既有成人的老于世故,又有小女儿的纯情天真。《长恨歌》通过对王琦瑶漫长而平常一生的细部描绘,将中国 20 世纪风云激荡的革命史、社会主义建设史、经济发展史、城市变迁史还原为了个体生命的情爱史、生活史、消亡史。在批评家看来,它甚至连结起了人类永恒追问的"时间"的谜题,"个体生命时间"迢遥地响应着、印证着"历史本身

---

① 陈晓明:《在历史的"阴面"写作——试论〈长恨歌〉隐含的时代意识》,《文学评论》2013 年第 6 期。

无情的延伸或循环"①，从而将女性的历史书写朝着新历史主义场域进行了敞开。

在历史场景中，女性相互救助彼此慰藉，共同构成了反抗历史压抑的力量。在铁凝的《大浴女》（2000）中，尹小跳、尹小帆姐妹及其周遭女性面临着历史的或自身无意过失造成的困境。"文革"期间，尹亦寻和章妩被下放到农场，留下女儿尹小跳和尹小帆在城里。章妩留恋家中的舒适，找唐医生开了病假条，与唐医生有了暧昧关系之后，生下了女儿尹小荃。同母异父的尹小荃就像一根"刺"，深深地扎在尹小跳姐妹的心上，但两姐妹都缄默不语，只是拼命从精神上虐待冷淡小荃，直到眼睁睁地看着她扑腾着两只小手跌进了污水井。自此，小荃之死成为一个黑暗的伤痛面，承纳着尹小跳、尹小帆、唐菲、章妩不安定的灵魂。小说将罪恶感作为女性心灵沦陷的起点，也使之成为心灵净化的因素："在中国，并非大多数女性都有解放自己的明确概念，真正奴役和压抑女性心灵的往往也不是男性，恰是女性自身。"②尹小跳从一个内心充满了原罪和苦涩的女孩最终成长为一个坚定明亮的女性，完成了心灵的自我救赎。③

---

① 张清华：《时间的美学——时间修辞与当代文学的美学演变》，《文艺研究》2006年第7期。
② 铁凝：《玫瑰门》，春风文艺出版社2003年版，"写在卷首"。
③ 曹霞：《女性心灵的自我救赎——评铁凝的长篇小说〈大浴女〉》，《广州广播电视大学学报》2006年第1期。

历史困境中的女主人公历经沧桑，有认命也有逃离，有幻影也有现实，但她们并没有落入男权话语的窠臼，而是勇敢地选择了自己的命运。在迟子建的《旧时代的磨房》中，四太太紫燕和颂莲一样是大户人家的小妾，但她并没有疯掉或自杀或自甘囚禁。当她终于解开磨房与生育之间的隐秘联结时，她的心结也打开了，桎梏着她的白玉手镯也不再具有约束力量，她最终成功地逃离出了高门大院的囚笼，走向了心中理想的牧歌乡村。这种逃离在《秧歌》中体现为小梳妆的精神自由。秧歌队的小梳妆之美迷住了所有人，她爱上了付子玉，但她宁愿单身也不愿意嫁给他做姨太太，拒绝成为被赏玩之物。在蒋子丹的《桑烟为谁升起》（1995）中，萧芒在"贞妇"和"欲女"的双重困境中进退失据。蒋韵《栎树的囚徒》（1996）以辛亥革命至"文革"近半个世纪的漫长历史为背景，讲述以三代女性陈桂花、关莨玉、范苏柳为主角的范家故事。她们的身份虽因范家而得以定位，在男性权力、历史暴力、时代风云中历尽磨难，实际上，她们才是刚烈坚韧的范氏家族精神的真正传递者、继承者。在赵玫的《我们家族的女人》（1992）中，奶奶、小姑、姑妈、表嫂、大娘、"我"，构成了向着历史纵深处的精神序列，母系血缘在此被发掘、被彰显，但又不同于王安忆对母亲种姓的执着寻求。在赵玫的文本里，母系家族是性别经验和女性命运的寄寓之所。《朗园》（1994）在麦达林道与建国巷两个不同的世界里，展开了女性力图跨越阶层隔阂而进行的努力。朗园的女主人几经更换，从旧贵族到高干到平民，最终消失于新的城市规划之中，女性命运的变化与城市空间的变迁形成了同构。徐坤的《女娲》通过李玉儿从夫、杀子等故事，展现女娲般的伟大力量，以及对于人类文明和男权专制的反思。方方的《何处是我家园》在"小姐／丫头"的关系演变史中写出了女性寻找家园的艰难。池莉的《你是一条河》在母亲辣辣和女儿冬儿的互爱互恨中道出了女性安放身心的坎坷。

须兰的新历史主义书写重在迷宫形式的建构与解构，在叙事脉络的错综恍惚中，尽显历史与命运的残酷。《仿佛》有着格非《迷舟》般的自我消解特征，小说通过"我"寻找大哥之死的答案，引出了一段自我想象的"罗生门"。疑窦丛丛、空白处处，留下了一堆历史的碎片。通过这种方式，须兰展现出了历史的偶然性与不确定性。这在《思凡——玄机道士杀人案》中更是走向了极端的宿命追踪。唐代女道士玄机如同俄狄浦斯王，她在少女时代梦见自己成年后会在长安杀死新科状元戴春风，为避免这桩杀人事件，她出门远游，却遇到了戴春风。玄机嘱咐他千万不可前往长安，但戴春风却执意前往，后被崩溃的玄机失手杀死。所有费尽心机的躲避、逃离、安排都在神秘的造化中化为乌有。这在《宋朝故事》中亦有呈现，无论是宋朝名将蒋白城，还是1938年的南京大学生小宋，本想用逃离来避开死亡，反而迎面走向了厄运。小宋所在戏剧社排演的《蒋白城》成为他命运的一面镜子。《银杏银杏》在人鬼情未了的悲情故事中展开了残酷往事：女主人公阿九为报复杀死自己全家的凶手而嫁给其弟，在真心爱上他时，其身份却被哥哥发现，弟弟为保护她而死于哥哥刀下。阿九转世为现代女子，弟弟化作鬼魂静静守候着她。《少年英雄史》的元小说与交叉叙事，《千里走单骑》（2000）的视角转换，《石头记》的空灵爱情，《奔马》（2000）的情节迷宫和圈套，《纪念乐师良宵》以个人视角展现南京大屠杀的末日景象，《闲情》《红檀板》《樱桃红》的张爱玲式叙述，都让须兰的新历史主义书写走向了唯美、繁复与神秘，这也是她喜欢的汉、魏、晋、六朝、唐、宋"才气纵横又有点醉生梦死，繁华中透着清冷"的风格使然。

在 90 年代，出现了以真实历史女性人物或史实为原型的书写，主要集中于武则天及其周遭人物。须兰的《武则天》（1994）以唐高宗和武后之子李显的视角与全知视角交叉讲述皇宫里的血腥政变，讲述太子们在神秘的皇权争夺中丧命或遭流放，甚至相互残杀。游荡的冤魂、高宗的梦呓、弘的自杀、显的悲伤、旭轮的阴郁，都为小说带来了伤感而脆弱的色调。武后、韦氏、上官婉儿等女性形象则充满了强悍坚韧的生命力。小说并未停留于权力争夺，而是对武则天的政功和改制进行了评价，对她杀害儿子一事有所翻案。赵玫的《高阳公主》（1996）、《武则天》（1998）和《上官婉儿》（2001）构成了"唐宫女性三部曲"，"以性别的诗性融入历史的诗性"，以"个人声音的方式"寻找"历史叙述的深层支点"。① 小说通过男女

---

① 卢桢：《走向优雅——赵玫论》，南开大学出版社 2015 年版，第104 页。

爱欲与皇权利益的纠缠，讲述武曌从宫女成为皇后最后登上皇位的叱咤风云，讲述高阳公主意识到自己不过是皇权工具后迷失于性的放纵，讲述犯官之女上官婉儿如何以智慧、青春与爱欲在宫廷中周旋。在这些杰出的女性身上，追求自由与对抗男权／皇权始终相伴，她们为了提升女性的地位而作出了种种政治变革。然而，在男权话语强盛的中国社会，她们最终不得不选择了放弃、离别与丧失。她们是历史的反叛者、逃逸者。作者赵玫对千年前女性爱情与生命的回望，是一个现代女性对历史中女性的凝视与致敬："我在浩莽的大山大河之间，在苍翠的松柏之间，想着她。我觉得我不仅仅应当崇敬她，还应当以一颗女人的心去理解她，感觉她，触摸她。"（《武则天·中篇》）作者将自己的创作经历、感受、怀想嵌入历史讲述之中，跳出叙述者的限制而直抒胸臆。历史／现实中的女性主体共同构成了相互映照的形象，历史中的女性武则天和上官婉儿亦超越了君臣、主奴和姐妹关系，"互为存在互为作用互为依托"①，直到死亡将她们分开。

女作家的新历史主义叙事多以婚姻、情爱、欲望、历史故事和实验手法、形式美学、华美修辞呈现出来，从中我们能够隐然见到女性写作的变化：她们已经告别了80年代与男性话语分享历史、政治、社会资源的共同体叙事，致力于寻找摆

---

① 赵玫：《智性女人的社稷天下》，《陪伴着你在暮色里闲坐》，高等教育出版社2016年版，第94页。

脱男权宰制的性别／历史书写方式，这是一个开端，而这个任务的完成，要留给并不遥远的新世纪。

第三节　城市经验与性别写作

"女性与城市"作为一个重要的新的性别主题，早在20世纪80年代就初露端倪。城市作为"松绑和解除小镇与村庄严密阶层化纽带的场域"[1]，更适合女性生存。在分工精细的城市这个"再造的自然"里，女性原先被土地所不屑的柔弱体力被忽略了，柔韧性和灵活性也得到了承认。[2] 女性摆脱了以体力为衡量标准来确立家庭地位的乡村生活和主流历史剩余物的存在界定，具有了"社会性成人"[3]（social adults）的特征，从而将女性与男性之间的家庭／社会、消耗价值／创造价值、家务性劳动／交换性劳动等对立关系转变为了趋于平等的状态。此外，城市的幽微繁复、亮丽多彩、变动不居也更加契合女性的善感、细腻、多变。在80年代的刘西鸿作品中已经出现了现代性和现实化的城市经验。在《你不可改变我》中，女主人公

---

[1] [英] 琳达·麦道威尔：《性别、认同与地方——女性主义地理学概说》，转引自陈惠芬《空间、性别与认同——女性写作的"地理学"转向》，《社会科学》2007年第10期。

[2] 王安忆：《男人和女人，女人和城市》，《漂泊的语言》，《王安忆自选集》（第四卷），作家出版社1996年版，第410页。

[3] [美] 凯琳·萨克斯：《重新解读恩格斯》，林棣译，王政、杜芳琴选编《社会性别研究选译》，三联书店1998版，第19页。

孔令凯不以考大学等世俗标准衡量自己，而义无反顾地选择了做模特。在《月亮，摇晃着前进》中，若愚清楚地意识到"钱、财，丈夫都是身外物"，自己的事业才是最重要的。这种无传统负担的态度彰显了新的性别主体的生成，显示出有着鲜明现代意识、绝不为别人改变自己的都市女性形象。她们不再以男性取舍为标准，也不再为男性而低成尘埃里的花，她们只为自己灿然开放。池莉的《烦恼人生》描写城市平民女性的日常生活，娓娓道出她们的琐屑烦恼与婚恋变化，她们经历生活的磨损消耗，力图独立地面对生活。

在90年代，中国城市文学和都市经验逐渐成形，女性主义写作思潮和性别意识的成熟已成事实，社会对女性写作有了一定的认可，因此，这一时期的女作家已无须耽溺于与男权的对峙，性别之间的激烈对抗被女性与物欲、资本等新的关系所代替。以棉棉、周洁茹为代表的写作从一开始就依凭于两种叙事资源：在另类的都市经验中彰显躯体感受。棉棉的《糖》以问题少女"我"与男友赛宁、歌手谈谈、诗人努努、同性恋者奇异果等男性的关系为线索，展示了关于亲情、友谊、爱情、欲望、身体的故事。主人公成长于物质充裕的家庭，但来自父辈的压抑和社会的巨大变化使他们无力强壮自我的心灵。《告诉我通向下一个威士忌酒吧的路》中的年轻女孩在酒吧里挥霍着青春。在周洁茹的《我们干点什么吧》中，梅茜在海南赚了不少钱，与朋友一起去N市，约见旧日情人，然而却陷落于情感的无助与现实的冷酷中，"我们是想干点什么的，但我们什么也干不了。"在失败的情感之下，一种颓唐的无奈和厌世感深深地攫住了主人公。文夕的《野兰花》《罂粟花》和《海棠花》以经济发达的深圳为背景，描写市场经济新贵与"二奶"之间的情欲故事。表面上讲述的是现代女性在物质与权力的双重霸权中寻求理想的生存方式，但却在欲望的沉醉中透射着肉体资本化的交换逻辑。身体书写不再是与男权社会相对抗的手段，而成为消费化、狂欢化、表演化的感官盛宴。因此，在这些作品中，女主人公最后向着男性妥协，实际上也是身体被"资本化""欲望化"的必然结果。

消费主义取代父权主义成为新的桎梏，这是女性文学研究者所担心的问题。戴锦华以"镜城"来指涉90年代以来女性在男性文化之"镜"中的虚假形象："在男性文化之镜中，它要么是个花木兰——化妆成男人，要么，就是在男性之镜中照出男人需求的种种女人形象，是巫、是妖、是贞女、是大地母亲。"[1] 徐坤指出越来越多的所谓"私人化"写作"极有可能是商业化市场与写作者的一种合谋"，"尤其是当它加上'女性'的前缀词后，不光是营造出一批批同流合污的文化垃圾，或许还会变成满足个别人'窥阴癖'的意淫之物。'我们'奋力争取来的说话权利，即会面临在一夜之间重又失去的可能。"[2] 女

① 戴锦华：《镜城突围——女性·电影·文学》，作家出版社1995年版，第203页。

② 徐坤：《双调夜行船——九十年代的女性写作》，山西教育出版社1999年版，第47页。

性为了反抗男权文化，不可避免地会强调性别的差异性，这又将女性放回了"被看"的客体化位置。

与橱窗似的身体感官排列相比，广州作家张欣对于都市情感、欲望、婚恋、罪与罚等主题进行着深度挖掘。她对于城市生活的深入领悟、对于人在欲望里的执着、痛苦和矛盾，以及她对于城市关系的体察，都使其城市书写丰繁复杂。在《伴你到黎明》中，每个人都有自己的困境与欲望。小说中写到的人物无不在"做梦"，或用非常规手段达到自己的目的。欲望的拉链一旦被拉开，无数"恶魔"便应声而出：梁剑平渴望赚钱和升官，章朝野是讨债公司的"顶梁柱"，安妮的父亲想将女儿"卖"个好价钱，有着童话般爱情的冬慧及其男朋友黄志民也未能逃脱"欲望"的魔障，黄志民甚至利用情爱来骗钱。张欣用鲜活而平常的态度写出了都市里的欲望，欲望里的丰富人生。但这并不意味着欲望便主宰了一切，在张欣那里，纵然物质与金钱淹没了许多人，但同时还有人在坚守自我与理想。在《岁月无敌》中，舞蹈演员方佩当年红极一时，多少达官贵人追求她，但她却嫁给了萍水相逢的轮船大副罗潜，而当她发现罗潜轻视她的爱情和人格，并未完全理解她的美丽时，她毅然离开了罗潜，独自带着女儿千姿过活。在她被查出患有绝症后，她变卖全部家当，带着千姿南下，只是为了在去世前让女儿获得独立生存的能力。在张欣那里，写欲望，写人生，写情爱，都洋溢着她的诗性情怀："张欣用她对欲望的叙述放逐了虚妄的彼岸，张欣又没有在欲望的解构力量中流连徘徊，她走向了建构，诗情的建构。"① 这样的"欲望／诗情"书写在张欣笔下屡屡出现，如在《绝非偶然》《亲情六处》《掘金时代》《爱又如何》中，她准确地捕捉到了女性在商业社会里遭逢的谎言、竞争、背叛，同时也赋予了她们温暖与光亮。

与 90 年代的经济发展相伴随而来的，是中国传统的家庭、婚姻伦理遭到的猛烈冲击。在铁凝的《无雨之城》（1994）中，普运哲仕途光明但婚姻苦闷，在工作中结识了女记者陶又佳产生了感情，但最终担心婚外情影响官途而放弃。在池莉的《来来往往》（1998）中，康伟业在下海经商成功后，自然开始嫌弃糟糠之妻段莉娜，属意于年轻美丽的林珠，就此上演一段红袖添香的俗艳故事。但段莉娜执意不肯离婚，甚至以自杀相威胁。随着时光的推移，婚外恋的新鲜度也逐渐消退，但康伟业并没有如世俗所认为的回到妻子身边，而是又将目光对准了更为年轻的时雨蓬。如果说《无雨之城》写的是"官"，批判的是普运哲被权力掏空、异化、符号化的虚妄主体的话，那么，《来来往往》写的则是"商"，是在更为世俗层面上对食色本性的揭橥。普运哲的故事可能更为高妙而隐蔽，而康伟业则成为更具代表性和普泛性的"成功"男人的原型。皮皮的《渴望激情》（1997）和《比如女人》（2000）分别从男性和女性的角度，写出了夫妻双方和"第三者"在婚姻出轨、情感变质时对爱与

① 程文超：《跋：此岸诗情的守望者——我读张欣》，张欣《岁月无敌》，长江文艺出版社 1996 年版，第 384 页。

自我重新作出的理解。让人吃惊的婚变、令人疲惫的周旋、动人心魄的爱的领悟，无不诉说着人们在 90 年代经历的种种生活与情感困境。

方方这一时期的创作对女性的情感、心理和命运进行了深度呈现。在《桃花灿烂》里，星子与陆粞的爱情绝唱混合着骄傲与自尊，是人性与时代共同造就的悲剧。一份太过纯粹的相识相知，在如陆粞父母那样世俗吵闹的人生中显得格外晶莹，它的凋零似乎也是理所当然。《在我的开始是我的结束》中，黄苏子白天是白领丽人，晚上是出没风尘场所的虞兮。小说不但从心理深度揭示了女性分裂性的选择，更勘察到了围绕其周围之人包括其父母的冷漠。黄苏子对于人性的探索和挑战最终在肮脏卑劣的死亡中宣告失败。徐坤被称为"有学识的作家"，"大气、豪气"[1]，她的叙事犀利自省，因洒脱的嬉笑怒骂而被称为"女王朔"。《春天的二十二个夜晚》（2000）将女人在寻爱旅程中的伤痛与收获纳入了生活细节之中，体会着青春与生命的流逝带来的别样滋味。她自述这本书写出了一代人或者说一群人的共同体验和生存遭际，就是"那群带着 20 世纪 80 年代精神理想和文化资源走进北京、走进 90 年代的一群年轻人，他们面临这个巨大的历史和社会价值观念转型时所面临的困惑，以及向上行走时所付出的精神和肉体的代价"[2]。池莉

---

[1]　陈骏涛：《徐坤：在变化中求开拓》，《小说评论》2003 年第 6 期。

[2]　舒晋瑜：《徐坤：写作让我走出婚姻的阴影》，《中华读书报》2002 年 1 月 23 日。

《生活秀》中的来双扬是改革开放成果的最佳体现。父母早逝后，为了养活弟妹，她 16 岁就开始卖油炸臭豆腐，成为吉庆街第一个个体户。

除了陈染、林白等具有鲜明身体认知和姐妹情谊的写作之外，还有数量不少的女作家，她们写女性但不囿于性别意识，如迟子建的《逝川》、铁凝的《孕妇和牛》《对面》《午后悬崖》《秀色》《永远有多远》、池莉的《云破处》、徐坤的《先锋》《遭遇爱情》《狗日的足球》等。这些作品在性别经验的观察中发展出了向着历史、政治、权力、人性、潜意识敞开的叙事空间。迟子建《逝川》中的吉喜在帮助旧日恋人的后代时，她自己也在被别人帮助着，曾经的怨与恨转化为了善与爱。《白银那》《芳草在沼泽中》《清水洗尘》《原野上的羊群》《观彗记》对于爱、正义、清洁、受难等形而上命题持续进行着动人的演绎。在铁凝的《永远有多远》中，白大省屡战屡败的恋爱经历中有着时代的变迁与永恒的性别价值判断标准。做仁义的"好人"就做不了像"西单小六"那样娇艳的"女人"，这在白大省那儿成为永远的遗憾。《对面》通过男性视角揭示了被观看、被窥视、被惊吓而亡的女性的悲剧。池莉的《冷也好热也好活着就好》道出了武汉这座城市的底色和特色：生存就是一切。猫子与女友燕华的爱情平淡悠长，一街的邻居见证他们爱情的生长，也在"体温表爆裂"的反复惊叹中推进着点滴快乐。《午后悬崖》与《云破处》写的是城市女性之"恶"与"罪"，却在那底下暗藏着一份洁白、决裂与自戕，以及对历史与政治权力的审问。这些作品"标识着对女性创作的作品及女性写作行为的特殊关注，旨在发现未死方生中的女性文化的浮现与困境，发现女作家中时隐时现的女性视点与立场的流露，寻找女性写作者在男权文化及其文本中间或显露或刻蚀出的女性印痕，发掘女性体验在有意无意间撕裂男权文化的华衣美服的时刻或瞬间"①。概念边界的不断扩张显示出，中国的女性写作在努力突破自身与社会、历史之间的界限。

与20世纪80年代相比，90年代的女作家以更加成熟和更具个性的姿态出现，以更加鲜明的女性视角观察社会，以执着坚韧的女性意识参与到了对历史的想象与现实的叙述之中。在她们手上，性别意识一经确立，即被合理运用成为"文化身份上的僭越"和"攻守进退时的护身甲胄"。② 经由这一时期女性写作的努力，性别意识和性别叙事走向了双重自觉，得到了学界的认同。在完成女性主体性的建构之后，她们有能力向着男权偏见发起新的反叛与挑战。

---

① 戴锦华：《涉渡之舟——新时期中国女性写作与女性文化》，北京大学出版社2007年版，第16页。

② 徐坤：《双调夜行船——九十年代的女性写作》，山西教育出版社1999年版，第6页。

第四章 新世纪：对话性与
性别叙事的超越

如果说 80、90 年代女性作家们执意于向内、向自我进行探索的话，那么，在新世纪，女作家则开始向外、向他者发出了诚挚而深刻的对话邀约。这种对话性的思维给女性写作带来了新的变化，将她们的写作扩展到了更为广阔和更具社会性、现代性的范畴。对于这样的变化，可以用性别诗学的"超越性"概念进行阐释，这一概念原意是指：女性主义文学批评的未来在于超越传统的女作家批评与女性文学批评的视角，应当融汇后殖民主义、后结构主义、人类学、社会学和地理学等理论，建立起新的"社会身份疆界说"①，这种跨学科的阐释对女性写作也不无启喻。

实际上，早在 20 世纪 90 年代，中国女作家和女性主义学者就已经开始使用类似的概念。铁凝在谈到《玫瑰门》时提

---

① ［美］苏珊·斯坦福·弗里德曼：《超越女作家批评和女性文学批评——论社会身份疆界说以及女权/女性主义批评之未来》，王政、杜芳琴主编《社会性别研究选译》，三联书店 1998 年版，第 423—424 页。

出了"双向视角或'第三性'视角"①，陈染于1994年提出了
"超性别意识"②，刘慧英在1995年提出了"双性文化特征"③，
王绯在1996年评价方方时也使用了"超性别意识"④这个术语。
1996年10月，在南京召开的"中国当代女性文学第二届学术
研讨会"上，"超性别意识"是争议最为热烈的话题。对此，
女性文学研究者认为这是中国女性文学的"一种努力"，也是
其发展的一种"必然"。⑤只是在当时中国性别写作尚未得到
充分开发和正面认可时，"超性别意识"的提倡容易引起误解，
因此，这一写作趋向是在新世纪、在中国的性别意识和文化认
知都开始成熟时才得到了大面积的实践和倡扬。

第一节　自我与他者：从对立到和解

在男性形象的书写上，女性的态度经历了陡峭激烈的变
化，从"刀子"⑥般的锋利，到不满与质疑，再到慈悲与和解。

---

① 铁凝：《玫瑰门》，春风文艺出版社2003年版，"写在卷首"。

② 陈染：《超性别意识与我的创作》，《钟山》1999年第6期。

③ 刘慧英：《走出男权传统的樊篱——文学中的男权意识的批判》，三
　联书店1995版，第215页。

④ 王绯、华威：《超越与品位——重读方方的兼谈超性别意识和女性隐
　含作者》，《当代作家评论》1996年第5期。

⑤ 降红燕：《关于"超性别意识"的思考》，《文艺争鸣》1997年第5期。

⑥ 汪政、晓华：《小说在谁的手里成为刀子——谈盛可以的短篇小说》，
　《当代文坛》2007年第2期。

张洁在 20 世纪 80 年代曾经是一个浪漫的理想主义者，宣称"爱是不能忘记的"，但从 20 世纪 90 年代到新世纪，她对于爱情、男性的态度发生了很大变化。作家本人的创痛体验于文本脉络中隐隐起伏。张洁在新世纪出版了三卷本《无字》（2002、2007），获得了第六届茅盾文学奖。小说对软弱、无能、猥琐、见利忘义、始乱终弃的男人极尽控诉嘲讽之能事。男性（包括父亲）的形象一再匮乏，重复缺场。在从墨荷到叶莲子到吴为这祖孙三代的女性命运的谱系中，他们要么面目模糊，只侧面通过女性叙述者呈现出黯淡的身影，如叶志清；要么以反面形象出现，抛弃妻女，贪图享受，出尔反尔，如顾秋水、胡秉宸。他们给妻女带来的不仅是无依无靠的灭顶之灾，还有她们从此以后对生命、男性、世界的恐惧、仇恨与怨怼。"父亲"作为一个符号被掏空了意义，成为空洞的能指："'父亲的名字'这一能指，更加清楚地表达出父亲只是一种象征功能，只是一种法或规范的代表，它既不是现实生活中的权威父亲，也不是现实生活中经常不在家的父亲。"[1]

> 顾秋水正是如此洒脱地在吴为的灵魂深层播种、栽培下对男人的仇恨、敬畏和依赖，而这仇恨、敬畏和依赖，又在她屡屡失败的人生灌溉下茁壮成长起来。[2]

---

[1] 黄作：《不思之说——拉康主体理论研究》，人民出版社 2005 年版，第 29 页。

[2] 张洁：《无字》（第二部），十月文艺出版社 2007 年版，第 320 页。

　　一旦男性庸常自私的面目呈现，吴为发现用尽生命的力气去爱的男人和别的男人没有区别时，她的理想爱破灭了，这直接指向了母女谱系的生命依靠，"厄勒克特拉情结"①隐秘透露出女性主体性的建构更多地来源于母亲，这种同性和母系依恋在《世界上最疼我的那个人去了》中达到了极致。《无字》意味着张洁对于爱情、对于男性的理想从建构彻底走向了解构。有论者将之概括为"一个自觉的女性理想主义者从天堂回到人间的爱到无字"的过程②，可谓恰切。同时，吴为"既是以女性身份拷问男性，也是以晚辈身份拷问父辈，以一个女性后辈的身份观察和叙写她未能亲历的历史"③，因此，批判、否定和反思的态度相当激烈。王蒙深为小说的情感烈度所震惊，称其为"极限写作"，他无法认同张洁对待男性的鄙视态度，称其为"老而弥仇，老而弥怨，老而弥坚"，劝她"心平气和

①　拉普朗斯和邦达里斯在《精神分析学词汇》中指出，存在着两种俄狄浦斯情结，一种是针对男孩的积极形式，欲望父母中与自己同性别的竞争者的死亡，同时对父母中与自己不同性别一方有性的欲望；另一种是针对女孩的消极形式，即爱父母中与自己同性别的一方，对父母中与自己不同性别的一方怀有嫉妒之恨。也有研究者将后一种情况称为厄勒克特拉情结。转引自戴锦华《陈染：个人和女性的书写》，《当代作家评论》1996 年第 3 期。

②　周晔：《爱到无字——张洁真爱理想的建构与解构》，《文学评论》2000 年第 6 期。

③　刘慧英：《张洁的女性化写作与宏大叙事》，《文艺研究》2017 年第 7 期。

一些"。^① 其实，这强烈的鄙弃和蔑视态度早在张洁的《上火》《红蘑菇》《她吸的是带薄荷味儿的烟》中就已存在，一个省察到现实荒诞意味的清醒严峻的审世者解构了男性拯救的神话，予之以尖锐的透视和犀利的观照。

张洁的这种情感态度在其他女作家那里也有所流露，只是烈度有所减弱。在新世纪以来的性别叙事中，女性对于男性的失望与嘲讽也是重要主题。在须一瓜的《淡绿色的月亮》中，芥子和丈夫钟桥北曾经非常相爱。一天晚上，有歹徒入侵持刀抢劫。身体强壮、平时有健身习惯的钟桥北自动放弃了对歹徒的抵抗。这个暴力事件将幸福生活撕开了血淋淋的口子。生活继续，芥子却再也回不去了。即使是在破案之后，芥子仍然无法释怀。她没完没了地纠结于一件事：丈夫为什么不反抗？从此以后，她对丈夫的恨更多地表现为失望和漠然，"她不想说话。她就是不想说话。"在艾玛的《四季录》（2017）里，木莲眼中的丈夫罗浩的举止越来越可疑，原来他为了她的肾移植做了不合法的肾源交易。在丈夫形象的坍塌背后，是中国司法体系的漏洞和身为法学专家的罗浩自己也无法解释的生命悖论。她最终与丈夫离婚，尽量弥补他们对生命正当性的无意损害。

对于女作家来说，性别关系和性别故事的书写有一个极为重要的主题，就是爱情与婚姻中的情感博弈。在传统的性别

---

① 王蒙：《极限写作与无边的现实主义》，《读书》2002 年第 6 期。

叙事里，"家庭"被看成女性所属的地方，它是"稳定性、可靠性和真实性的来源"①。在新世纪的写作，女作家将婚姻关系中的性别位置进行了挪移和转换，女性作为主动方决定着情感的重量。一方面，她们将贤妻良母模式予以了解构。迟子建的《第三地晚餐》涉及当代婚姻关系中常见的情感问题。丈夫马每文经常到"第三地"吃晚餐，还有意将票据放在妻子面前。妻子陈青则赌气到"第三地"给别的男人做晚餐。事实上，他们去的"第三地"或为虚幻之地或为平淡之处，与"第三者"毫无关系。潘向黎的《白水青菜》中的妻子面对丈夫的出轨始终眉目轻淡，一煲青菜汤依然暖心暖胃。这种淡定又何尝不是对传统妻子形象的颠覆呢？那从容又何尝不是对自我的心疼与维护呢？盛可以的《水乳》《无爱一身轻》《低飞的蝙蝠》对贤妻良母的解构是直接而毫不留情的。鲁敏的《奔月》《在四十七楼喝酒》则以妻子的出走或失踪表达对一成不变的婚姻生活的憎恶与反叛。另一方面，女作家也对办公室（单位）这一公共空间所对应的女性固有形象及其情感状态进行了深入的观察，将之还原为了最原始、最真实的个体自我。东紫的《春茶》一波三折地揭开了一个好女人在"幸福生活"表象下游动不居的心绪。梅云生活平顺、性格温和，当她脱离了熟悉的工作和家庭环境、出差在外时，她被乏味生活包裹着的自我一下

① ［英］多琳·马西：《空间、地方与性别》，毛彩凤、袁久红、丁乙译，首都师范大学出版社 2018 年版，第 232 页。

子被打开来，真实而强烈地发出了情感的渴求。在开会的时候、在落叶的银杏树下，那个陌生男性的目光让她重新返回到了青春的浪漫想象之中。得知那个男人爱喝茶，她在秋天就定下了春茶，没想到在办公室泄露了秘密。

　　情感的出轨在乔叶的小说中也有着不同程度的体现。乔叶站在"人"的发展史而非"社会"的制度史的角度，以细腻的笔触探索着都市男女的情愫。她在承认婚姻制度的合理化的前提下，也充分理解婚姻制度的非人性。她贴近暗影重重的心灵世界，探讨都市女性在身体、婚恋、情欲等原生本能中的博弈和挣扎，展现女性最为真实也最为鲜活的生存形态和情感状态。在《妊娠纹》中，女主人公有着"幸福"的家庭和稳定的工作，但她在平淡生活的河流里感觉到极度恐慌，那些日子如此平滑，仿佛没有留下任何生命的痕迹。小说用足了铺垫手法，将女主人公在日常生活里的困惑、婚外情带来的内心波澜铺叙得层次分明。但最终，当她和苏相约开好房时，她却借洗澡之名躲在卫生间里抚摸着妊娠纹，这提醒了她的社会和家庭身份，也重新唤醒了她内心的羞耻。她赶走了苏，一个人独自面对荒漠般的房间。女性之所以想要逾越日常生活的规范而出轨，不是因为她们不爱丈夫，而是在时光的磨损中，深感生命的丧失和容颜的老去是如此可怕，她们疯狂地想要做一些非理性的事情去抵抗生活里的"乖"，反叛那个庸常的自己，似乎能够以此拉长时光的节奏和步伐："女主人公要抵抗的敌人其实是那无处不在、无时不在的时光。"①《芹菜雨》中的麦子在市委大院工作，嫁给了同事。丈夫"像娇惯孩子一样"地疼爱她，但她也有一份未遂的婚外情，她眷恋的人近在咫尺而又遥不可及，只能深藏心底。与其说这是这一代女作家的传统观念所致，毋宁说这是叙事逻辑的"胜利"。因为她们想要书写的并非女人出轨的通俗故事，而是要在情感和婚姻关系的转折中，写出女性面临的危机与困境。

在新世纪，女作家不再独语式地沉溺于"女性""性别""身体"表述，而是将性别与自我放置到了广阔的历史、社会、文化语境之中，获得了有别于 80、90 年代性别意识的复杂性与多维性。她们依然写女性，但不再将身体和自我探索当作女性生活的重要内容，也不再执迷地追问"我在哪儿错过了你""爱又如何"等无解问题。她们常常将生活细节与感情细节交织在一起，让人在感受爱之伤痛的同时，也坦然接受来自生活的领悟和馈赠。迟子建的《花瓣饭》《踏着月光的行板》《福翩翩》《门镜外的楼道》在荒凉贫寒的生活中展示着信任、亲密与挚爱，《世界上所有的夜晚》在不同女性共同的"丧夫"命运中传递着慈悲的"情感共振"。②在《晚安玫瑰》里，两个不同年龄和国籍的女人赵小娥、吉莲娜因有同样的"弑父"秘密

---

① 李遇春：《最后的幻灭——评乔叶的〈妊娠纹〉》，《文学教育》2011年第 1 期。
② 杨姿：《抒情性：走在文学的回乡路上——略论迟子建小说创作的当下意义》，《文学评论》2014 年第 5 期。

而互相温暖和守护。叶弥在《香炉山》《桃花渡》《拈花桥》中以充满禅意的出尘气息讲述女性与情感的擦肩而过。她笔下的"好山好水，好花好天"自我建构为一个神秘的乌托邦，"为紧张、警惕的神经松绑，为被世故揉搓的心抹平褶皱。"[①] 时代的激情与荒芜、明亮与阴影、光荣与屈辱，在她们笔下铺展开来。

中国女性正在完成艰难的情感教育。随着女性在事业和主体性建构等方面获得的锻造，她们从将男性视为"敌人"和对手，到视为伴侣，再到同样遭受命运褫夺的受害者，这个过程突显出了女人心性的柔软和广阔。即便是凌厉冷酷、在小说中动辄让男人死于非命的盛可以，也开始主张宽恕与平和。这并非还原和撤退，而是经历过性别意识的辨认、淬炼、建构之后的再度深拓。女作家不再将自己悬搁于性别的荒野，不再孤独地自我探索，而是切实地与爱人、亲人一起行走在辽阔的大地上，收获着一份丰饶，一份悠远的相守。

第二节　女性写作与城乡叙事

城市生活的多元、城市经验的鲜活、城市空间的丰富意象，在女作家手上得到了复杂生动的展现。王安忆的《上种红

---

① 朱红梅：《让徒劳发生——也谈叶弥的小说》，《文学报》2017 年 3 月 23 日。

菱下种藕》（2002）、《遍地枭雄》（2005）、《匿名》（2016）在流动的现代性中把握到了中国传统家庭正在"分裂"的趋势，讲述人们在远离家乡之后，不得不与"陌生人"相处并重新建立情感"共同体"①的过程。金仁顺的《金丝雀》《水边的阿狄丽娜》、朱文颖的《高跟鞋》（2001）、《莉莉姨妈的细小南方》（2011）在女性与城市生活亲密的共生关系中见证着中国经济的发展。计文君的《化城》以古老佛经为喻写新媒体女性的成长；崔曼莉的《熊猫》通过小切口勾连起城市的巨大变迁；任晓雯的《换肾记》通过疾病引发的风波写出了亲情的残酷。在艾玛的《白耳夜鹭》中，悬而未决的杀人案、失踪案等疑云里萦绕着可怖的人性暗影。滕肖澜的《美丽的日子》《星空下跳舞的女人》分别以"在地"与"轻逸"两种气质写出两种不同的城市人生状态。前者是以绵长柔韧的心思支撑的世俗生活，后者是罹患恶疾而活得率性洒脱的诗性人生。《月亮里没有人》《四人行》等小说讲述人们平静的生活因偶然或意外而打破，导致了家庭关系的变化，以及由此而生出诸多伦理、情感、婚姻生活的变故。她以细腻的笔触和对人物关系变动的把握，将发生在"城市中国"的精彩故事一一道来，既有市井的通俗色彩，又不乏文学性的展现。

　　女作家将诸多传统的题材也写出了城市生活的新意。以

---

① 陈湘静：《情感劳动与流动的共同体——论王安忆新世纪以来小说中的移民与家庭》，《文学评论》2020 年第 1 期。

"成长和奋斗"这一主题为例，作家通过主人公的经历贯穿起了不同的地域和阶层，使之成为观察中国经济发展和城市变化的最佳"窗口"。范小青的《女同志》（2005）以官场女性万丽为主人公，讲述她在这个传统男权场域中与同事、上下级展开的博弈。她在激烈的政治斗争中掌握了可观的权利资源，被卷入了漩涡中心。性别固然是她某些时候胜利的砝码，但并不是最重要的。万丽的"成长"得益于中国逐渐走向敞开和偏重于女性考量的政治生态。任晓雯的《她们》（2008）以20世纪50年代以来的半个世纪为背景，讲述乐慧、钱爱娣、董小洁、张美凤的命运变迁。在迅疾变化的社会里，曾经的"好孩子""好女人"的人生发生了巨大变化。付秀莹《他乡》（2018）中的主人公翟小梨是从芳村走出来的。她与大学同学幼通结婚，但丈夫的单纯、软弱、怯懦不能解决她的户口、工作等问题。随着她一步步走向大都市，她的写作才华得到了绽放并最终在城市立足。这部长篇小说被称为"一代知识女性的精神自传"①，忠实地记录着女性心灵成长与都市之间的同向同构。周瑄璞的《日近长安远》（2019）讲述罗锦衣和甄宝珠的故事。她们高考失败后离开农村来到城市，当她们开启截然不同的人生时，身心却迷失于城市的歧路和迷雾之中。两位女主人公在城市30年的人生历程印证着改革开放以来的重要历史阶段。女性的经历就是我们时代的经历，这种对应性书写是作家对亲

---

① 刘琼：《一代知识女性的精神自传》，《文艺报》2019年9月4日。

历过的伟大时代的纪念与献礼。

女作家对于城市里的卑微者予以了特别关注，写出了她们生的艰难，更写出了她们活着的坚韧。方方《出门寻死》中的何汉晴是一个下岗女工，靠打工供养老公和儿子，还要忙着服侍全家人，却得不到他们的体贴和温暖，她心灰意冷"出门寻死"，又被琐事耽误了自杀大计。《万箭穿心》中的李宝莉在丈夫死后，每天辛苦工作，即使脚被砍伤无法走动，公婆还逼她交生活费，儿子考上大学后她不得不同时打几份工。如果说何汉晴和李宝莉的被"剥夺"主要来自于亲人的话，那么，一种更普遍的伤害则来自于他者，来自于社会对弱小者的欺凌与无视。方方对于城市里的男性弱者同样进行了浓墨重彩的书写。《声音低回》中的自闭症患者阿里受市政工程影响，每天的东湖之旅被阻断；《中北路空无一人》中的下岗工人郑富仁赔了衣服又惹上了官司，"富仁"之名自含讽意。这种悲剧在涂自强身上得到了集中而强烈的体现。在《涂自强的个人悲伤》中，方方将众多美德都堆积在涂自强身上，塑造了一个绝对纯善的典型：他善良、敦厚、努力、勤俭、孝顺。同时，方方又让他遭受人间诸多苦难。"涂自强"这个名字就先天性地注定了他的苦难命运。与《平凡的世界》中艰辛奋斗但总有亲情爱情慰藉的孙少安、孙少平相比，涂自强被剥夺得一无所有："生活对于很多人来说是多么的艰难，而这份艰难有时与能力无关，与家世无关，与运气无关，与知识无关，与环境无关，与性格无关，与金钱无关，与身体无关。有关的只是命运，是一切。"① 在方方笔下，主人公向着命运不断妥协，最终败落。在涂自强的故事中，暗含着作者对 20 世纪 90 年代经济发展以来的社会和精神状况的批判。

当乡村书写与女性的生存状态结合在一起时，它所传达出来的阴冷残酷就更加令人深思。在葛水平的《裸地》（2011）里，女女身不由己地跟随着男人飘零，企望将根扎在他们身上，却最终落空。在《万物花开》（2003）中，林白以往作品中那些"古怪、神秘、歇斯底里、自怨自艾、也性感，也优雅，也魅惑"② 的女人们消失了，她以"低于大地"③ 的姿态感受着创痛深重、千疮百孔的乡村面貌，讲述乡村的生活变化、奇闻轶事、伦理坍塌、人事无常。在《妇女闲聊录》（2005）中，中年妇女木珍絮叨繁杂地讲述着乡村的离婚、赌博、抓奸、二奶、出轨，平静而琐碎。正是这些貌似混乱无序的片断，表明乡村女性迫不得已背离家园又被抛掷于荒凉之地的痛苦无助。在方方的《奔跑的火光》中，英芝无论如何努力也无法摆脱女性被古老乡村压榨的命运。在乡村/女性的双重书写中，女作家所着力的不只是性别悲剧，还有对转型期中国的观照，讲述乡村如何在资本的裹挟和压榨下，连同它的儿女都被碾压、被遗弃。

---

① 方方：《春天来到昙华林》，作家出版社 2007 年版，第 279 页。

② 林白：《万物花开》，人民文学出版社 2003 年版，第 283 页。

③ 林白：《世界如此辽阔》，《前世的黄金》，时代文艺出版社 2006 年版，第 70 页。

女作家书写乡村的视角和立场都在发生变化。她们或以倾听者的角色出现，如迟子建的《额尔古纳河右岸》（2005）通过采风者倾听年届九旬的最后一位鄂温克族酋长女人的自述，呈现了这个弱小浪漫的民族在外来文化侵蚀下的顽强坚守和族裔变迁。或者以生命模式的呼应完成了女性角色的接驳，如乔叶的《最慢的是活着》。小说通过孙女"我"的视角，讲述乡下奶奶的一生。"我"是新潮激进的，要享受现世的好生活，因此与奶奶之间多有龃龉。但小说的动人之处在于，它并没有将两代女性的不同生活写成女性"革命"的结果，祖孙的对峙关系也没有被转换为启蒙／被启蒙、拯救／被拯救的性别教育故事，而是仿佛开启了生命的循环："转了这么一大圈，又回到这个小村落。我忽然觉得，世界其实不分什么里外。外面的世界就是里面的世界，里面的世界就是外面的世界，二者从来就没有什么不同。"这段独白使得小说里的人物"摆脱了地域牵制，获得了别处的中国人也正在获得的无分内外的流动性整体性的'世界'"①。在内／外、旧／新、传统／现代问题上，女作家选择了古老的回归逻辑。奶奶去世后，"我"领悟到"我的新貌"就是"她的陈颜"，和奶奶一样平和地领受了生活的安排。《棉花盛开》写乡村少女小树的身心成长，《指甲花开》写姥姥、妈妈、姨妈三个没有血缘关系的女人之间的相

---

① 郜元宝：《从"寓言"到"传奇"——致乔叶》，《山花》（上半月）2009 年第 7 期。

惜相爱。乔叶通过对不同年龄阶段女性的书写，完成了女性生命形态的接替继承而非仅仅是女性形态、女性气质、女性角色的塑造。

艾玛小说中的女性以"守望者"的姿态等候着"归去来"的男人。在《小民还乡》和《失语》中，女人带着孩子过活，男人们年节时再返回。在男性／女性位于"乡镇—城市"的空间定标背后，是被现代性进程介入和改变的城镇景观。走出涔水镇的人又回来了，他们打量镇子的目光带上了"陌生化"的新鲜，同时也凸显出了他们在经历挫折奔波之后重返故乡的失意伤怀。《小民还乡》中的梁小民出走五年后回到涔水镇，从毛孩子变成了一个手脸有疤痕的年轻人，嗓子因在外打工时被恶人灌过强碱而变得尖薄。涔水镇发生了一桩灭门血案，凶手竟然是那个经常遭人欺负的不起眼的孤儿。《失语》里的赵天保回乡时，涔水镇的伦理、情义、关系都变了。为人师表者坏了人伦，平时没爹管教的孩子成熟得令人发愁。除此之外，艾玛还讲述涔水镇的女人们如何坚韧地承受不幸并实现了超越，由此触及具有广泛性的人的生存和命运。《菊花枕》以四婆婆的不幸婚姻为主线，但表达的不是女性婚恋悲剧，而是人生世间，各有宿命，真正能把苦日子"发狠"或"举重若轻"过下来的四婆婆和桂子，才能慢慢熬出"菩萨慧相"和慈悲心性。艾玛选择了日常生活和传统伦理中情深意重的环节来书写女性的命运，逾越了性别叙事的单一和狭窄，写出了生命的庄严、洁净与阔大。

在艾玛的小说中，有一个主题值得注意，它曾经是新中国成立后直到 20 世纪八九十年代都牵动人心的问题：户籍。《绿浦的新娘》和《路上的涔水镇》可作同一主题进行解读，它们写到农民梁裁缝，涉及乡村与县镇之间门不当户不对的婚姻。在《路上的涔水镇》中，梁裁缝与供销社职工李兰珍结婚了。在计划经济制度的保护下，他勤快苦做也敌不过妻子轻松拿工资。在这种不平等的婚姻关系里，可以看到，乡下人 / 城里人不仅仅是地域和行政区隔，更是经济等级和阶层的分化，这在魏微的《李生记》《乡村、穷亲戚和爱情》、盛可以的《低飞的蝙蝠》、鲁敏的《第十一年》、乔叶的《叶小灵病史》《龙袍》等作品中都有所体现。在周瑄璞的《多湾》（2015）中，季家为了让后代成为城里人而煞费苦心，读书、当工人、通过婚姻改变身份都是那个时代常见的手段。这也从侧面反映出，户籍问题如何深刻地改变了中国人的命运，直到 90 年代经济发展之后，在户籍所涉及的地域差异被经济差异所代替之后，这个问题才相对地成为一个次要问题。

一种真实而明确的写作倾向是，当作家注意到乡村正在发生的巨变时，她们再也无法书写田园乡村，转而以现实化手法讲述当下乡村在自然生态、伦理道德、人际关系等方面的变化。孙惠芬的《歇马山庄的两个女人》可以视为对"姐妹情谊"等性别主题的消解。两个新婚不久独守空房的农村媳妇潘桃和李平在丈夫外出后惺惺相惜，共同度过了孤独冷清的日子。春节时，李平的丈夫归家了，潘桃的丈夫却没有归来，她在嫉妒之下向婆婆透露了李平在城里做过三陪的往事，导致李平遭到丈夫的毒打。这是"女人的情感逻辑"与"人性的逻辑"相交织的残酷结果。《吉宽的马车》（2007）中，每个人都有进城情结，黑牡丹在钱权色交易中获得了金钱与资本，为了留在城市甚至不惜出卖自己的女儿。许妹娜离开所爱之人嫁给了风流小老板，都传达着乡村向着城市强烈而频繁的变动意愿，而最终进城的人还是回到了乡村。这些文本内涵丰富，"不仅是性别政治的生动文本，也是现实的阶层政治的有力揭示。"① 鲁敏的《颠倒的时光》《风月剪》在展现乡村变化的同时，也对变动中的人心人性予以了有力揭橥。付秀莹的《定风波》《鹧鸪天》《绣停针》讲述芳村人在经济大潮中饱受欲望煎熬、污染了出生地又无法逃离的普遍性悲剧。

乡村因时代变迁而发生的变化在非虚构写作中体现得更为明显。乔叶的"非虚构小说"《拆楼记》② 以介入者和讲述者的视角展现了当下中国的一个重要问题：拆迁。留在乡村的姐姐与邻居想尽办法在拆迁前多盖房子，在政策出台后又绞尽脑汁地申请赔偿。在城里有"关系"的"我"是乡亲们眼中的依靠，在"盖"和"拆"中都起到了决定性的作用。这种融合

---

① 陈惠芬：《空间、性别与认同——女性写作的"地理学"转向》，《社会科学》2007 年第 10 期。

② 乔叶：《拆楼记》，河南文艺出版社 2012 年版。由发表在《人民文学》的《盖楼记》（2011 年第 6 期）和《拆楼记》（2011 年第 9 期）合成。

了"城—乡""官—民"关系、牵涉到巨大利益分割的非虚构书写，比任何抒情和浪漫都要更加惊心动魄。乔叶将那些面对现世利益而不断动荡徘徊的复杂心理化作了一把"刀子"，不但将它对着亲人、乡亲、行政部门、国家干部，更对准了她自己，因此，《拆楼记》远远超越了姐妹和亲情表达，而有着公共话题的表述和深及灵魂的自省。

2008 年和 2009 年的寒暑假，梁鸿回到故乡河南穰县梁庄住了 5 个月之后，用县志、调查和口述实录方式完成了《中国在梁庄》。2013 年，她走访了北京、青岛、南阳、深圳等地的梁庄人，写出了《出梁庄记》。两部著作，一个在梁庄之"内"，一个在梁庄之"外"；一个描述令人痛惜的被污染、被改变的梁庄面貌，一个讲述失去土地的梁庄人远走他乡打工的凄凉故事。两部"梁庄"凝结着"梁庄女儿"对于故乡现状充满忧思的书写。这份触目惊心的真实在黄灯的《大地上的亲人》（2017）中也有着忠实的记录。比起"梁庄"来，黄灯笔下的乡村经历着更加可怕和致命的伤害：因乡村治理的无序，患有尿毒症的农民成为吸毒贩毒的主体，这给社会治安带来了极大的困扰。黄灯以尽量克制的笔调展现了乡村的困境，强调着一个重要的判断：亲人们在大地上无尽劳苦，但古老的土地不再予以他们回馈，反而成为生活中的障碍、累赘甚至是毒瘤。和梁庄人一样，在失去了土地的身心相寄之后，亲人们只能去城里打工。而城市由于体制之乱、人心之恶、生存之艰，又将这些卑微的生命连同其后代子嗣都碾作了时代车轮下破碎的尘埃。黄灯将亲人们与命运博弈的辛苦、艰苦、痛苦一笔笔写来，将他们的善与恶、爱与痛、渴求与追求、希冀与绝望一一呈现于光鲜亮丽的城市表象下。这些悲剧不独属于黄灯和梁鸿，乡村在环境／伦理／亲情／经济／道德恶化等方面的同质性表明，这是中国大地上每一个儿女都无法回避的命运。

在新世纪女作家的城乡书写中，她们正在弱化或者说祛除了传统的"女性"性，将性别符码和性别对立扩展为了现代性语境下城乡中国的广阔表述。城市的文明、科技的发展、市容的变化、乡民的迁徙、家族的变迁、土地交易、招商引资、拆迁、污染、留守、婚变、打工、高考等等，都以公共性而赋予了女作家以一份深切的社会担当与关怀。性别书写的评价体系也扩展为更具社会化内涵的"情感劳动""流动空间"①等理论，叙事边界不断地拓张、深化、夯实。

第三节　文化史中的性别书写

通常情况下，"女性"被界定为私人的、狭小的、个体化的，与宏大历史相去甚远："由于民族主义和国家一般被当作公共政治领域的一部分，所以妇女被排斥在公共领域之外，也

---

① 陈湘静：《情感劳动与流动的共同体——论王安忆新世纪以来小说中的移民与家庭》，《文学评论》2020 年第 1 期；刘英：《流动性研究：文学空间研究的新方向》，《外国文学研究》2020 年第 2 期。

使她们被排斥在'民族主义'和'国家'这些话语之外。"① 方方的《武昌城》（2011）在历史建构这一论题上作出了探索，不过是以男性为主人公。

在历史写作中，亦不乏对历史进行重新审视的书写，这一方面延续了 90 年代女性与新历史主义之间密不可分的关系，同时又增添了一份后革命时期的戏谑与解构色彩，比如林白的创作。早在 20 世纪 90 年代后期，还在她作为私人写作的声名鼎沸之时，她就已经感受到了写作的局限并悄然谋求变化。那时她把自己隔绝在世界之外，"内心黑暗阴冷，充满焦虑和不安。"② 如果不能突破这种状态，不能绕开女性河流中的暗礁和漩涡，写作将面临危险。据陈思和回忆，早在 1996 年，林白就向他问及过对《马桥词典》的看法。③ 词典体小说根据词语的自然属性进行排列，这种叙事方式摒弃了性别 / 权力中心主义，淡化了因果链，消解了线性时间，有着自由奔放的气质。在重新贴近现实和历史的认知基础上，林白以片断化叙事质疑"完整的、有头有尾的、有呼应、有高潮"的传统写作观念："在我看来，片断离生活更近。生活已经是碎片，人更加是。

---

① ［美］伊瓦-戴维斯：《性别和民族的理论》，秦立彦译，陈顺馨、戴锦华选编《妇女、民族与女性主义》，中央编译出版社 2004 年版，第 3—4 页。

② 林白：《世界如此辽阔》，《前世的黄金》，时代文艺出版社 2006 年版，第 68 页。

③ 陈思和：《"后"革命时期的精神漫游》，《西部·华语文学》2007 年第 10 期。

每个人都有破碎之处，每颗心也如此。"① 女性写作可以而且应该展开与现实和历史的对话，将那些碎片、呓语、梦幻等内心独白锻造得更加结实有力，在诡谲多变的历史场景中捕捉生存和精神的变迁轨迹。

《玻璃虫》（2000）是一个重大的转折，它开始返回历史、向80年代致敬。在通往历史的通道上，这个文本像一片镶嵌在"黑屋子"②中的亮瓦，帮助林白完成了由内而外的跨越。在《致一九七五》（2007）中，林白选择了一个不那么特殊的年份：1975。这一年已是一个时代的尾声，同时是女主人公李飘扬生命中的分水岭。1975年上半年，她还是一个中学生，在南流度过蒙昧神秘的青春期；下半年，她和同学们上山下乡成为了"知青"。

在1975年，虽然"革命时代已经到了末尾"，但如果我们稍稍回望，一系列充满阶级意味的批斗行动和政治意味的术语就会沿着那一年的脉络次第而来，它们在彼时彼境中依然神圣不可侵犯。在上部《时光》中，叙述者回忆了1975年甚至更早的南流生活。由于女性叙述者的温情化解，那些重大的历史、文化、政治等事件都被消解了宏大意义，徒余游戏的形式

---

① 林白：《生命热情何在——与我创作有关的一些词》，《当代作家评论》2005年第4期。

② 在接受林舟和齐红的采访中，林白说自己"三岁丧父，母亲经常出差，我一个人在黑屋子里生活，充满了对外界的恐惧和敌视"。"黑屋子"也成为她日后作品中的主要意象之一。

和娱乐的成分。下部《在六感那边》以历时性笔法讲述插队生活。在充满戏谑嘲讽和狂想追忆的叙述中，"知青"的所指被异化，它不是"再教育"，而是青春和梦想的安乐窝。"上山下乡"也失去了政治意义，它是远走高飞的翅膀，将"我们"从庸常的小镇生活中拯救出来。更为实际的是，只有通过这条路才能获得招生招工的机会。年轻人的精神漫游成为对"革命"的解构。它写"知青"，却与梁晓声等人以"英雄主义""理想主义""边地流放"等叙事策略为核心的"知青文学"相去甚远，也与王安忆的"雯雯系列"、铁凝的《村路带我回家》的平淡天真迥然不同。叙述者逆向运用曾经盛行的政治化语言，将乡村教育、政治政策、历史事件等宏大话语转化为生活的边角余料："女性所能够书写的并不是另外一种历史，而是一切已然成文的历史的无意识，是一切统治结构为了证明自身的天经地义、完美无缺而必须压抑、藏匿、掩盖和抹杀的东西。"[①]当女性从身体和经验出发，以个人化细节描述历史间隙中人的生存，她们就打开了通向外部世界的隧道，重新确立了阐释和书写历史的方式。

如果我们将这一时期的历史书写与 20 世纪 90 年代相比，可以看到，女作家将中国工艺史、文化史、地域史纳入写作中，以细腻敏感的笔触描摹历史的风云际会，实践着女性与

---

① 孟悦、戴锦华：《浮出历史地表》，河南人民出版社 1989 年版，第 4 页。

历史、与物的相互凝视与对话。铁凝的《笨花》(2006)以清末到抗战结束为背景，以冀中平原向氏家族的变迁为主线，展现了向喜从 1902 年应征入伍到解甲归田的一生，将 20 世纪中国前半期的沧桑历史嵌入其中。铁凝塑造了众多男性形象，而对于取灯这样积极参加抗日最后被小袄子出卖而壮烈牺牲的女性，小说突显的不是她的性别特征，而是一个被历史大潮所卷裹的普通年轻人，就连她的名字也被作者赋予了单纯明亮的心愿。赵玫的《漫随流水》(2009)通过沈萧 40 年的历程以及革命阶段中个体生命与集体命令之间的博弈，呈现女主人公的思考与反省。方方的《水在时间之下》(2008)讲述汉剧名角"水上灯"的传奇人生。汉剧史、抗战史、地域史交织在一起，将女主人公的命运烘托得步步惊心。王安忆的《天香》(2011)讲述明代天香园顾绣技艺的发展历史。从民间的闵女儿到申家小绸、希昭的化俗为雅，到走向美的巅峰，再到家族败落后由申家女儿蕙兰又重新带回民间。小说在细部修辞中展示着中国的工艺之美、绣品之美。而女性的成长、婚恋、家庭均与天香园绣的命运密切相关，"小物件"中有"大生机"，"与时势通，与'气数'通，与历史的大逻辑通。"① 叶广芩的《豆汁记》展现老北京的历史文化，夹杂着作者身为旗人所传承的吃食讲究和风俗雅趣。面丑的莫姜沉稳淡定，用高超厨艺和定力安稳了

---

① 张新颖：《一物之通，处处生机——王安忆〈天香〉的几个层次》，《当代作家评论》2011 年第 4 期。

时代巨变中的小格格一家。而小格格最终领悟到了"布衣暖，草根香"，则传达出平凡生活的珍贵。在《黄连厚朴》中，叶莲舫的忍辱负重里既有为医者的恬淡从容，也有女性对所爱之人的洞彻与宽宥。黄连与厚朴作为两味常用中药，充分彰显着清心明目的象征意味。迟子建的《群山之巅》（2015）通过美好的绣娘、神奇的安雪儿等"异人"形象，勾连起了东北雪乡从抗日战争以来的爱与痛、罪与恶、自省与忏悔。叶弥的《风流图卷》（2018）通过孔燕妮的视角和经历，勾勒出了文化底蕴深厚的吴郭城"风流总被雨打风吹去"的变迁图谱。一代人各有各的"风流"，领受命运的无常，却又在情感的单纯、真挚、深情、无畏这一品格上殊途同归。那些一生都在认真严肃地追求知识和思考爱、美、理想、自由的人们，拥有与那个粗糙时代格格不入的清俊面容和高华心灵。在这些历史叙事中，女性细腻的情感、独特的感受、细部的观照共同提供了历史的丰盈面相。

　　一个很有意思的美学巧合是，有批评家将铁凝小说风格概括为"中和之美"①，这个词也被男批评家用来概括男作家的小说②。不同性别的作家被批评家命名为同样的美学风格，而这风格本身是中性的，没有强烈的性别色彩。事实上，女作家

① 闫红：《日常生活的诗意化与意义化：铁凝创作的"中和之美"》，《东岳论丛》2010 年第 3 期。

② 洪治纲：《论苏童短篇小说的"中和之美"》，《文学评论》2010 年第 3 期。

也尝试运用男性视角进行叙事,孙惠芬的《吉宽的马车》以懒汉吉宽的视角叙述;朱文颖的《戴女士与蓝》通篇都是男性第一视角;魏微的《拐弯的夏天》以男性第一人称写一段姐弟恋。男性视角在戴来那里体现得尤为明显,《给我手纸》《顺便吃顿饭》《要么进来,要么出去》通过书写中年男性陷入婚姻、家庭、生活的绝望但又不敢、不能让绝望发生的状态,写出了生活的荒芜、麻木和无聊。戴来称自己的写作是"中性地站在生活之外"①,"细腻和敏感,理性而节制,使得她的作品酸碱度刚好中和了。"② 黄咏梅重提弗吉尼亚·伍尔芙的"雌雄同体"概念,认为这是一个最好的作家的风格。③ 周李立表示在城市里性别界限不明显,"中性主义"意味着"好像是在两条现成的轨道间行进"。④ "中性"和"中和"也好,"雌雄同体"也罢,都是对"超越性"的美学呼应。

---

① 戴来、九鹏:《"中性地站在生活之外"》,《朔方》2005 年第 5 期。
② 朱红梅:《如何背叛,怎样冒犯:论戴来》,《小说评论》2017 年第 4 期。
③ 邓琼:《黄咏梅:写作对于一个作家来说应是雌雄同体的》,《羊城晚报》2018 年 10 月 15 日。
④ 汤天勇:《周李立:不希望留世的作品态度值得怀疑》,《青年报》2018 年 3 月 28 日。

结　语

从新中国成立到新世纪的 70 余年里，性别意识与性别叙事经历了不断深入且富有中国特色的发展路径。女性写作已经构成了中国当代文学的重要部分，它在与西方女性主义理论的接榫中实践着对本土女性经验的思考，通过女性个体命运的书写、"私人化"风格的建构、女性与历史主义等写作提供了新的叙事维度。从文学史的发展状况来看，女性写作有其存在的价值和意义。它以反叛和颠覆父权中心的姿态建立起了女性的精神世界。在历史上，男性作为主导者和制造者历来都扮演着社会的主角。在他们的舞台上，只有"his story"而没有"her story"，女性被视为"他者"和男性的"创造物"："一种缺乏自主能力的次等客体，常常被强加以相互矛盾的含义，却从来没有意义。"① 这种将女性排除在文化创造之外的做法使历史上的妇女写作成为一种僭越性行为。性别写作的出现打破了男权

---

① ［美］苏珊·格巴：《"空白之页"与女性创造力问题》，孔书玉译，张京媛主编《当代女性主义文学批评》，北京大学出版社 1992 年版，第 162、165 页。

中心一统天下的格局。沉默了千百年的女性开始说话，女作家第一次集群式的以鲜明的性别意识和女性经验书写崛起于文坛，意味着女性有意识、有能力对男性世界重新进行阐释和建构。新世纪的超越性写作更是铭记着一种螺旋式进步，一个新的历史阶段与书写群体的上升和前行。

性别书写为文学史贡献了女性独有的才情与思考，提供了具有冲击力的写作方式，体现了社会发展的文明程度与个体生命的自由化趋势。女性主义学者认识到，"女性"在二元对立的父权制社会里被视为"缺席和缄默"的、"被动"的，但正是这种力量在协调人类关系的前景方面发挥着重要的作用："在菲勒斯中心的文化里，妇女虽然总是被符号、形象和意义所代表和界定的，但是由于她们也是这一社会秩序的'否定'，所以在她们身上总有某种东西是过剩而无法代表的，对立的双方要获得意义就必须压制另一方，对立不是静止的，而是不断地为获取意指优势而争斗。"[1] 因此，打破父权、男权的象征秩序就具有了格外重要的意味，这是促进性别关系走向更加健康和平等的未来的保障。

奥莉芙·施赖特在《妇女与劳动》中对"女性主义进化论"的合理性进行了阐释，同时指出，强调女性在进化论占据核心位置，不是为了造就像男性中心主义那样的目的论和历史

---

[1] 张京媛：《当代女性主义文学批评》，北京大学出版社 1992 年版，"前言"第 3 页。

观，而是为了发挥女性推动文明进步的作用，与男性共同建起一个新的"伊甸园"：

> 我们梦想的是女人和男人一起吃智慧树的果实，肩并肩，手牵手，经过多年的艰辛劳动，为自己建起一座伊甸园，比迦勒底先知想象的还要高贵；这个伊甸园是他们亲身劳动、相互合作、共同创造的美丽伊甸园。

在这里，"劳动"不再是上帝对于人类的惩罚，亚当和夏娃也不再求乞上帝的哀悯。他们通过"劳动"这种积极的救赎力量，将携手重建天堂。寓言式的"伊甸园"幻象将会被有效地转变为"两性平等的、真实而自由的未来"①。

理安·艾斯勒则以更具社会科学色彩的语言对未来的性别关系进行了描述，她认为女性体现了"双方都赢"而不是"你输我赢"的力量观，因此能够促进未来社会成为"男女合作或伙伴关系"的模式。②

> 在将来的世界里——那时，妇女和男人生活在完全是伙伴的关系中——当然仍然存在家庭、学校、政府和

---

① ［美］芮塔·菲尔斯基：《现代性的性别》，陈琳译，南京大学出版社2020年版，第214页。

② ［美］理安·艾斯勒：《圣杯与剑——"男女之间的战争"》，程志民译，社会科学出版社1997年版，第274、262页。

其他社会机构，但是，就像现在已经出现了平等主义的家庭、风俗和社会活动网那样，未来的社会结构的基础将是联系而不是等级。这些机构不再要求个人符合金字塔形的等级制，而是平等的。

在男女合作的世界里，我们对正义、平等和自由的追求，我们对知识和精神启示的渴望，以及我们对爱和美的向往，最终都将获得满足，而且在走完男性统治的血腥的历史弯路之后，妇女和男人最终都将发现人类潜在的意义。①

无论是"新伊甸园"，还是"伙伴航程"，都昭示着一个迢遥、艰难而漫长的建设过程。如今，经过70余年尤其是20世纪80、90年代以来中国女性文学研究者和作家的努力深耕，中国的性别叙事已经取得了重要成果，它们连同新世纪超越性别的书写一道共同构成了朝向未来社会的重要标志。为此，我们仍然需要继续对性别意识和性别叙事进行深化。如何超越对峙，在女性/自我、男性/他者之间建立起深切的精神联系，最终走向和谐、平等、自由和正义的世界，是中国性别叙事需要继续探索和实践的问题。

---

① ［美］理安·艾斯勒：《圣杯与剑——"男女之间的战争"》，程志民译，社会科学出版社1997年版，第283、287—288页。

下　编

"70后"女作家论

第五章　魏微：一个时代的精神形态学

　　魏微是"70后"中极具代表性的优秀作家。从1994年步入文坛以来①，她始终将同代人作为写作的核心与重要题材。通过对日常生活叙事、时/空叙事和情感叙事三个维度的书写，她呈现出了一代人的成长、青春、情感、生活、命运及其与宏阔时代共进退的变迁。她的笔下始终起伏着、涌动着一份绵密温厚的深情与宽仁，为当代文坛贡献了一批具有极高辨识度与情感饱和度的文本，建构起了属于一代人、一个时代的精神形态学。魏微独具特色、富有张力的创作颇受关注，《大老郑的女人》于2005年获得第三届鲁迅文学奖，《化妆》于2006年获得第二届中国小说学会奖和第十届庄重文文学奖，《在明孝陵乘凉》《异乡》《沿河村纪事》《胡文青传》等多次入选中国小说排行榜。她先后获得第九届华语文学传媒大奖和第四届冯牧文学奖，被称为"力图接续上传统的脉搏"的作家和

———————

① 魏微于1994年开始在江苏省淮阴市文联主办的杂志《崛起》上发表小说。1994年发表了《小城故事》和《清平乱世》，1995年发表了《恍惚牌坊》。

"一个时代的早熟者"。①

第一节　日常生活的诗性建构

20 世纪末新世纪以来，随着"70 后"的出现，批评家普遍意识到，这一代人与日常叙事之间存在着稳固的本质性连接。② 他们的成长期与 20 世纪 80 年代的"文化中国"同向并行，其成熟期与 90 年代的"经济中国"同步展开，充分体验到了"物质因素、身体因素、欲望因素、技术因素等凸显于生活"带来的现代性转型。③ 他们不再倚重传统的矛盾性和戏剧性冲突，而着力于展现生活的细微涟漪和波纹，在层峦叠嶂的内心世界里反复体察人生的复杂况味。

这种淡化社会事件影响、返向于自身和内心的叙事将

① 李丹梦：《文学"返乡"之路——魏微论》，《山花》2008 年第 1 期；简艾（郭艳）：《一个时代的早熟者》，《文艺报》2011 年 9 月 26 日。
② 宋明炜：《终止焦虑与长大成人——关于七十年代出生作家的笔记》，《上海文学》1999 年第 9 期；宗仁发、施战军、李敬泽：《被遮蔽的"70 年代人"》，《南方文坛》2000 年第 4 期；洪治纲：《代际视野中的"70 后"作家群》，《文学评论》2011 年第 4 期；张清华：《南方的细小、漫长与悲伤》，《当代作家评论》2011 年第 3 期；孟繁华：《日常生活中的光与影——新世纪文学中的魏微》，《南方文坛》2011 年第 5 期。以上文章均不同程度地对"70 后"与日常生活叙事之间的密切关系有所论及。
③ 张未民：《回家的路　生活的心——新世纪中国文艺学美学的"生活论转向"》，《文艺争鸣》2010 年第 11 期。

"70后"锻造为了"现代社会的体验主体"①。他们通过成长、青春书写开启了现代个体的美学实践。这并不是说"成长"必然地属于日常生活范畴，而是要具体辨析不同代际成长叙事的内容。每一代作家都有自己的"成长故事"：王蒙的《青春万岁》、莫言的《透明的红萝卜》、铁凝笔下的"香雪"和"安然"、王安忆的"雯雯系列"、苏童的"香椿树街系列"等，我们很难将这些代际的成长书写归纳为日常生活美学，因为他们以其特有的所属时代的历史认知与生命体验，形塑了与社会主义中国革命、重大社会转型等相契合的叙事范式。如果说苏童、余华等"60后"如火中取栗般从历史意识形态中抢救出了"童年记忆"②的话，那么，"70后"的成长书写则充满了细微、琐碎、无所事事、多思善感，一个去震惊化的过程。由于祛除了外部重大事件的流脉余荫，生活和生命的本然形态凸显出来，其变化与迁徙所带来的细微感受成为书写的重要内容。

　　魏微自述写作的起因是 1994 年前后，目睹同龄女友恋爱结婚，结束了"一生中最光华夺目的年龄段"，她伤感至极。为了抵御时间旷野里的荒凉与恐惧，她写下了处女作《小城故事》，以"祭奠那段芬芳和光泽的年华，也祭奠这年华里的女

---

① ［德］阿克塞尔·霍耐特：《日常生活审美化》，尹岩松译，《艺术百家》2012 年第 6 期。

② 郜元宝：《岂敢折断你想象力的翅膀——从苏童〈碧奴〉反观苏童的创作》，《不够破碎》，吉林出版集团有限责任公司 2009 年版，第 113 页。

友和我自己"①。她的成长叙事着力于生命实感经验及其认知路径的变化，细腻幽微地缝合起了时代变迁、社会变化与个人成长之间的界面。《一个年龄的性意识》讲述"我"和两位女友小容、叶子的成长过程。这代人的成长既没有社会重大事件的推波助澜，也没有学校和家庭教育的循循善诱，只能依靠同龄人的交流和互助克服精神危机，因此格外地笨拙和青涩。小说中广为人知的代际写作宣言亦鲜明地彰显出"成长"一代对于"成熟"一代的力图"超克"。《在明孝陵乘凉》中，小芙在一个夏日跟随哥哥炯及其女友百合去明孝陵游玩，哥哥的恋情为小芙带来了微妙的性别分野与情感苏醒，她渴望像百合那样成熟而富有吸引力。夏季的繁茂盛大与小芙的成长渴求形成了并置性结构，古代陵墓的背景则为青春的蓬勃镶嵌上了一层古老悠远的历史同质性。最为柔软动人的书写当属《姐姐》中少女的成长。小说通过弟弟的视角忠实且富有诗意地还原了姐姐体态与风姿的蜕变。那种新鲜的美丽，婀娜的情致，摇曳的步态，在弟弟眼中呈现为难以解释的瑰丽奇景。这些小说以符合年龄的心理意识和独白作为脉络，如实呈现着随青春成长而来、从心之深处涌出的人生最初的困惑、迷茫、苏醒、恐惧、执拗、爱恋，小说几乎成为抒情的诗的篇章。

作家对于日常生活的重视包含着丰沛而积极的能量，昭

————————

① 魏微：《通往文学之路》，《青年文学》2002 年第 4 期。

示着"创作主体对身与心、人与物之间统一性的重建理想"①。
其中，关于风景、物象、细节的观察与描摹构成了这一"重
建"工程的重要内容，这是一个主客体彼此互动的"对象化
过程"："在我与日常事件的关系中，在与这一关系相关联的情
感中，在我对这一关系的反应中，在日常活动可能的'崩溃'
中，在所有这些情形中，我们都在同对象化过程打交道。"② 这
意味着主体与客体之间不是单向度的关系，而是有着交互主体
性朝向世界的共情力，这在魏微的风景书写中有着审美化的呈
现。《迷途——献给黑雨》和《薛家巷》中喧嚷亲切的市井面
容，《乡村、穷亲戚和爱情》中质朴动人的江淮乡村，《大老郑
的女人》中恒静安然的古意小城，《拐弯的夏天》（2003）中斑
驳淋漓的夏日光影，都细腻而有层次感地浮凸出来。

> 它是一条河流，也许是一个湖泊——我叫不上它的
> 名字。阴天的时候，这里烟波荡漾，偶尔有水鸥从水面
> 掠过，发出"嘎嘎"的低沉的叫声。晴天的时候，这里
> 又是另一番景象了，空气呈现透明的颜色，阳光透过空
> 气，可以折射到水的深处，那绿色的水草上。③

① 洪治纲：《论日常生活诗学的重构》，《文学评论》2018 年第 4 期。
② ［匈］阿格妮丝·赫勒：《日常生活》，衣俊卿译，重庆出版社 1990
　年版，第 7 页。
③ 魏微：《一个人的微湖闸》，安徽文艺出版社 2015 年版，第 3 页。

在素淡色块、纤细线条与纯朴情感的协调下，风景呈现出了安宁、静默、沉思、闪着微光的美感。"风景是含义最丰富的媒介。它是类似于语言或者颜料的物质'工具'，包含在某个文化意指和交流的传统中，是一套可以被调用和再造从而表达意义和价值的象征符号。"① "风景"在当代文学中执行着重要的叙事功能。在红色经典和新时期初期的文学作品中，"风景"往往与重大历史进程相互指涉，其修辞是被着力甄选和重组过的叙事编码。在具有社会和文化意义的文本中，"风景"被当作田园诗和农事诗的象征得以复现，协调着城乡之间失衡的情感结构。在魏微的小说中，"风景"则被予以了自然性的还原和审美经验的重构。她极力捕捉着风景的明暗质地，细致地皴染出其物之属性，借此强化了优美庄重的抒情风格。

魏微说："我喜欢写日常生活，它代表了小说的细部。小说这东西，说到底还是具体的、可触摸的，所以细部的描写就显得格外重要。"② 细部描写在对物的感受及其构成的诗性叙事中极为重要。与叙事的技巧、结构、语言、形象塑造等元素相比，对物的"感受""感觉"是最需要天赋的。敏于审美的作家通常能在各种感官之间来回切换或者叠合，建构起一个立体多维的感官世界，比如沈从文《边城》中声音洪大的新蝉、桃花色的薄云、甲虫类的气味，汪曾祺《受戒》中香味磅礴的栀

① ［美］W.J.T. 米切尔：《帝国的风景》，W.J.T. 米切尔编《风景与权力》，杨丽、万信琼译，译林出版社 2014 年版，第 15 页。
② 魏微：《让"日常"绽放光彩》，"一刀文学网"，2005 年 7 月 2 日。

子花、红紫圆硬的荸荠、吐着新穗的芦花。魏微继承了这类现代抒情小说的精髓，她对于生活的态度不是"靠经历"而是"靠感受"，这主要表现在她与物之间的共融关系上。她特别关注生活中的微小事物，如"房屋，街道，楼顶上的鸽子"① 等。"我对万物都充满了感情"，"不拘什么场合，只要我愿意，我就能走进物体里，分不清哪个是外物，哪个是自己。"② 她以内蕴着深情、眷恋、伤感的笔触对日常物象进行放大式的"厚描"，以物自体的巨大张力抵御着时光对于人的遗弃、褫夺和背叛。在《一个人的微湖闸》中，她通过童年小蕙子的视角不厌其烦地描绘着微湖闸的"物体系"：葡萄架、月季、穿衣镜、雅霜、百雀灵、八字脚闹钟、蝴蝶牌缝纫机、永久牌自行车，还有灯芯绒鞋帮、青灰色苎布衬衫、装饼干的白瓷鼓、方口短粗的玻璃杯。面对着持续涌现的童年场景，她以敏锐的品味感触形式对"物"反复地进行打量，捕捉它们流露出来的魅力和趣味，将"外形与本质、精神与物质、主体与对象"在感觉中进行糅合统一。③ 这种书写不再囿于让"物"必须发挥叙事功能的现实主义成规，而构成了一种陶然纯粹的诗性排列，一种

---

① 魏微：《日常经验：我们这代人写作的意义》，魏微《坐公交车的人》，当代中国出版社 2015 年版，第 65 页。

② 魏微：《我这七年》，魏微《1988 年的背景音乐》，昆仑出版社 2013 年版，第 80 页。

③ [法] 让-皮埃尔·理查：《文学与感觉》，顾嘉琛译，三联书店 1992 年版，"译者前言"第 4 页。

令人动容的情感吁求。

一方面，日常生活以固有的规则和流程成为让人熟视无睹的平庸王国；另一方面又潜在地构成了一个"契约"，一种必然和"不可违反"的习惯。[①] 魏微将这两种显与隐的特质进行并置、交织、缠绕，缓释出了日常生活的诗学潜能。《大老郑的女人》中，纵然时代发生了结构性的变迁，流淌在小院的依然是俗世的烟火漫卷。《薛家巷》中，人们在繁华的都市边缘、在稳定的家庭结构和人际关系里随顺而活，共同构成了众生的生存面相。在《一个人的微湖闸》（2001）中，在 20 世纪 70 年代的背景下，人们的生活渐次呈露出来，成为充满暖意、诗意与自洽性的存在。站长夫人杨婶是微湖闸安谧生活的代表。她是四个孩子的母亲，干净、体面、温良端庄、乐于助人、进退有度，将一家人的生活安排得妥帖舒展，在微湖闸有着良好人缘和声誉。"枯燥的日常生活在她的染指之下，竟变得如此的辽阔、生动、细微。"[②] 微湖闸人在闲暇之余，乘凉、逛街、看电影、下馆子，烧营养丰富的红枣山药汤，做鲜美柔软的鱼汤和猪肝汤。这副岁月静好的"安乐图"让人忘记了那是犹有余震的 70 年代初期。这并非魏微有意淡化时代的影响，而是由于那个时代的整体趋势是从公共领域回归到了私人领域，从宏大事物走向了"触手可及"的"特此性"事

---

① ［爱尔兰］塞·贝克特等：《普鲁斯特论》，沈睿等译，社会科学文献出版社 1999 年版，第 13 页。

② 魏微：《一个人的微湖闸》，安徽文艺出版社 2015 年版，第 21 页。

物。① 时代风潮不再裹挟和修改一切，曾经的精神追索在日常生活中被收留，得到慰藉或者平复。

这种对比和变化在爷爷（微湖闸水利管理所主任）身上体现得特别明显。爷爷喜欢读着报纸跟奶奶说，"奶奶，上面的风声又紧了"，"奶奶，上面又有新指示了。"奶奶不懂，一边认真听着，一边赶着做一家子的棉鞋。爷爷每天必读的报纸被不识字的奶奶用来"剪鞋样子"，包"咸鱼干"和"油酥饼"。过了一些日子，报纸出现在废纸篓里。对于曾经杀过日本鬼子的老革命家爷爷，小说并没有刻意渲染他在战场上的浴血勇猛，而是用两种选择或两个场景构成具有比较性的小型场域，让爷爷所承载的宏大叙事与日常叙事之间展开博弈，最终后者取胜。一个例子是他在革命者爱侣和文盲乡村妻子之间摇摆不定，最后回归了家庭；另一个场景是他下班回家后，喜欢擦自行车、修藤椅，在门前空地种辣椒、西红柿、南瓜。曾经的铁马金戈、壮阔激情、辉煌传奇最终落实为一蔬一饭、一茶一饮的琐屑平凡，伴随着生命的进程落尽繁华，归于平淡。这种有意识地将宏大／琐细之物象和事件进行对照的方法，鲜明地彰显出魏微的叙事观：日常是一个具有无限美和创造力的世界。那些司空见惯的事物经由"陌生化"美学的擦亮，耳目一新，生机勃勃。

---

① ［英］詹姆斯·伍德：《小说机杼》，黄远帆译，河南大学出版社 2015 年版，第 48 页。

　　魏微对日常生活进行了美学的、抒情的加冕，使之焕发出了诗意和挚爱的光彩。如果说同为"70后"的金仁顺的"冷处理"、曹寇的"无聊现实主义"、戴来的"好像又没有什么意思，但又不像一点意思也没有"① 构成的是淡化和简化风格的话，那么，魏微更注重生活的具象化和细部化②。这种观念类似于在全球化、现代化浪潮席卷下的荷兰画家维米尔、特鲍赫、梅苏、德·霍赫、伦勃朗。他们不再表现赫赫有名的君王英雄和重大历史、神话或宗教主题，取而代之的是普通人的日常生活。在他们的风俗画中，"陪衬物获得了核心地位，附属品赢得了独立性"，深刻地揭示着"世界与生活之美"。③ 这种张扬生活细节的方法突显着创作者强大的主体性及其对世俗生活的热爱。

　　这种逻辑可以用来理解魏微。"我心目中的日常写作，就是写最具体的事，却能抽象出普遍的人生意味，哪怕油烟味呛人，读者也能读出诗意；贴着自己写，却写出了一群人的心

---

① 梅兰：《浅析金仁顺小说中的冷处理——以长篇小说〈春香〉为例》，《名作欣赏》2012 年第 18 期；陈晓明：《无聊现实主义与曹寇的小说》，《文学港》2005 年第 2 期；"好像又没有什么意思，但又不像一点意思也没有"是程德培对戴来小说的评论。转引自武歆《戴来，戴来》，《文学自由谈》2015 年第 5 期。

② 魏微：《日常经验：我们这代人写作的意义》，魏微《坐公交车的人》，当代中国出版社 2015 年版，第 72 页。

③ ［法］茨维坦·托多罗夫：《日常生活颂歌：论十七世纪荷兰绘画》，曹丹红译，华东师范大学出版社 2012 年版，第 25、136 页。

声。有自己，有血肉，有精神，总而言之，哪怕是写最幽暗的人生，也能读出光来。"① 在她那里，吃饭、穿衣、发呆、闲聊、织毛衣、纳鞋底都具有独立的美学意义。她以天赋的感悟直觉对它们进行打量、摩挲、深深地凝视，将枯燥的"百无聊赖""同一物的永恒轮回"② 演绎为了丰盈的诗性感悟与饱满的抒情性修辞，弥合了生活价值、美学价值与精神价值之间的裂隙。

第二节　时间、空间与生命形态

无论是就物理形态还是社会关系的生产而言，时间与空间都密不可分。关于时空的研究错综复杂，为便于论述，本书选取它们与文学相关的叙事切面，阐述其各自所联结、所传递的主体精神与特征。自现代主义以来，"时间"的柔软、玄秘、弹性攫取了创作者的关注，达利的"时间"、博尔赫斯的"迷宫"都驱动着时间的艺术抵达了某个高峰。在中国当代文学中，魏微可能是为数不多的将"时间"当作叙事主体而非工具的作家。她的每一篇小说都有时间的影子，有的甚至围绕这一主题反复进行渲染，将一个记忆中、感觉中的世界托付给了时

① 魏微：《日常经验：我们这代人写作的意义》，魏微《坐公交车的人》，当代中国出版社 2015 年版，第 72 页。

② ［英］本·海默尔：《日常生活与文化理论导论》，王志宏译，商务印书馆 2008 年版，第 11、16 页。

间的设计。同时，她也是第一个完整而体系化地提出"都市、小城、乡村"三重"空间"并以之为小说资源的作家。① 她的书写在这三个空间之间挪移转换，与中国的现代性进程、城市化进程构成了逻辑上的应合。事实上，魏微的时/空叙事使我们有可能将关于生命形态的思考具体化为文学书写的研究，即它如何以携带着丰饶物象和漫漶记忆的时间序列去钩沉、打捞、形塑生命的形象，如何以不同空间中的生活经验作为叙事内涵而朝向时间"巨兽"绽开了生命的秘密。

在魏微的小说中，对于过去的回忆和感念构成了连续性的叙事路径，失去的"时间"在层叠式、立体式、膨胀式的回忆中再度复现，就像普鲁斯特的《追忆逝水年华》，在时间的管道里流淌着往日"每时每刻都充满奇迹的绚丽时光"②。普鲁斯特是在身患过敏症、无法正常感受世界之际写下了记忆长卷，魏微则是在漂泊旅程里向着往昔寻求着一份心灵的慰藉。这种状况在她2005年定居广州后也没有太多变化，她从来没有写过以"现在进行时"的广州为背景的小说。她依然选择了以旧日熟悉的小城为写作资源，以抚平在都市遭遇震惊、疏离和创伤的心境。这种选择恰如鲍曼在《怀旧的乌托邦》中所说，面对当代充满风险和不确定性的世界，越来越多的人回

---

① 魏微：《都市、小城、乡村——小说的资源》，魏微《坐公交车的人》，当代中国出版社2015年版，第79页。

② [爱尔兰] 塞·贝克特等：《普鲁斯特论》，沈睿等译，社会科学文献出版社1999年版，第11页。

撤到"稳定、可信任而有价值的过去"，一个堪称乌托邦的安全区。[①] 书名"RETROTOPIA"也可译为"逆托邦"和"复古的乌托邦"。这种逆反和回溯在魏微的小说中具体表现为："过去"和"往昔"成了主角；"××年以前"和"××年以后"成了常见的句式。她多以"现在"作为叙事时态，讲述人物"从前"的故事，或者将两者进行交替性闪回，从中周旋出一段色调暖旧、光影挪辗的故事。《十月五日之风雨大作》展现的是"革命史"中一段"十年前"的故事，《校长、汗毛和蚂蚁》中的校长在春风得意的现实中剔除不去"二十年前"的一个哲思，《大老郑的女人》讲述的是"十几年前的事"，《石头的暑假》（又名《尖叫》）呈现了"二十年前"石头的故事。"被讲述的现在与重温的过去交错混杂"，赋予了魏微小说以"时间的厚度"和"心理的厚度"[②]。这种截取时间片断来包裹生命形态的方式在《拐弯的夏天》中抵达了复杂和忧伤之美。小晖回忆起自己 16 岁时与 32 岁的阿姐夏明雪之间的相遇相识。在对"很多年前"的忆念中，他将与阿姐在一起的"那两年"提取出来，将这"过去的过去"做成了一个"时间套盒"，以之为支架将往事反复地拉近、推远，在时间的栅栏里对曾经的生命漫溢进行引流与重塑。

---

① ［英］齐格蒙特·鲍曼：《怀旧的乌托邦》，姚伟等译，中国人民大学出版社 2018 年版，第 11 页。

② ［法］保尔·利科：《虚构叙事中时间的塑形：时间与叙事》卷二，王文融译，三联书店 2003 年版，第 186 页。

"时间"作为主体论的意味在《一个人的微湖闸》里分布得尤为密实。一种驻足凝望的姿态和重复的方法将叙事节奏予以了延宕性处理，呼应着童年小蕙子理解世事的缓慢，同时带来了叙事的宽广和深远。在小说中，"时间""瞬间""日月""钟表"成了关键词，如"时间的洪流把我们一点点地推向深处，更深处"，"日月是那样的悠长、缓慢、真切、美好"，"我听到了一种声音，一点一滴的，清脆的"[1] 等等。这些将某个时段进行切片观察的实践彰显着以下事实：叙述者并不急于"讲故事"。她栖息在岌岌可危的叙事悬崖上，用一种不受时间侵蚀的平静和耐心提出了关于时间的命题，用那些镶嵌在、闪耀在生命体中的繁复光影来收拢并缝合时间巨大的展露。不少研究者都注意到了魏微的"时间美学"，认为"对于过去时间的留恋和在意"使其笔下的生活显现出"苍凉感和静止感"，将其叙述风格概括为"在过去与现在、切近与遥远之间"进行"时空穿梭"。[2] 颇有意味的是，这部小说后来出版时改名为《流年》[3]，聚焦式地再现了魏微对于"时间"的敏感：微湖

---

[1] 魏微：《一个人的微湖闸》，安徽文艺出版社 2015 年版，第 2、50、59 页。

[2] 周景雷、王爽：《打开日常生活的隐秘之门——魏微小说阅读笔记》，《南方文坛》2009 年第 2 期；张丽军：《穿梭于时光隧道里的"文学琥珀"——魏微小说论》，《新文学评论》2014 年第 1 期。

[3] 《一个人的微湖闸》于 2001 年发表于《收获·长篇》，2002 年改名为《流年》，由花山文艺出版社出版，2015 年又改回《一个人的微湖闸》，由安徽文艺出版社出版。

闸的"物体系"，爷爷奶奶叔叔的亲情，杨站长和杨婶的婚姻及其变故，储小宝和吴姑娘的爱恨情怨，小佟凭借一己之力在微湖闸引发的风波，以及小蕙子成长为少女的生涩、懊恼、不知所措，一切都可以归结到"流年"这个总体性的命题之下。

借着重访往昔的契机，魏微在小说中设置了、横亘了许多"时间段"，它们脱离了单纯的时间表述而成为具有区隔功能的叙事插片，在人物生命形态的差异和分野中营造出强烈的命运感。在《异乡》中，三年来，许子慧从南到北，又从北到南。在一事无成的大都市和走向开化的小城风尚中，她发现漂泊的孤独和亲情的淡漠如影随形。《化妆》开篇的第一句"十年前，嘉丽还是个穷学生"便告诉读者，这是一个位于当下的叙事者所描述的关于过去的故事。小说以"十年"为轴心，构成了"十年前"和"十年后"两个时间翼。十年前，嘉丽穷、不体面、没有魅力；十年后，她成了一个成功的律师。至于在这十年中嘉丽是如何成功的，我们不得而知，因为作者要探索的并非"成功学"而是"心理学"。果不其然，当嘉丽将自己还原到"十年前"的潦倒时，不仅她的精英合作伙伴和酒店服务员露出了势利面目，曾经的恋人张科长的真实面目更是暴露无遗。不得不说，《化妆》是魏微的神来之笔，这是一部极其巧妙的在"时间之间"来回摆荡的作品。它将"贫困、成功、金钱、欲望、爱情"浓缩为了"繁复、尖锐的戏剧"①，仅仅通

---

① 李敬泽：《向短篇小说致敬——春风版〈2003年短篇小说·序〉》，《名作欣赏》2004年第9期。

过一个"非真"的动作——化妆，就将人物在曾经某个时间段内的生命本相进行了复原，不动声色地勘探到了他者的内心隐秘。

与"时间"相比，"空间"通常随着主体的迁徙、离散、漂泊、游荡而发生变化，不断地修改着寄寓其间的生命形态。"如果说在大部分的社会理论里，整体性（totalizing）倾向的源头，被追溯到了时间的单向度性（unidimensiondlity）和单向性（unidirectionality）。那么，相对的，空间则鼓励脱离普遍原则，转而对差别、地方性话语等非常敏感。"[1] 福柯认为，在 20 世纪，"存在与空间"关系的重要性超越了"存在与时间"。他指出，由时间发展出来的世界经验远少于联结着不同点与点之间的空间所形成的世界经验。[2] 列斐伏尔将"空间"从经验世界中剥离出来，复现并修订了关于它的古老分类和概念。他将"空间"分为空间性实践（Spatial practice）、对空间的再现（Representations of space）与再现的空间（Representational spaces）三个层面，认为它们囊括了共存和共时中的事物，同时也是社会关系的生产场所。[3] 对"空

---

① ［英］里兹·庞蒂：《女性主义、后现代主义和地理学——女性的空间》，王志弘译，包亚明主编《后现代性与地理学的政治》，上海教育出版社 2001 年版，第 319 页。

② 参见包亚明主编《后现代性与地理学的政治》，上海教育出版社 2001 年版，"序"第 9 页。

③ Henri Lefebvre, *The Production of Space*, translated by Donald Nicholson Smith, Blackwell Ltd, 1991, pp.38-39.

间"的再发现和再阐释拓展了文学的边界和深度，尤其对于性别叙事意义重大，因为"所谓男性和女性，某种程度正是在外和内、社会和家庭、公共领域和私人领域等等的划分中被确立和建构起来的"①。可以说，性别与空间叙事之间存在着经由社会规定而隐蔽为常规的联系。如果我们以"空间"为"撬杆"揳入文本的缝隙之间，或许能够启开、释放出更为广阔和丰富的性别／叙事内蕴。

魏微的创作谱系典型地涵括着"乡—县—城"三个空间层次。她和大多数"70 后"一样：出生于乡村或祖辈是从乡村走出来的，成长于小城，生活在城市。这种有层次的在地化经验赋予了她对不同空间的敏感与关注。在她那里，这三个空间不是每每对立的二元关系，而是彼此互嵌地含纳着陌生或疏离、漂泊或返乡等现代性经验。她将"乡村"和"县城"作为向着更高阶挪移的起点，尤其是县城魏微有着切身经验："我是在县城长大的，县城在中国是很有意思的一个地方，介于大城市和乡村之间，是两者的交界处、过渡色。它是有点城不城、乡不乡的，是一个放大了的村庄、微型版的城市。"② 这使得她在着笔时对人物心理和选择有着更为贴切的理解。《回家》中的乡村少女小凤去了城里的丹阳街，《李生记》中的李生从乡下去到广州，《异乡》中的子慧离开小城去了北京。她不是

① 陈惠芬：《空间、性别与认同》，《社会科学》2007 年第 10 期。
② 陈煜堃、魏微：《文学与生活最好保持一定的距离》，《新快报》2011年 4 月 19 日。

为了生存，而是为了过一种她"完全不能掌控的、漂泊不定的生活"。这种变迁与中国经济发展相关。改革开放尤其是 20 世纪 90 年代以来，随着信息、技术、资本的流动，人口也开始大规模地流动。进阶性迁徙的移民脱离了原有的秩序和稳定的生活轨道，又无法与城市的规则体系完成对接，"往往被视为无序（out of place）和失控（out of control）"①，他们的返乡故事提供的不再是美满的空间闭合框架，其生命形态也在"流动性差异"②中变得极其不稳定。小凤再也不能以清白的女儿身回家，李生在城里难以安身，子慧则被悬搁在故乡和异乡之间。在《大老郑的女人》中，外地人的到来打破了小城千年不变的寂静，封闭的空间被掀开敞露。大老郑女人的非良非娼、非城非乡这一身份与其空间挪移一样，都是过渡性和杂糅性的产物。

在"乡—县—城"三重空间中，魏微最为关注和迷恋的是都市。她以"看得见风景的阳台"这个开放空间为制高点，以"街道"这一典型城市空间为坐标③，目光延伸到了人们喝

① [美] 张鹂：《城市里的陌生人：中国流动人口的空间、权力与社会网络的重构》，袁长庚译，江苏人民出版社 2014 年版，第 1—2 页。
② "流动性差异"是英国地理学家多琳·玛西（Doreen Massey）提出的概念，"处在社会等级光谱最两端的人群，在流动性的享有权方面存在巨大差异。"转引自刘英《流动性研究：文学空间研究的新方向》，《外国文学研究》2020 年第 2 期。
③ 魏微：《看得见风景的阳台》，《1988 年的背景音乐》，昆仑出版社 2013 年版，第 52 页；《街景和人物》，《青年文学》2002 年第 6 期。

酒、宵夜、聊天、争吵、闲逛、恋爱的公共场所之中，这使得她的城市讲述具有了本雅明"拱廊计划"的特质：在全景敞视的视觉化机制下，将往昔与此时、游荡与驻足、瞬时性与延展性共置于生命体的星丛之中。《到远方去》中的中年男人家庭稳定、生活安稳，却有着"凝滞而热烈的心象"①。他总想逃离固定的生活秩序，比如无目的地晃荡、去离家很远的超市、在下班路上跟踪陌生女人。这个"热情澎湃，又胆小如鼠"的中年男人并不知道，他所做的是一种卡夫卡式的悖论性抵抗，一种布卢姆似的卑微细碎而毫无意义的城市"漂泊"。从题目来看，《从南京始发》和《在旅途》都具有空间变化性，不过它们要表述的并非旅行乐趣，而是为了抵达某种目标而茫然奔波，或为了虚度时光而进行空间移动。在《从南京始发》中，年轻的主人公希望择城而居，"我们的理想国是北京、上海和南京。"面对着比前代作家更为复杂的抉择处境，"70后"倾向于通过个人化的体验建立起生活的风格，这种强烈的归属意愿只有在极具弹性和层次感的大都市才能得以安顿。

在关于城市空间的表述中，《薛家巷》是一个不太为人提及却非常典型地绽放着魏微时/空叙事才华的文本。在小说中，薛家巷的城市中心地理位置得到了精确描述。然而，薛家巷与繁华无涉。它在空间上属于城市，在人际交往和情感伦理

---

① 魏微、姜广平：《"先锋死了，我们不得不回过头来"——与魏微对话》，《西湖》2008年第4期。

上却是"类乡村"的，它拥有"透明"的、稳定的群落经验和家族交往关系。① 魏微布置这样一个错位的空间，意在钩沉出那些或青葱或蓬勃或苍老的生命形态：姜老太太和吴老太太年老体衰，孙老头在死亡边缘呻吟挣扎，吕东升每日准时如上班外出游荡，吴老二在甜蜜午睡后不乏倦怠烦躁，吕家年轻的小风和小敏则一心向往着时髦的生活。当年的大户人家公子、移居台湾的徐光华为文本提供了一个多元化视角：他既是"本地人"，也是"外来者"和"返乡者"。通过这个视角，小说由外而内、由表及里地勾连起了"过去"的南京和"现在"的南京。叙事者的视角持续不断地在空中俯视盘旋，在跨越时空的蒙太奇美学里，绘制着繁华南京和底层南京的人文地理图，描摹着历史变动中的社会形态和生命形态，构成了一个时间与空间绝妙对称的叙述结构。

在中国先锋文学中，不乏在时间变形中展开的叙事实验，它们在颠覆传统叙事秩序和等级制上卓有成效，如马原的《拉萨生活的三种时间》、余华的《此文献给少女杨柳》、孙甘露的《信使之函》《访问梦境》、格非的《锦瑟》《褐色鸟群》、苏童的《井中男孩》、洪峰的《极地之侧》等。魏微的小说并不"先锋"，但她有着独特的时/空处理方式。她的叙事者一次次挪移着、改换着时间的坐标，开启了"地理学"的转向，对时空

---

① [英] 雷蒙·威廉斯：《乡村与城市》，韩子满、刘戈、徐珊珊译，商务印书馆 2013 年版，第 222 页。

转换中生命体的呼吸、形态、质地进行着细致测量。这种空间的移动性在"70后"书写中普遍存在着：瓦当的《到世界上去》讲述刘小威和王小勇长大成人之后的游历，徐则臣的"京漂系列"和《耶路撒冷》讲述花街人的闯荡世界，周瑄璞的《多湾》通过季瓷家第三代儿女西芳、津平的经历展现"农转非"的艰难与狂喜。作为与"经济中国"同步成熟的一代人，"70后"对于中国社会转型期的空间变迁、人口流动、城乡差异、户籍变动等问题更为敏感，表现方式也比新时期初期文学中的乡村青年进城记更加内心化和精神化。在这种内外交感的写作方式背后，一代人以强烈的自我体察、主体意识和叙事自觉重建着与历史、社会、城市之间的联系。它准确而有效地化解了20世纪90年代以来私人化、身体化、消费主义、零度情感等写作危机，深度地介入到了中国社会转型期波澜壮阔的现实之中。

第三节　情感结构与现代生活

在情感社会学看来，人的重要特征之一就是"在形成社会纽带和建构复杂社会结构时对情感的依赖"，情感是将人们联系在一起的"黏合剂"[1]，毋庸置疑，情感在文学中有着普遍化的体现。魏微的独特性在于，她擅长运用不同的情感关系和

---

[1]　[美] 乔纳森·特纳、简·斯戴兹：《情感社会学》，孙俊才、文军译，上海人民出版社2007年版，第1页。

情感结构的复杂向度来传递、表达其生命体验与价值判断。所谓眷恋亲情的孩子、极重情义的姐姐、寻找父亲的女儿、相互救助的"姊妹"等浓墨重彩书写的形象，表明了魏微对于情感的重视程度，以及从家庭和社会伦理关系来理解生活的愿望。有研究者指出，魏微小说通过引入"亲情"修改了先锋文学将一切都进行陌生化、戏谑化的手法："以亲情为基本的生存感受，推己及人，进一步正视普通中国人的爱情和友情，由此重写普通中国人的情感故事，将被颠倒的再颠倒过来。"① 的确，魏微笔下的人物在亲情、友情、爱情的链网中联结紧密，其关系也与日常生活伦理相谐一致，不存在 FtM、MtF②、双性恋偏同、双性恋偏异、跨性别同性恋、跨性别异性恋等异于传统的复杂关系。但细辨之，其间却充斥着绵密的纠葛、羁绊、角力、博弈。可以说，她小说中的情感关系是传统的，但情感结构却是非传统的，或者说比传统要更加纠结和暧昧。

作为与生俱来的人伦关系，亲情在情感谱系中占据着重要位置，用情感社会学的概念来说，可称为"基本情感"(primary emotions)，是"其他情感的核心或基础"③。相较于同

---

① 郜元宝:《回乡者·亲情·暧昧年代——评魏微小说集〈姊妹们〉》，《不够破碎》，吉林出版集团有限责任公司 2009 年版，第 96 页。

② FtM 指的是 female-to-male，意为从女性跨越成为男性者；MtF 指的是 male-to-female，意为从男性跨越成为女性者。

③ [美] 乔纳森·特纳、简·斯戴兹:《情感社会学》，孙俊才、文军译，上海人民出版社 2007 年版，第 9 页。

代作家，魏微对于亲情的表现更为精细、沉溺、深重。她曾这样对访谈者说："我对'亲情'天生敏感，人世的感情中，友情、爱情我可以忽略不计，唯有亲情会让我热泪盈眶。……这东西在我骨子里，几乎是与生俱来，我们家的人都有这样的情绪，非常缠绵，非常忧伤。"[①] 这种惊人的细腻的敏感使得她在涉及亲情时不惜靡费笔墨，沉浸其中，反复地进行切磋和打磨，精雕细琢，精益求精，以密度极高的情感构成了独属于她的情感伦理学、情感现象学。魏微对亲情赋予了如此饱满的挚爱，充分彰显出遭遇文化断裂后的一代人向着亲密情感的趋近和认同，为情感从现代社会的物化险境中突围、跃迁提供了一种可能性。

魏微笔下的亲情内涵不但饱满丰饶，而且常常有过于膨胀而溢出边界的"危险"。在带有自传色彩的《一个人的微湖闸》中，魏微不遗余力地将丰沛的情感感受能力倾注在童年小蕙子身上，由己及人地构成了往事深处的情感共振。小蕙子从小跟随爷爷奶奶生活，叔叔在远方当兵，直到转业后回到微湖闸，小蕙子才见到他。这个会面由于饱浸着长久的思念和想象，杂糅着太多的等待和期盼，因此尽显娇憨、羞涩、依依不舍的小女儿情态。这种情感还投射到了至亲至爱者身上，"我爱我的父母和弟弟，我的爱深沉、有力、尖锐。我的爱广大、

---

① 魏微、姜广平：《"先锋死了，我们不得不回过头来"——与魏微对话》，《西湖》2008 年第 4 期。

空泛、乏力。我爱他们曾经爱得淌眼泪",甚至推及到了陌生的他者,"我爱他们所有人"①,那些和叔叔同龄的微湖闸年轻人。小蕙子注视着他们,内心充满了光亮与欢喜,亲情由此扩展为了普泛化的青春期情感体验。

对于重视亲情的主人公来说,他们对家庭、亲人的感情之弦通常绷得很紧,有时反而由于用力过度而缺乏情感的胜任力与合适的表达方式。在《姐姐和弟弟》中,姐姐无疑是爱弟弟的,一个漂亮、柔软、懒惰、懦弱的小胖男孩;也是爱父母的,但她无法有效地控制和管理自己的情感。在冲动而强烈的情绪裹挟下,她不停地暴打弟弟,之后自己又被母亲暴打。"爱"与"暴打",一个抽象一个具象,但在极端性体验这个维度上达到了同步一致。与其说这是姐姐在爱中自我折磨与折磨亲人的精神痛史,毋宁说是她感悟亲情伦常与世事变迁的心灵日记。似真亦幻的童年乌托邦、青春痛楚的情感悸动、庄严得令人落泪的爱之承诺,都蒙上了在瞬息万变的现代生活中面对必然丧失之物的追怀与伤感。

> 她哭,是因为她爱她的父母和弟弟,她不知道怎么去爱他们。她的爱从一开始就到达了一种"爱恋",不可以多一点,也不能再少。从来没有过这样的一种"爱

---

① 魏微:《一个人的微湖闸》,安徽文艺出版社 2015 年版,第 150、153 页。

恋"，它不热烈（也不可以热烈），可是它深广，她从生下来就注定要和它碰撞，她懂得了哀伤。

她想，她和弟弟真是很微弱的，他们像一粒灰尘，可是他们也会老去，直至死；很多年后，生命和情感从他们的身体内消失了，他们之间所有的一切，都像没有发生过的一样，就像世界上从来没有这样的一对姐弟，从来没有发生过这样的一段情感。①

对于魏微（小蕙子、姐姐）来说，亲情是一种"和睦、微妙、相互交融"②的情感，比爱情更加神秘、宽广、深沉、永恒，每每念及令她伤感。这在《乡村、穷亲戚和爱情》中有着丰富的体现。女主人公小敏生活在小城，向往的是北大清华和"大洋彼岸的美国"，对经常来家里的乡村穷亲戚不掩鄙夷。直到为了安葬奶奶，她回到乡村，身体内的爱情刹那间被唤醒了。究其实，这场隐秘的情感苏醒与乡土中国的分化与归依密切相关。随着中国革命和现代化的进程发展，乡土族裔"同心圆波纹"③的紧密结构被打散分化，同根同系的族人被各个分离，直到一个来自祖先的契机重新将他们召回到一起。"乡村"和"祖屋"等镌刻着家族记忆的空间不断强化着小敏的"爱

---

① 　魏微：《姐姐和弟弟》，《作家》1999 年第 11 期。

② 　魏微：《父女之间　母子之间》，《生活与健康》2003 年第 3 期。

③ 　费孝通：《乡土中国　生育制度》，北京大学出版社 1998 年版，第 26 页。

情",这份情感越是缠绵结实,"城里人"就越是无法割弃与生俱来的乡村血脉。这是一场伴随着内在唤醒状态的情感矫正与亲情之爱的修复。

随着时光流逝和生命经验的积累,魏微对于亲情的态度逐渐松弛下来,对于家庭成员之间的对与错、好与坏、付出与得到不再那么锱铢必较,剑拔弩张。在此,我们可以对比两个同样以"姐弟"关系为主题的小说就能看到其变化。《姐姐和弟弟》是个人化的情感经验,紧张、暴烈、忧伤;《姐姐》则将个人体验弥漫为了更广泛的人世情感,柔软、丰富、浩大。它所书写的不仅仅是亲情,更是人世间所有既古老又新鲜的经验和深情。它是人生的第一次,又是人世的许多次,在更迭与变幻的生生不息里演绎着人生恒常的悲喜剧。

与此同时,魏微的亲情表述还呈现出匮乏、逃避、失踪等情感形态,这依然可以在现代生活的逻辑中去理解:前现代的规则和秩序崩溃了,曾经确凿镶嵌在传统伦理链条中的亲情关系也发生了变化,导致了主体认知的迷茫和自我建构的艰难。不少研究者注意到,魏微小说中的"父亲"是缺席的。在《父亲来访》中,父亲一直想去南京看望读书的女儿小玉,又找出各种借口无法成行。小玉每次接到父亲来访的消息,内心都经受着激动和恐惧的冲击,直到父亲说来不了,她又松了一口气。"父女"这一伦理序列的能指在"来—去"的链条上挪移滑动,抵达的是落空的所指。在《寻父记》(又名《迷失在小城市的父亲和我》)中,父亲在散步时突然消失。父亲这种无理由、无结果的"失踪"行为独具现代生活特色，这个主题在波兰作家布鲁诺·舒尔茨的《鸟》《蟑螂》《父亲的最后一次逃跑》《父亲参加了消防队》中被反复书写。长大后的女儿决定去寻找父亲，从此她也"失踪"了。女儿在另一座城市安居，结婚生子。她长得很像父亲，还有意识地模仿父亲的生活方式。"每个'寻父者'最起码必备两点常识，（1）父亲是不可寻找的；（2）我们必须去寻找他。"在这一悖谬的现代主义精神结构之下，那些来回往复的质疑、徘徊、踟蹰、煎熬不断拍打着年轻的光洁俊朗的心，促使其对于生命和血缘作出深刻的理解。"父亲，你到底在哪里？——我又一次大声问道。那个声音再次响起：他是你自己。他是你自己。"最终，女儿在父亲的"匮乏"与"缺席"中、在自己身为母亲的痛苦和幸福中，完成了自我寻找和自我发现的主体性建构。

　　敏感的读者将意识到，魏微笔下的父亲虽然"缺席"，但最终让女儿不乏领悟和收获，而母女关系则呈现为另一番情景。在魏微的小说中，母女之间的情感密度从来都低于父女 / 兄妹 / 姐弟。在《在明孝陵乘凉》中，小芙与哥哥共同葆有着夏天的成长秘密而亲密无间，母亲却因小芙的晚归而对她拳打脚踢，用砖头砸她，呵斥兄妹俩。《姐姐和弟弟》中的姐弟之爱丰饶得令人伤感，母亲却厌烦于女儿哭个不停。《家道》讲述父亲受官场牵连入狱后，祖母、母亲、女儿三代三个女人相依为命。母亲为了一家人的生存想尽了办法：租廉价房、开饭馆、为女儿相亲。"失去"父亲的母亲并没有堕入颓废，反而有机会展示精明的天赋，甚至还动用仅剩无多的性别资源为母女俩争取到了锦上添花的幸福。"在家庭'悲剧'发生还不到半年的时间里，母亲就迅速把它扭转了方向，使它变成了一场男女的较量。"[1] 在这样的母亲面前，女儿全无招架之力，只能被动地服从。这既不是残雪、陈染、徐小斌笔下被解构被扭曲的母女关系，也不是张洁《世界上最疼我的那个人去了》《无字》中超越血缘亲情而走向命运共同体的母女关系，而是在巨大的生存压力和世道凉薄之下以能力高低与意志强弱进行分野的亲情图景。《白娟在一个小城的故事》和《异乡》中的母亲都非常强势，颇有几分卡夫卡小说中父亲的意味。白娟的母亲在家里拥有绝对话语权，子慧的母亲很有"法官的派头"，在女儿归来后检查她的行李以查其是否清白，将她置于"一个世界里的被告"[2] 的苦楚境地。母女关系演变为了法官／被告、审判者／被审判者的关系，这显然有悖于中国传统的家庭伦理。这种"变形"的关系折射着现代人的生活图景：在浸渍着不安和冷漠的情感结构下，误解成了现实，故乡成了异乡，亲人之间的"相认"成了一件极其困难的事情。

在亲情之外，魏微对于夫妻、朋友、伴侣、恋人等情感关系也进行着孜孜不倦的探寻。《姊妹》中的关系颇为奇特：

---

① 魏微：《家道》，《魏微十三篇》，北京十月文艺出版社 2018 年版，第296 页。

② ［法］罗杰·加洛蒂：《卡夫卡》（节选），叶廷芳编《论卡夫卡》，叶廷芳等译，中国社会科学出版社 1988 年版，第 377 页。

"姊妹"实为情敌，她们是三爷许昌盛的妻子黄三娘和"外室"温三娘。按理说，这样的关系应当陷入凶猛争斗直到一决分晓，但魏微却将她们的关系进行了迤逦、迂回、富有戏剧性的多重转折。她们先是按常理互为仇敌，恨对方入骨。随着因三爷的懦弱逃避而不断绵亘深入的关系发展，她们再也没有办法视对方仅为"敌人"，她们面对的情形复杂得多：各自抵挡亲戚的质疑诉病，各有与三爷生的若干子女，子女之间互为兄弟姐妹，有难时不免互相帮衬。这种帮衬在三爷在世时还磕磕绊绊，待三爷英年早逝后，她们之间曾经充满了仇恨、打斗、鄙视的关系竟然走向了和谐共融与互相惦念，一种真正的"姊妹"情谊。"两个冤家虽然一口一个许昌盛，其实许昌盛未尝不是真正的第三者，她们的相识才是宿命，她们的恨堪称深仇大恨，她们的同情相知如海深，可是她们又从不承认。""她们早就不分彼此，合二为一！她们简直是白头偕老。"① 在魏微笔墨细致的重重铺垫之下，这个喜剧性的结尾堪称水到渠成。这并非作者有意要书写反伦理和反道德故事，而是她无法拒绝这样一种充满想象力的叙事召唤：在最不可能产生亲密关系的关系中去探索情感再生的可能性。其结果是，在最现代的不伦关系的土壤里，开出了最古老的仁义的花朵。

　　许多年来，魏微就这样谨小慎微又乐此不疲地排列着各

---

① 魏微：《姊妹》，《魏微十三篇》，北京十月文艺出版社 2018 年版，第 260、259 页。

种情感关系，在不同的情感结构中揭橥着现代生活的幻影。这些情感实践不同程度地触及着、勾连着一代人在时代变迁中的精神历程。在《乔治和一本书》中，乔治必须借着用纯正英语阅读《生命中不能承受之轻》才能展开情感诱捕，这个可笑的情节正是对某个年代西化谬误的反讽。《情感一种》中的女大学生栀子为了留在上海而与报社副总潘先生有所交往，但她依然希望能与之展开正常的情感博弈。这种既想保全自尊和"爱情"、又想达到留沪目的、及至最后全盘皆输的过程正是城市情感的一种缩影。在《拐弯的夏天》中，以中国经济发展期为背景的情感较量达到了白热化程度。鉴于小晖初到北京的少年意气，加上夏明雪职业的危险性，以及夹杂着成长、道德、冒险等问题，他们之间情感关系的生成过程曲折而古怪。"弟弟"对"姐姐"的经历和职业充满疑问，不停地求证并陷入了道德的痛苦；"姐姐"则因珍爱"弟弟"的才华而更多地予以了人生的引导。这对"姐弟"关系覆盖了青春期的一切主题："她大我十六岁。她是我的姐妹，兄长，父母。我想说，她类似我的亲人。那两年里，她补了我人生最重要的一课。我缺什么，她补什么。父爱，母爱，手足之情……那两年，也是我人生最光彩夺目、惊心动魄的两年。"[1] 这段情感关系充满了怀疑、挑战、痛苦、迷惘、炽热，反复无常，暴虐凶险。

随着现代生活的发展和公共领域的扩张，社会关系从人

---

[1] 魏微：《拐弯的夏天》，春风文艺出版社 2003 年版，第 16 页。

们彼此互动的地域中脱离出来，安东尼·吉登斯称之为"脱域"。"陌生人"的世界逐渐成为社会的主体结构，这种体系建构起来的是"非个人化""空虚和非伦理"[①]的常规，这使得人们不得不从彼此信任和相互依赖的乡土中国"熟人"体系、"面对面的社群（Face to face group）"[②]中抽离出来，曾经可靠的亲密关系走向了疏离和断裂。在《今晚你能留下吗》（又名《暧昧》《蟑螂，你好吗》）中，都市男女的情感关系从兴致勃勃的猜测、思量、角力萎缩成了冷淡和无所谓。"这个人，他不爱我，我也不爱他，可是我们却在一起，想着跟爱相关的另外一些事情，却永远不是爱。"[③] 这种既暧昧又荒寒、近在咫尺却如隔渊海的状态正是现代生活的产物。它集亲热和排斥于一体，充满了矛盾的距离感，这在《从南京始发》中反复流露。女主人公陪着博士男友晓风奔赴各个城市找工作。他们年龄相当，清洁柔弱，十分般配，甚至对未来生活有过诸种设想。但残酷的实情是，女主人公真正的男友在美国，晓风在老家有妻儿。女主人公既想与晓风在一起，又警惕于他复杂的情感背景，同时还对自我的散淡游离深感无能为力。两个人的精神认同、情感胶着与心理距离相互交织，与小说中"南京—石家

---

① [英] 安东尼·吉登斯：《现代性的后果》，田禾译，译林出版社 2000 年版，第 18、105 页。

② 费孝通：《乡土中国　生育制度》，北京大学出版社 1998 年版，第 14 页。

③ 魏微：《今晚你能留下吗》，《佛山文艺》2000 年第 8 期。

庄—北京—天津"的城市空间变化一道，共同提供了一种充满魅惑、变幻不定的现代精神和气韵。

魏微以细笔和重笔描摹着情感带来的一切风浪波涛，不厌其烦地确认着亲人之间固若金汤的联结，抑或带着一定审美距离对都市情感进行理性的观察，这些，不仅仅是个体的叙事选择，其背后还凸显着"70后"与中国现代性发展紧密相连的生活与命运谱系。他们力图经由生命经验与时代嬗变之间千丝万缕关系的展现，建立起现代生活的复杂图景。在保留对于乡村故土的怀想和眷恋之时，他们并不排斥丰富多元的现代文明，同时又对"流动的现代性"所衍生的"无力感""无知感""不确定性"①深感忧虑。鲁敏的"都市暗疾"书写、黄咏梅对于"卑微者与游荡者"的关注、弋舟从精神痼疾层面勾勒的"刘晓东系列"、徐则臣着眼于北京当下现实的《王城如海》、路内书写以端木云为代表的一代文学青年在世纪之交心路历程的《雾行者》，都从不同层面展现了宏阔时代与他们擦身而过留下的痕迹和烙印，为回应一代人的来路去向等问题提供了生动的精神写照，也为后来者理解当代中国的生活史、情感史和精神史提供了丰富而感性的记录。

在近30年的创作生涯中，魏微对自我的要求颇高，她下笔严谨，用字考究，产量不多。她重视"创造性"，喜欢"新

---

① ［英］齐格蒙特·鲍曼：《流动的现代性》，欧阳景根译，中国人民大学出版社 2019 年版，第 12 页。

小说"甚于"好小说"①，孜孜寻求着新的叙事方式，这体现在《沿河村纪事》和《胡文青传》的叙事革新中。《沿河村纪事》兼容了知识反思、革命想象、现实思考和性别叙事等多个层面。乡村的经济生态在改革与保守之争的时代风潮下被假想的"革命"修改为了一场狂欢，参与者们（包括三位外来的知识者）则将革命话语内化为了青春的狂想。戏剧性、抒情性、政论性、笔记体、田野调查，处处涌现着魏微叙事创新的强烈意愿。《胡文青传》通过主人公的"前世今生"，从侧面、以隐笔写出了特定历史时期群众运动的风起云涌，写出了身处其中的人们的荒谬、疯癫、狂热、非理性，将关于个体行为的价值判断放在了特殊年代中予以辨认和丈量。这两篇小说突破了魏微以往的模式和风格，展露出了叙事的生动和辽阔。它们是魏微写作转型的重要节点，即将向内的经验型和情感型写作扩展为向外的、富有社会性和思想性的书写，有望支撑起一代人的大气象与大格局。这种转型的可能性迄今依然强烈地存在着，等待着她为现代生活和一代人的主体性建构增添别样的新鲜、厚重而丰饶的维度。

---

① 魏微：《关于小说的一些话》，《今晚你不留下陪我吗》，天津人民出版社 2000 年版，第 40 页。

第六章　盛可以：闪电在深渊里的舞蹈

　　盛可以从 2002 年开始创作，迄今已近 20 年。她并非经由探索和模仿进入写作，而是从早期的《干掉中午的声音》《快感》《TURN ON》《手术》开始，就确立了自己具有极高辨识度的叙事风格，这种风格在一众批评家不约而同甄选出来的富有侵略性和挑衅性的词汇中得以确立：凶猛、冷酷、凌厉、尖锐，毫不留情地挑去覆盖于生活之上的温情善好。事实上，这种如手术刀般迅疾锋利、一气呵成的"解剖"过程对于盛可以来说并非偶然。这个出生于湖南的乡村女子，经历了贫困、失学、打工、不幸、颠沛流离，当她将这些经验提取和抽象化为看待世界的方式而植入写作时，就决定了她要讲述的绝非同龄人那般平顺柔滑的经验。她像一道轻盈锐利的闪电，一旦与日常经验相逢，便毫不犹豫地劈开了那幸福优雅的表象，毫不留情地翻露出那残酷得发黑发苦、令人悚惧的真实，以"非理性的形态、非温和的方式展现人性的本来面目"[1]。她的小说由此

---

[1]　盛可以：《小说需要冒犯的力量》（外一篇），《当代文学研究资料与信息》2009 年第 1 期。

成为了解当代中国某种精神和情感状态的一种独特路径。

第一节　明亮的尖锐及其力度

盛可以的早期小说不遗余力地讲述着一个看似平常的主题：两性战争。这个主题在当代文学史中并不陌生，在张辛欣、张抗抗、张洁、王安忆、铁凝、迟子建笔下，它与中国当代的社会变迁、改革浪潮、文化思想密切相关，在社会学的感性表述中确证着女性尊严与情感的独立；在林白、陈染、海男笔下，它剥离了宏大叙事的多重盘绕，通过女性对身体性征的隐秘发掘与两性关系的非常态书写，构筑起了女性对世界、他者和自我的新的认知谱系。这为后来的女性写作者清除了外部的叙事干扰，提供了一个既简洁明了又深邃莫测的入口。正是这个走向成熟的写作结果，使得盛可以能够越过社会潮流对女性的想象与塑造，越过对身体和性如履薄冰的探索，直接抵达对女性在性别关系中极端自我、自由、自主的抉择的书写。需要说明的是，这种写作并非普遍性，更非主流性。她的表述和表达是独特的，那明亮的尖锐以强烈的辐射力和穿透力表明，到目前为止，还没有哪位作家像她那样，以如此结实凛冽的笔墨形塑了这场"战争"中的女性身心肖像，如此从容不迫地将女性之欲望、之生存、之丧失淬炼成一把利器，加速地冲击着、矫正着依然失衡的性别权利的比重。

这份锐利、这份坚决如骨骼般决定和支撑着盛可以的叙事格局。它的力量首先来自于作家对女性身体、欲望与情感流向的判断和书写姿态。她摆脱了男权中心社会价值观的掣肘，屏蔽了公共道德话语，她笔下的女主人公对身体的使用完全是基于自我意志而非受制于他人，完全是悦己、利己而非利他的。这种极具革命性的意味在盛可以的第一部长篇《北妹》（2004，原名《活下去》）中有着充沛体现。钱小红长着一双巨乳，她不惮于追逐身体的欢乐，但她并不像李思江那样指望用身体去换取都市里的生存资本，也无意于用身体作为控制男性和攫取婚姻的手段。她忠实地听从着自我的召唤，天然甚至是天真地释放着身体和巨乳的能量。在《缺乏经验的世界》里，年过30的女人对年轻男孩的渴念汹涌澎湃，她从意识里不断地长出欲望，伸出触角，如同捕猎般对男孩进行探寻和抚摸。《壁虎》里，贝九在秦聿和唐多之间的往返取决于她的喜恶。即便是一无所获的结局，也来自于她的个人意志。《取暖运动》里的巫小倩选择比她年轻的刘夜做情人，是因为长春的冬天太冷了，她需要"取暖工具"。天气暖和了，"工具"也用旧了，分手势在必然。同样是"工具论"，《成人之美》里的潘小将毛头小子比作"廉价胸罩"，将老男人比作"名牌乳罩"，不乏谐趣机智，但充满了对男性的蔑视性物化和矮化。

在关于婚姻的讲述中，盛可以也一反传统规范和秩序，将重心和选择权完全交付给女性，将之打造为以女性体验为主导的存在形态。《水乳》（2003）里的左依娜不满丈夫平头前进的市侩平庸，在婚后继续探寻情爱的可能性。她的闺蜜挺拔苏曼干脆弃绝了婚姻，享受着身体带来的广阔自由。在《无爱一身轻》（2005）里，朱妙、龙悦、古雪儿的婚恋观虽然各不相同，但她们对欲望的诠释无不来源于自我愉悦的宽度和敏度。盛可以将女性的身体置放于"唯物主义"场域，让她们源源不断地绽放出巨大的、生机勃勃的雌性物质。这种将"身体"还原至"身体"的本然形态是独属于盛氏的写作逻辑，它既有别于《一个人的战争》《私人生活》中女性在密闭空间里的生理学探索，也有别于《上海宝贝》在都市消费主义景观中的快感展览。

　　在当代女作家中，盛可以的特别之处在于，她的叙事姿态和走向都呈现出向"真实的暗处"无限下滑的趋势：相较于"信"，她更倾向于"疑"；相较于温情美好的表达，她更愿意探究黑暗酷烈的内里；相较于光明圆满的结局，她更是毫不迟疑、毫不手软地将人物与故事遏止于终极的孤独与残缺之中。她将女性命运的纤弱、伤痛、孤独、被侮辱与被损害表达得淋漓尽致。《淡黄柳》和《惜红衣》里的年轻女性为了生活和家人，愿意将身体作为筹码，但交换完毕的现实并没有让她们满足，反而使之进退维谷，举步维艰。《低飞的蝙蝠》里，想离婚的乡村中年妇人在城市男人那里没有找到归宿，却失了身，又伤了心，还没了脸面，"连低飞都感到困难"。女性与生俱来的特征决定了她们在遭受侮辱与败落时无力回击，只能用唯一拥有的身体与生命去抵抗。《青桔子》里，一无所有的桔子在家庭地位和生活资源的博弈中处于弱势，她以身体为武器扳回了败局，但这个胜利让人难以欣慰，它所携带的不伦气息和令人胆寒的一损俱损的无所畏惧，使得桔子成为"因为现实的逼迫而作出极端的事来"① 的乡村少女生存标本。在《归妹卦》中，这种"极端"则表现为被命运剥夺净尽之后、身心继续遭受羞辱的女性最终向着男性以命搏命的复仇故事。这是盛可以最为冰凉和坚硬的作品。她将父女／姐妹／夫妻关系置于男性欲望的无耻掠夺之下，所考证到的人性、亲情、家庭伦理的脆弱和不堪一击令人惊骇。

有力量的写作是这样一把能够掘开冰面、直抵深渊底部的"冰镐"。当盛可以举着这把"冰镐"直面她的女主人公时，她没有给她们留下关于幸福和未来的空间。她拒绝为女性开出圆融美满的方子，而是一再重复地赋予她们以相同的悲剧：丧失。丧失乳房，丧失子宫或生育能力，丧失爱人和爱情，丧失母亲和亲情，甚至丧失生命。在所有的"丧失"中，尤以"子宫"和"乳房"这两项女性性征的丧失最为普遍和典型，这表明在盛可以的叙事理念里，女性难以逃脱被切割和被废弃、终至被剥夺"妻性"和"母性"身份的困境。《北妹》中，李思江被已婚男人欺骗同居，怀孕被抛弃后，找到相爱的人，却被结扎；《时间少女》（2016）和《二姐在春天》里的女主人公不慎怀孕，被男方母亲带去流产，永远失去了做母亲的机会；《道德颂》（2016）中的旨邑一心想为水荆秋生个孩子以打败

---

① 盛可以、张昭兵：《想象生活的可能性》，《青春》2009 年第 6 期。

他的原配，流产之后再也不能生育。对女性生育的恐惧来自于作家曾经在计生医院的工作经验。她 2018 年发表的长篇小说《息壤》更是以"子宫"为母题，通过初氏家族几代女人的命运，书写女性特有的生育苦难，以期对抗"性别恐惧的幽灵"①。比起纯粹具备生育功能的"子宫"来说，"乳房"这一决定女性性感特征的器官的病变和丧失则蕴含着更多不堪与败局。《手术》里，唐晓南的乳房长了肿瘤，不得不做手术。她在失去部分左乳时，也失去了李喊和关于婚姻的想象。《白草地》里的多丽因为乳房割除而遭到性爱对象的嫌憎，她的病情恶化未必与此无关。从性征意义上说，左依娜的平胸和钱小红夸张变形如沙袋般的巨乳都是一种丧失。若干"丧失"的故事一再强调着盛可以关于女性命运的残酷判断：她们带着残缺的肉身，也必将独自面对残缺的情爱和人生。

　　在盛可以的作品中，有一部分以男性视角或第三人称讲述的故事。在男性形象及其品质的刻画上，这些作品与女性视角的讲述并无二致，毋宁说只是换了一个角度继续披露男性的自私和怯懦。《鱼刺》里，已婚中年男人张立新在陪领导吃饭时不小心卡到鱼刺，这根细小的鱼刺同时激活了他停滞不前的婚姻和婚外情，使他获得了双份的关怀，但隐秘的创伤和创伤带来的恐惧想象让他再也"硬不起来"了。这个故事或说事故

①　盛可以：《〈息壤〉：性别恐惧的幽灵紧附》，2018 年 9 月 29 日 "《收获》微信专稿"。《息壤》发表于《收获》2018 年第 5 期。

传递着作家对于男性在妻子与情人们之间左右逢源的猥琐状态的轻蔑嘲弄。她用饱含讽意的笔触描摹出了男性的"两难"：他们厌倦妻子又无法割舍，他们"爱"着年轻漂亮的情人又不想给她们婚姻。他们最大的愿望就是"中年丧妻"，但壮志难酬，空想无用，只好日复一日地游移挣扎。对于男性来说，"硬不起来"是最可怕的，但与盛可以的其他作品相比，这简直就是最敦厚的祝福。《白草地》里的外企 sale 武仲冬家有贤妻，外有情人，他暗暗的不安中满蓄着得意。直到乳房开始发育，他才知道妻子与情人早就知道彼此的存在，情人经常从妻子的淘宝店买精品 A 货送给他，而贤妻每天服侍他喝的盐水里放有雌激素。《致命隐情》里的农场场长赵建国在与情人幽会时，差点被现场抓奸。情急之下，他跳进猪粪坑躲过一劫，但饱受蚊虫叮咬，皮肤发痒溃烂，不治而亡。在《快感》里，通篇可见各种各样的刀：水果刀、西瓜刀、肉片刀、剁骨头的刀，功能和型号一应俱全。"只要你手中有刀，你就能有力地剖开血肉之躯和一切事物的表面。"最后，作者干脆借女主人公娜娜之手，将出轨成性的男人阉了。小说中反复描写的"刀"和关于"刀"的逻辑完满地履行了它们的叙事功能。

在这些作品中，盛可以的尖锐犀利是毋庸置疑的，她也毫不掩饰对情爱欲望的价值判断：爱情如生理周期，无非是一个"排毒"的过程；婚姻像"职业套装"，看起来体面却让人"紧张与疲惫"。至于男人，"可以分为脏东西和东西脏。东西脏比脏东西更干净些。"这种极端的决绝是盛可以写作姿态的核心。她就是要剔除在伦理修辞中被美化和膨胀的情感冗余，直接展示"真实的生活、生存状态以及人性中隐秘的角落"①。她笔下男无情／女有欲、男无信／女有心的"两性战争"模式，则不断地强化着她的叙事逻辑。相较而言，《沉重的肉身》简直就是一首纯真无邪的抒情诗和赞美诗。

第二节 慈念悲心与证悟修行

在盛可以的创作中，涉及的题材和风格并不单一，但或许是因为她对两性博弈的描写太过独特，对男性的态度太过鲜明，以至于她屡屡被提及和盛赞的作品多限于此，而少有人注意到她在尖锐滑翔的罅隙间悄然渗出的那一抹暖意，一缕悲心。"悲心"是禅意，也是佛语，它指的是当人修行到自他平等、自他无分别时，对他人所起的"慈悲与菩提心"②。能断除"我执"而悟得此道者，便能看见众生无论等级长幼，强健疾弱，都堕入了无穷无尽的苦厄。盛可以的"悲心"即在于此，这来自于她深刻的自省和领悟，也来自于漫长时光对于尖锐的磨削。2008 年，她在接受采访时，说自己对生活的态度发生了转变，以前认为应该"以恶制恶""绝不宽恕"，现在主张

---

① 续鸿明：《盛可以：素材是过去的，气韵却是现在的》，《中国文化报》2003 年 6 月 19 日。

② 宗萨蒋扬钦哲仁波切：《佛教的见地与修道》，马君美、杨忆祖、陈冠中译，新星出版社 2010 年版，第 147 页。

"宽恕一切""还心灵纯洁与净土，还灵魂平静与安宁"。① 当她经历岁月的打磨重新观照人世时，她看到了世间万象，也看到了万象归一。

人世间的复杂性在于，由于欲界生命在"满足又不满足中、有所能又有所不能中受着折磨和煎熬"②，被痛苦、欲望、嫉妒、绝望、仇恨、报复等非理性状态所裹挟，因此不但堕入了身的苦谛，更难以出离心的苦境。"身苦"是形形色色生命的共相。身体和器官的病残衰亡将人降到生物学底线，让人体验到残病带来的生理痛苦。盛可以对身苦之苦有着特殊的视角和观察，她写"变形"，写疾病，写死亡，将众生在生老病死中的挣扎展现得淋漓尽致。在《中间手》里，失业的男主人公突然长出了第三只手，它带给他异象和能量，但没能让他免除为求生存而将自己当成动物进行展览的悲剧。《心藏小恶》里，瘸子大卵泡暗恋曹寡妇，无意间听得英俊有权的哥哥与寡妇非议自己，他不动声色地借疯狂的牛角杀死了哥哥。《弥留之际》里的刘一心得了飞蚊症，这使他能够理直气壮地掴上司耳光，也使他失去了女友江晚霞。《兰溪河桥的一次事件》里的痴呆小花被继母哄进婚恋骗局。《香烛先生》通过低智商儿李九天的故事，将"加害—被害"的逻辑呈露得尤其令人恐惧与颤栗：李九天对死亡和丧事充满热情，着迷于棺材，被乡人一致

① 盛可以、马季：《灵与肉的痛感者》，《大家》2008 年第 1 期。
② 妙华法师：《对"苦谛"的真正体认是佛法认识论的基石》，"凤凰网·佛教·佛教观察家"。

认为是香烛先生的好苗子。妈妈生了健康可爱的弟弟之后，全家人都视他如无物。在一场喜丧中，李九天为了帮弟弟玩捉迷藏的游戏，把他藏进了棺材里。他到底是因为弱智还是因为嫉妒而这么做，不得而知。而正是这种在不断起伏的草蛇灰线之下摇晃的不确定性，将这一毁灭性的结果渲染得阴森可怖。

盛可以通过变形寓言、残病者讲述的障碍和苦难，在健康者和正常者那里同样存在。她将消弭差异的悲心延展到更为多样化的人和人生状态之中，不再囿于都市生活、两性战争，更多的是书写普通人、底层人在各自那一份平淡人生中同样领受着无穷尽的无常与意外。《一场春梦》里的女孩遭毒蛇咬而在体内埋下了死亡的不定时炸弹；在《上坟》里，少年男女首次经历性爱的狂热，也首次面对死亡的恐怖。《上坟》中少年的惨死和《喜盈门》中的喜丧，写出了所谓肉体之欢、血缘之亲都系于亡者生前的伦理与社会位置，它们随着死亡的到来而风化、变异。

当盛可以将悲心延展到更多样化的人生状态中时，她看到残病者固然绕不过生命的苦厄，健康者也避免不了无常与意外。内在的"心苦"带来精神上的不适与压抑，比"身苦"更具破坏性和毁灭性。《冬莎姑娘》里的女主人公因执着于某种寻找而被视为精神病，《捕鱼者说》里的父亲终生被失败和沮丧的情绪所缠绕，《乡村秀才》里一生潇洒的祖父却有无法抹除的心结，《尊严》和《苦枣树上的巢》里的乡村男女由于对"尊严"、对完满家庭的执念而陷入心的苦境。在《裂缝》《后遗症》《没有炊烟的村庄》和《途中有惊慌》里，作者运用意识流和寓言手法，为渲染主人公的心境而最大限度地发挥出了恍惚感与破碎感的叙事效果。在精神病患者或迫害狂想症恐慌的呓语里，在现实／寓言的梦魇幻象的交织里，掩映着一桩可能发生过的谋杀案，一个遥远的历史结点，一场未完成的不伦之恋。盛可以尝试着用多种叙事方式去探索人心和人性那无边的黑暗、无尽的狂澜。她反复描述人间的窠臼，一再确证着她的领悟：那么多元的生活状态，那么迥异的人生面相，无非都在证明"诸行无常，诸受皆苦"。小苦也好，大悲也罢，它们对人的磨损和刈割都是相似的。

她依然写两性关系，但不再写得硝烟四起、狼奔豕突，也不再对男性施以冷嘲热讽和贬低性评价。她将从前对准男性的那把刀"渐渐藏起"①，将那外露的锋芒化作了温和的体恤与柔软的叹息。她体恤的是，中年已婚男出轨并非出轨对象有多美，他们不过是奋力撕开一地鸡毛的寡淡，吸一口新鲜的空气。她叹息的是，他们即便如此狠命地挣扎、反抗，等待他们的终将是永恒的失败。他们用尽全力证明的只是这样一个毋庸讳言的真相：他们是情欲、生活和命运的受苦者。只要将之与写"两性战争"时期的《快感》《鱼刺》《白草地》《致命隐情》相比，便可看到作者在叙事态度上发生了巨大变化。这变化与其说是姿态和技巧，毋宁说是时间赋予的透彻与平和。在《春

---

① 吴萍:《渐渐藏起那把"刀"》,《文艺报》2012 年 11 月 16 日。

天与樱桃树所做的事情》中，盛可以将中年男人身体上不可告人的秘症与同样不可告人的情感蠢动构织成并列项，让它们互为反衬，互相消解。文化馆的阮村隐约感到自己与乡村女诗人许鹊可能会"出事"，但由于他的便秘，"春天与樱桃树所做的事情"成了"苟且未遂"。许鹊送给他的 CD *In My Secret Life* 也被他记成了《我的便秘生活》。作者用不乏黑色幽默和喜剧色彩的笔墨将一段她从前会写成你死我活的两性博弈钝化为了"春梦了无痕"的平淡。

在祛除了主观议论而显得格外寡净结实的《德懋堂》里，作者对非道德两性关系的描写再次重现了她的"悲心"。她不再对婚外情加以评议，也不再对已婚男冷嘲热讽，而是让女主人公独自承担着被毒打至毁容、三胞胎孩子死亡的残酷阴郁的命运而不对这命运置喙一词，同时也让男主人公经历了与妻儿几乎同时丧命的恐怖意外。当他们多年后重逢时，都已是千疮百孔，满目荒凉。"这个时候我们都很需要上帝"，并非信仰突起，而是面对无奈、无助、无解人世的解脱性说辞。不确定性将死亡皴染得亦真亦幻，飘忽迷离。这是盛可以将最具毁灭性的两性关系写得最为克制的小说。当她把自己从一种预设、一种偏颇中剥离出来时，她的简练反而成为了最丰沛的告白。

倘若说盛可以以慈念悲心来写众生苦谛蕴含着看待人世的方式发生变化的话，那么，《裂裳扣》和《佛肚》则以颇具佛教色彩的命名和设置，构建起了一个小型的叙事场域，确证着她对众生本性的转折性认知。这里面酝酿着、涌动着一种深刻的期许和领悟。她写庸常俗事的纠葛和磨蚀，写寻找救赎的艰难和圆满，意在将红尘男女、人间世相和盘托出，在满蕴苦意的人生里照见众生的生命共相。《袈裟扣》从题目到人物名字樊莲花、吴非相、李般若、张无量都带有宗教意味。作者将这些非世俗的符号代码嵌入了最为世俗的婚恋故事之中。樊莲花和吴非相在婚恋中充分领略了怨憎会苦、爱别离苦、求不得苦、五蕴炽盛苦，他们独自号啕，互相伤害，纠缠妒恨，在自我想象的恐惧和绝望的情感求证中苦苦挣扎。作家将红尘男女在俗世中的爱怨写得胶着痴缠，但并没忘记最后以全知全能视角予以启悟：一切的贪念、爱欲、嗔痴，不过是刹那幻觉，"如梦幻泡影，如露亦如电。"在盛可以看来，人陷入自造的心狱而不自知，还要将所爱者一同攮往那苦海般的心狱，是人的大悲哀、大悲剧。她需要一种自足性的阐释来解答她的终极困惑：人如何才能够找到救赎与解脱之道，并抵达生命的洁净与圆满。《佛肚》提供了一种答案。小说讲述一个被玷污的美丽姑娘意欲自尽，她听从老尼之语，来到岛国寻找佛肚泉。她虔信老尼说的只要泡上七七四十九次，身体和灵魂就会干净如新。岛国客栈名为"水居"，老板娘开明豁达，善解人意，她的丈夫及其前妻留下的哑巴儿子 KIM 白皙清俊，眉目安然。姑娘每天都去寻找佛肚泉，看过游客和风景种种，却不得而归。在寻找的过程中，她逐渐从焦灼和冰冷变得宁静，她的气质也逐渐接近"水居"。姑娘安葬病亡的老板娘之后，也埋葬了布满创伤裂痕的过去，留在了"水居"。她通过在岛国的全新选择找到了精神／肉体的双重依偎，完成了自我洁净和自我拯救，那就是她的"佛肚泉"。《佛肚》是盛可以确认生命可以通过自我证悟而脱胎换骨的起点，有着禅宗公案的明心见性。从认识苦谛到确证苦境，从展现苦境到拔除苦根，当她将"苦"之解脱法、出离法赋予欲界众生时，她自己也体验到了那份洁净与庄严。这个过程，本身就是一种修行。

这修行带来的是她对生死的豁然开悟。从前，她总是漫不经心地对待生命，动辄让男人死于非命，让女人流产堕胎。在《小生命》中，她关于"生"的认知发生了根本性转变。小说讲述姐姐未婚先孕，一家人陷入慌乱，与男方商谈未果。当姐姐拒绝与不负责任的小男友结婚、决定生下孩子时，"大姨哭。小姨笑。爸爸抓着姐姐的手"，"屋里气氛变得喜洋洋的。"这是作家第一次让一个"小生命"活着来到这个世界上。她以温暖代替了暴戾，以新生代替了丧失，相信世间还有欢欣，有慈悲。既然"生"是如此平凡自然，那么"死"当亦然。盛可以近年来写死亡，淡化了激烈残酷，走向了平静安然。《在告别式上》和《他去旅行了》分别描写年轻女性和老者的非正常死亡。两篇小说都采用了第三人称加转述的叙事方式，在某种程度上缓和了意外死亡带来的突兀感。在《在告别式上》中，小碗的同学们聚在一起，猜测她自杀的原因，慨叹岁月的流逝，感喟人世的沧桑，预习死亡的阴冷。虽然没有找到小碗自杀的谜底，但他们因为这一事件而展露出的真心、真性情，以及以此为契机掀去鲜花着锦的生活假象而返归旧日情怀的行

为，反而成为小说的叙事重心。在这里，"生"压倒了"死"，
"真"覆盖了"假"。盛可以通过叙事走向的变化，将一场死亡
悲剧演绎成了对生死爱恨等终极命题最为直接和鲜活的领悟。
在《他去旅行了》中，老教师陈扶摇虽然得了绝症，却能在病
房里看到枯燥中的乐趣，制造温暖、笑声和诗意，启发病友许
师傅豁达地面对疾病和死亡。在他出院后，许师傅处处模仿
他，最后绝症的迹象神奇地消失了，"老陈夫妇才是他的主治
医师"。他去看望陈扶摇，以谢恩人，"银发蓬松，温婉端庄，
脸上充满世事如风的恬淡"的陈妻告诉他，陈扶摇"旅行"去
了。用"旅行"委婉地指代死亡，将失亲悲剧化作了对生命大
限的诗性省悟。这里面暗含着作者对自我生命路径的梳理，呈
现出她逐渐强壮起来的心智肌理。

　　这些作品让我们认识了一个"新"的盛可以。很难想象
那个曾经对着人间、"自顾自把刀磨快，然后找准穴位，手起
刀落"① 的作家，已经被时光洗濯得温煦安详。她用慈念悲心
和证悟修行突破了从前那个倾心于劈砍解构的形象。在这一过
程中，不变的是她在呼啸着、狂卷着黑暗与苦涩的深渊里的勘
察。正如她更愿意"观察阴影"而非"欣赏阳光"②，她倾向于
将人生逆旅中的"暗物质"确认为比明亮、温暖、美好等"正
能量"更为恒久的存在，但又不失信念与执着。一方面，她展

---

① 李修文：《盛可以在她的时代里》，《南方文坛》2003 年第 5 期。
② 任志茜：《盛可以：我喜欢真多于美》，《中国出版传媒商报》2015 年
　4 月 17 日。

现了沉潜在个体生命中的苦谛创伤，一种铅坠般密度极高的烙嵌性力量；另一方面，她将知苦、离苦、去苦的能量种植于众生自性之中，以"佛法不离世法"的互证表明，在这场用磨难、损耗和坏灭堆叠而成的行程里，我们可能会历遍苦狱，但也能够自证菩提。

第三节　叙事空间与美学机遇

当盛可以以比大多数作家都更具实践性的姿态扎根于现实时，她在超常的敏感和强烈的书写冲动中捕捉到了这样一个事实：中国，从未像今天这样涵容着如此丰沛的叙事资源，它仅凭自身的内在发展就自动地演绎出了繁盛茂密的"故事"。这些故事的生发、转折、突变和结局都远远地超过了"超现实"和"魔幻现实"。面对如此错综复杂的现实世界，任何一个有写作"野心"的作家，都不难从中撷取到契合自身写作诉求的素材。这种阔大的写作前景和沸腾的书写欲望引领着盛可以走出狭小薄弱的个体经验，走向对"中国故事"的讲述。她要对当代中国正在变幻着的社会现实进行抽样提取和轮廓式的整体再现，在它那恢宏壮阔、变化万端的激流之下，建立起新的时代逻辑和人性幅度之间隐秘而繁复的联系。叙事的主题与模板由此得以塑形，富有弹性的叙事尝试与价值重构借此启动。

浩瀚的"中国故事"向着盛可以敞开了巨大的可能性。

她选取有别于以往的题材，拓展着叙事的界限和范畴。在2011 年的《墙》中，她以拆迁事件为叙事脉络，有意识地将人物的身份和功能进行了"错位"式的书写：顾卫星身为拆迁办人员，却对即将被拆的仿宋街充满了不舍，一再延宕动员拆迁的时间；郝美身为仿宋街的一员，却对故地毫无留恋，留学回国后成为新城的设计者。这种写法淡化了拆迁导致的复杂惨烈的社会／个体之间的博弈以及拆迁本身巨型利益分配带来的人性动荡，而在两种价值观、两种行为实践的抵牾之间彰显出戏剧化的叙事张力。顾卫星和郝美谁会胜利？如前者胜，则意味着"历史的倒退"；如后者胜，则有拂逆被拆迁重创的民意之嫌。作者最终给出了一个乌托邦式的结尾：仿宋街全部保留，部分改造，怀旧和创新得以完美中和。

《人面狮身》里的男同和《福地》里的代孕，表明盛可以在不断地试探"中国故事"的边界和深度：她应当选取哪些"点"，才能既与自己的写作妥帖融合，又能安全地引起反响。对她而言，写作的能量和技巧都应该为"新"题材服务，因为后者才能匹配她的叙事探索和美学冒险。《人面狮身》以作家熟稔的两性三角关系的讲述为主体：女主人公和鉴宝节目主持人骆驼从饭局到私聊，成了"似是而非的恋人"。在两人关系略微松弛时，她又与骆驼的发小汪大头交往甚密，似乎是一个顺理成章的三角关系。盛可以写这样的题材并不费力，关于爱情、婚姻、生育和男人的调侃信手拈来。其间镶嵌着拍卖表演、文房四宝、摇滚果儿、宋庄艺术、微醺的男作家等热门花絮。至于"男同"，只在两处通过转述隐约提及，并未构成重要的主题。《福地》写代孕，这一题材本身就带有一定的悚动性和关注度。作者通过痴呆代孕女孩"桃子"的讲述，逐层带出这一非法交易中的"灰色"地带和激烈冲突。代孕女性没有名字，而以草莓、苹果、桔子等水果名代之。她们因不同原因主动或被动地进入地下交易，但都在人身自由和"母亲"身份认同上饱受煎熬，与那个把她们当作"产品制造者"进行强制性管理的"牛总统"进行抗争。这两篇小说都采用了非正面强攻的方式，减弱了敏感题材带来的烈度和陡峭度。就作家向"新"、向"异"的叙事诉求与其并不熟悉的题材之间的裂隙而言，这不失为一种机智有效的缝合。

这些小型而安全的试探促使盛可以进入更为广阔的叙事领域。她将笔墨浸渍于某些被遮蔽、被扭曲的"暗影"，将中国当代史作为整体而纳入写作框架。长篇小说《野蛮生长》（2015）通过李家兄弟姐妹及其后代走向城市、居留城市的坎坷不易，展现出了20世纪80年代以来中国社会的巨幅变迁：大哥李顺秋在"严打"时被判刑，嫂子为送女儿出国留学拼命赚钱而患癌，二哥李夏至在80年代末的北京变成了一盒骨灰，姐姐李春天为了生育东躲西逃，姐夫卖烤串时因与城管冲突失手杀人被判死刑，侄女刘一花及其朋友六子去了广州，六子在收容所被打死，她对男友提出分手惨遭杀害分尸，刘一草在高考结束后被男同学轮奸而跳楼……在《野蛮生长》中，除了讲述者"我"（李小寒）之外，这个家族全军覆没，非死即病或疯，每一个卑微生命的消亡过程都镌刻着时代的创伤。以"我"为中心建构的《今报》事件甚至可视为一种实录：李小寒在《今报》做记者，因六子在收容所被打死，她深入收容所进行报道。新闻见报后，报社被"一锅端"。盛可以几乎纪实性地记录了这一著名的、承载着南方媒体帝国骄傲与光芒的历史事件，就连喻书中的名字也结实地容纳着她的考量。这是一场越过时光之垒的漫长凝视与致敬。

毫无疑问，"中国故事"和"中国经验"应当涵括当代中国已经发生、正在发生的事情，但一个众所周知的事实是，"当代"不易为"史"，"当代性"写作充满争议，因为若干未经沉淀、公议和宣判的事件如黑色蒺藜扎在历史幕布上，远观会无视，近观则容易被刺伤。"当代性"本身具有的现实感、无距离感和尚未终结等特征使其呈现成为一个叙事难题，对书写主体也提出了超出写作技巧的诚实、勇气与力量等品性要求："身处这个时代，能感悟到这个时代的真实状况或者说'真谛'的，就是对当代保持批判性的警觉，所谓同时代性，就是与时代的疏离感和批判性。"① "中国经验"本身所蕴藏的丰富性可能是思想表述难以匹敌的。因此，如何以"虚构"呈现"实有"，以"表征"指涉"真相"，其写作难度可想而知。

盛可以尝试用寓言指涉当代生活，为"中国故事"提供

① 陈晓明：《论文学的"当代性"》，《中国现代文学研究丛刊》2017年第6期。

记忆的证言、历史的坐标。在《算盘大师张春池》中，作为几近绝迹的古老算盘艺术的表演者，张春池的孤独和绝境毋庸置疑，而她在算盘协会里作为权谋牺牲品的遭遇则指向更为错综复杂的现实。《算盘大师张春池》可谓微型的僭越性尝试，用留有余量的诠释空间来过渡重要内容，这与《死亡赋格》（2013）的处理如出一辙。《死亡赋格》是一部"追求自由却走向禁锢、始于反叛而终于统治的悖论式寓言"①。用文体概念来界定的话，它和玛格丽特·阿特伍德的《使女的故事》一样，都是用发生过的细节指向未来的"悬测小说"（Speculative Fiction）②。在《死亡赋格》中，在面向过去与历史的缅想中，作者收集历史的余烬和证词，尽力浇铸着饱含指喻的意象。大洮国、首都北屏、圆形广场的所指并不隐晦，"宝塔事件"引发的游行风暴和思想分野也同样明确。至于知识分子源梦六在痛失爱侣杞子之后弃文从医、陷入性乱的故事，则影射着当代中国因某些断裂带来的信仰缺位和人文危机。而他误入的天鹅谷并非桃花源，所爱慕的卓越人种更非天赋异禀。在"完美"的表象下，有着如扎米亚京《我们》用群体伦理修剪个人言说的野蛮过程，如奥威尔《一九八四》里"老大哥"全方位掌控的铁幕统治，如赫胥黎《美丽新世界》里卫生高效的生殖配位流水线——总而言之，这是一个由强权、欺骗、奴役、暴力和

① 盛可以：《从一条卑微的河流说起》，《文艺报》2012 年 11 月 16 日。
② ［加］玛格丽特·阿特伍德：《使女的故事》，陈小慰译，译林出版社 2008 年版，"译序"第 4 页。

谋杀构成的可怕世界。残酷的现实震惊了源梦六，而他揭开的天鹅谷主人的谜底则彻底颠覆了他追忆中的美好。那个将天鹅谷送上集权暴力轨道的"精神领袖阿莲裘"就是当年舍命追逐理想的杞子。这种撕裂性的悖离将历史构造为一个巨型反讽，一个自我否定和自我抹除的悲剧。

在对"中国故事"的讲述中，盛可以无疑是走得很快、看得很远的那一个。她的决绝和勇气是其写作的根基，在此之上，她不断探索和创新的叙事方式则强化着讲述的力量，至少在她的种种试探里，某种"真实"的布景已清晰可辨。但是，美学的风险依然存在，题材的限度如影随形。她此前擅长的书写经验在新的叙事领域遭遇到了障碍，她必须以某种舍弃为代价，以换取合理化和圆熟化的效果：风格平淡的《墙》有如走钢丝般地平衡，如果说这是无奈之举的话，那么，《野蛮生长》和《死亡赋格》则显示出"虚构／非虚构"未能成功融合的生涩。《野蛮生长》将历史一目了然地打开，诸多讲述基本是事件的原样呈现，一些具有文学性的节点如爷爷李辛亥的故事由于无法与"当代史"接榫而无疾而终。《死亡赋格》作为寓言，却没有履行精神载力的寓言功能。书中人物都是以对政治理念的议论展开对话，所以，谁在说、说什么并不重要，因为它们都是作者在"说"。这种直白的议论极大地伤害了小说的质地，将之僵化为了"关于大泱国与理想国的政治手册"。天鹅谷的主人是杞子这个结尾固然带来了惊异，但缺乏逻辑上的说服力。就连题目也因与保罗·策兰的诗有意同名而自动生长出了明确的指向，意义的复杂性被写作主体迫不及待汹涌而来的议论所削薄。这种理念化风格和美学空间的压缩在《锦灰》中更为突出。

这些裂缝和生硬给小说留下了遗憾，也提醒我们关注一个更具普遍性的问题：中国作家如何讲好中国故事？是出于"汉学心态"[①] 和"走向世界"的目的而致力于提供"材料餐盘"，还是对"中国故事"进行深加工，使之成为再现中国当代生活、当代人精神问题的意义生产场域？这两个问题之间的关系也可以理解为如何将"现实意义上的中国经验"转化为"文学意义上的中国经验"，只有完成了后者，才能把日常经验艺术化为当代中国人的"精神影像"和"文化记忆"[②]，才能矫正和修改海外读者对中国文学的意识形态 / 热点事件的猎奇心理。[③] 当然，这是一个漫长艰辛的过程，而这，不仅仅是盛可

---

① 张晓峰：《中国当代作家的"汉学心态"》，《文艺争鸣》2012 年第 8 期。

② 张清华：《"中国经验"的道德悲剧与文学宿命》，《当代作家评论》 2012 年第 4 期。

③ 海外译介和读者目前对中国文学的诉求更多是借此了解中国当下现状而非其文学性、艺术性。吴锦华和何墨桐对中国当代文学在荷兰的译介传播情况进行过调查，对荷兰读者来说，莫言、苏童、余华的作品是"反映社会万花筒的小说"，更像是"专门提供信息的书（informative books）"。2011 年，苏童和棉棉应邀成为阿姆斯特丹的驻市作家，读者的提问大多是"为什么不在书中反映近些年的某些敏感事件"，"为什么不在小说里对热门事件发言"等等。调查者指出，"荷兰读者对荷兰小说家并无要求，却对中国小说家分外苛责，

以的问题，也是中国当代作家亟须解决的问题。

　　从对"两性战争"的书写到"慈念悲心"的展现再到"中国故事"的讲述，盛可以一直以蓬勃的姿态在深渊里舞蹈，犹如从尖锐炫目的金蛇狂舞到宁静柔软的云门之舞再到磅礴恢宏的大河之舞。她在不同的节奏和姿态里确证着如下信念：一个执着于"真"的写作者能够驱逐畸形粉饰的"美"①，不断地突破自我的界限与桎梏，将深渊里的黑暗、匮乏与荒凉裸露出来。她以独具个性的书写不断对叙事"盲区"进行试探和掘进，这种实践本身就包含着决绝和力量。

仿佛中国作家天生的使命便是反映社会问题，拯救社会。"吴锦华、何墨桐：《微缓不绝的异样"文火"》，张清华编《他者眼光与海外视角》，北京大学出版社 2015 年版，第 30 页。目前，一些研究者对莫言、苏童等海外译本的细读也证明了翻译的故意"不准确"源于民族中心主义和意识形态作祟。

① 任志茜：《盛可以：我喜欢真多于美》，《中国出版传媒商报》2015 年 4 月 17 日。

第七章　鲁敏：一个作家的"变形记"

在"70后"作家里，鲁敏的经历颇为特别。她在成为作家之前，曾经在邮局工作过 14 年，做过营业员、劳资员、支书、外宣干事、秘书。工作之余，她参加了南京师范大学的自考，结婚生子。然而，平静并未持续很久。1998 年某个"平淡而致命的黄昏"，她从 30 层写字楼的办公室向外俯瞰，看到了小贩、警察、公务员、失恋者各色人等匆忙前行，平静的外表下紧锁着深沉的秘密。那一刹那，她被一个想法击中了："我迫切地想要贴近他们的心肠，感知他们的哀戚与慈悲。"这需要合情合理的工具，就像"一台高倍的、夸张的乃至有些变形和癫狂的望远镜与取景器"，会给她带来"无限刺探的自由、疯狂冒险的权利"。① 从那以后，邮政人员鲁敏走向了成为作家鲁敏的漫长道路。

这一走，便走出了一个丰盛、辽阔、成熟的写作现场。迄今为止，鲁敏出版了《戒指》《博情书》《百恼汇》《此情无

---

① 　鲁敏：《回忆的深渊》，昆仑出版社 2013 年版，第 4—5 页。

法投递》《六人晚餐》《奔月》等 8 部长篇小说，发表了《纸醉》《思无邪》《暗疾》《取景器》《死迷藏》《火烧云》等中短篇小说，获得了鲁迅文学奖等重要奖项，可谓"70后"的挑大梁者。她的细腻敏感以及不断自觉变换叙事主题和方式的写作，已经得到了认可，并被赋予了新鲜而强烈的期待。

第一节　乡村乌托邦与时代伦理的变迁

在"东坝系列"之前，鲁敏已经发表了不少作品，包括长篇，但少有人关注。直到她以故乡江苏东台为原型、集中笔墨塑造了"东坝"的迷人形象，她才开始跻身于当代重要作家的行列。如同魏微的"微湖闸"、徐则臣的"花街"、阿乙的"红乌镇""清盆乡"、曹寇的"塘村"，"东坝"也成为独属于鲁敏的文学地理图。她以丰饶、葳蕤、氤氲着前现代文明乡愁的笔调建构起了"东坝"的形象。它是"日月有情、人情敦厚之所"，是"中国传统文人田园梦想中最悠然最惆怅的那一部分"，一个"纸上的乌托邦"。①

鲁敏通过对东坝人与事的描写，讲述着东坝的"变"与"不变"。乡土中国的古老伦理与现代性进程介入乡村后产生的裂变相互交织，构成了后新时期的乡土中国景观。"乡村爱情"

---

① 鲁敏：《十二年，这是一条写满寂寞的路》，《华商晨报》2010 年 11 月 10 日。

和"乡村女性"依然是她书写的对象，但即便是在"走出去"这类典型的女性成长故事里，她所呈现的也不再局限于男权／父权／夫权对于女性的压迫，而是错综复杂的自我成长、时代选择、故园想象以及它们之间的互相渗透，互为镜像。《纸醉》讲述伊老师的两个儿子大元和小元与哑女开音从小一起长大。大元喜欢给开音吹笛子，小元喜欢给开音讲故事。开音根据人物和情节剪纸，"小元一边讲，开音一边在纸上乱画，有时抬起眼来看。讲故事与听故事的，两对眼睛都湿漉漉的了，跟那个尾生似的，快要被水淹没了。"鲁敏用"笛子""剪纸"和"讲故事"三个元素将他们的关系巧妙地联结起来又区分开来。"笛子"所代表的宁静悠远的乡土情怀与"讲故事"带来的曲折繁复的吸引力显然无法相提并论，而"讲故事"与"剪纸"之间互动的亲密性、有效性又远远超过了它与"笛子"之间的静态关系，由此暗示出了三个人关系的性质与走向。

《纸醉》是向《边城》致敬的作品，在结构、人物关系和情节设置上有相似之处，但又有所不同。大元、小元和开音不是白塔下边城里的天保、傩送和翠翠，新的社会和时代境况注定了他们将作出不同的选择。大元离家打工，小元考上了北大，开音的剪纸被评为非物质文化遗产，她决定离开东坝去北京。"这开音啊，命里注定，她不是大元的，不是小元的，甚或也不是东坝的，她从生下来，就是个没声音的人儿，是个纸人儿，仙人儿，要飘走的人儿。"乡村爱情的未完成状态不再是由于命运的偶然，而来自于女主人公有意识的人生抉择。这个坚实的主体性超越了乡村的限制，也超越了性别的二元对立。

在乡土社会中，人们之间的来往和走动依凭的是"熟人社会"积淀下来的信任，是维持千年文化传统的礼治和人情。成长于乡村的鲁敏显然认同这一点。同时，她也注意到乡间生活并非铁板一块，不乏滑出乡村伦理与道德范畴的"意外"，也不乏悲喜之间的曲折转圜。《思无邪》讲述37岁的痴呆女兰小不慎中风，年老的父母无力照顾她，在伊老师的指点下，他们请哑巴来宝做兰小的护工。乡人只在白天看到来宝将兰小照顾得无微不至，却无人看到在夜晚17岁的来宝在兰小身上完成了性启蒙。这事往大了说是违法犯罪，可以把来宝送进监狱。但鲁敏要探讨的是，面对这个"非法"的局面，东坝人如何处理来宝，又如何对待兰小的怀孕？伊老师亲自出面为来宝提亲，兰小的父母接受了婚约。乡人同情兰小与来宝，对他们的婚姻予以祝福。不过，兰小没有和来宝结婚，她大出血而死，"喜剧"转为了"悲剧"。鲁敏将兰小的受难、来宝的认命、乡人的叹息写得安静极了，将没有了兰小的东坝定格在亘古不变的平和里：

> 鱼，田螺，泥鳅，鸭子，芦苇和竹，洗澡的水牛。小孩子扔下去的石子。冬天里的枯树，河里白白的冰块儿。我跟您说过的，这水塘什么都不缺，就像一个人的

五官，那样恰当而端正地长着。①

　　这个牧歌般的景致是鲁敏从悲伤深处递出来的一个善解人意的安慰，它化解了读者的伤与憾，也为乡村乌托邦拼上了一块纯美的风景。这样的转折在《燕子笺》中也可看到。东坝小学的束校长一直为学校的厕所而烦恼，师生们只能借用附近杜老头家的厕所，不知生出多少矛盾。学校有六分荒地，伊老师建议束校长种上农作物，以换得的钱修厕所。油菜花成了毕业照的美丽背景，也招来了教育部门的过问。由于操作违规，束校长不得不停止了种植，但在请张干事吃饭时，他们也间接领会到了一个喜气洋洋的消息：某大企业为全乡教育提供了一笔资金，厕所问题有望得到解决，皆大欢喜。《逝者的恩泽》讲述东坝人陈寅冬外出修铁路，被枕木砸中身亡，妻子红嫂和女儿青青获得了一笔不菲的抚恤金。陈寅冬打工时同居的古丽带着儿子达吾提来到东坝。尽管小说呈现的边疆（外）——东坝（内）的空间关系与带来性别觉醒的"外来者"故事的位置变迁相符合②，古丽作为"未婚母亲""边疆女人"的多重身份也可为性别书写带来多层次命题，但鲁敏的叙事重心并不在此。她要展现的是东坝人的善意温情。古丽与陈玉才互生好

① 鲁敏：《思无邪》，鲁敏《回忆的深渊》，昆仑出版社2013年版，第253页。
② 参见王宇《另类现代性：时间、空间与性别的深度关联——中国现当代文学中的"外来者故事"模式》，《学术月刊》2009年第3期。

感，得知青青也爱上陈之后，她主动退出并费心安排他们的约会。达吾提的眼睛出了问题，红嫂的乳房也出现了可疑肿块。红嫂决定放弃自己的治疗，用抚恤金为达吾提治病，给青青置份"好嫁妆"。"一夫二女"的紧张对峙关系所承载的世俗戏剧和女性"解放"的故事，被睿智地化解为了一个善的伦理，一个深情古老的召唤。

时代变迁不仅给中国乡村带来了人际关系和生活方式的变化，也改变了千年来顺应自然规律形成的农业种植时令，这是根子上的改变和扭曲。《颠倒的时光》讲述木丹和凤子种植大棚西瓜。他们辛苦劳累，一反西瓜夏季成熟的规律，在开春时就收获满满。木丹凤子有了不错的经济收入，但木丹却无法快乐，也没吃季节"颠倒"的漂亮西瓜，反而是家门口无人看管的丑瓜让他找回了小时候的味道："这瓜，是接了地气的，是笑过春风的，是受过露水的，是听过惊雷的，吃到嘴里，跟吃到春夏四时的滋味似的……"在自然种植／大棚栽培、应时而为／逆时而动、天人合一／天人分离等二元对比下，鲁敏唤醒了久被遗忘的在大自然怀抱里孕育成熟的农业文明，使人对消逝的乡土往昔充满了眷恋和不舍。

如果说在这些作品中，鲁敏是以善意的理解、深切的关注、诗意的笔墨展现乡村乌托邦之美的话，那么，在《风月剪》中，一种幽深而痛楚的观察则让人领悟到，"美"的消失是多么令人叹惋。东坝裁缝宋师傅是一个同性恋，做得一手裁剪好活，收了一个文雅徒弟小桐。异于常人的性取向让他拒绝了东坝最美的英姿，令英姿伤心地另走他乡。乡人对此议论纷纷，谣言沸沸扬扬。在传承稳定的乡村社会和人伦结构里，"繁衍"是家族和族群的头等大事。同性恋由于彻底断绝了这一乡村伦理，是不可能被乡人接受的。鲁敏并没有批判同性恋，也不对乡人的行为进行价值判断，她的大部分笔墨停留在宋师傅精湛的手艺以及对女性身体之美的描述上，更在意"美"是如何被摧残、被毁灭的。小说里的情节起伏、戏剧冲突、细部描摹因多元化的叙事层次而复杂起来，在伤感语调的映衬下，反复考辨着中国乡村实用而庸常的道德准则。

　　我倾向于将《离歌》作为"东坝系列"的末章。不独因为彭老人是了无遗憾地寿终正寝，且在生前就妥当地委托三爷将他喜爱之物随身下葬，更因为小说从头到尾都弥漫着安详宁静的气息，温润地熨平了世间的生死爱恨。在鲁敏看来，人的生命如同乡村的自然万物，来时自来不必喜，去时自去不必悲。"秋天非常慢地来了，小河里开始铺起一层枯叶枯枝，还有掉下来的野浆果子，三爷有时划船经过，捞一些上来，已被小鸟啄得满是小洞，洗洗咬开一吃，酸得真甜。"在送别彭老人之后，三爷在河边坐着，"等了好久，然后才上船，划得极慢——船，好像比平常略沉一些，却又分外飘逸。"这种懂得享受现世之好与迎接死亡到来的安然，敞现着洞悉生命本质的平静。正因如此，"离歌"比"牧歌""挽歌""哀歌"都要来得深刻而永恒。

　　面对已然逝去的美好时光和洁净家园，鲁敏和许多人一样，抱以无限的怀念和追忆，那片沉默寡言的土地上有"小谎言，小伤感，小爱情"，还有"小小而珍贵的'善'"。① 鲁敏的独特性在于，她所写之人、所述之事已然越出了传统乡土叙事的范畴。在她笔下，不但有农业、农事、农民，还有乡村教师、校长、会计、裁缝、医生等处于城镇化进程中的"非农业"角色，如在诸篇小说中出现过的伊老师就承担着"教师""军师""讼师""会计""媒人"等功能。"我的乡土是八九十年代的，它是正在城市化边缘的乡村，复苏而躁动的，胆怯又茫然的。"② 这种特别的叙事范畴一方面来自于"70后"成长的社会转型期的背景，另一方面也来自于鲁敏的家庭背景（母亲和不少亲戚是乡村教师）。这些由乡而城的人物谱系，与东坝的田垄、瓜棚、灌浆的玉米、饱满的豆粒一道，共同塑造了富有江南地域的美学风格，也为乡土中国增添了重要的文学经验。

第二节　匮乏、暗疾与孤独

"70后"与莫言、贾平凹、路遥、阎连科、迟子建等前代作家一样，都是乡村的"土生子"，但他们之间最大的区别是，"乡村"只是"70后"写作生涯的起点和最初的审美对象，当

---

① 鲁敏：《我是东坝的孩子》，《文艺报》2007 年 11 月 15 日。

② 鲁敏：《我是东坝的孩子》，《文艺报》2007 年 11 月 15 日。

他们移居城市之后，写作方向也随之发生了变化。在"东坝系列"获得不少奖项之时，鲁敏开始为写作经验的圆熟而不安起来。她决意转向陌生、艰涩、未知的叙事地带，"近乎病态地渴求迎面的枝条与暴雨、某些紧张与慌乱。"① 新的叙事"冒险"表现为：在空间上，从"东坝"挪移到了南京等大中城市；在主题上，从乡人乡事迁移到了具有现代性特质的深层思考，比如暗疾，比如死亡与匮乏。

鲁敏的文学世界充满了凛冽的灰调，笔下的人物非死即伤，非残即病。《碎镜》里的"我"没有母亲，《当我们谈起星座》里的大林自杀了，《镜中姐妹》里的小双自杀了，《六人晚餐》里的丁成功自杀了，《此情无法投递》中的陆丹青在严打期间因流氓罪被判死刑。在《未卜》中，大嫂二嫂因病死了，这使大哥二哥有了相同的鳏夫身份，也使人们开始担心老三未来妻子的命运。《死迷藏》写的是老雷下毒杀害了儿子，但这个家庭悲剧背后的原因却让人无法为这个父亲定罪。鲁敏笔下的死亡事件如此之密，以至于有评论家专门就这一主题进行了研究。②

在鲁敏的小说中，"父亲"之死所占分量最重。鲁敏从小跟随母亲在乡村生活，父亲在南京工作，只在春节回老家。他因为"生活腐化"问题被劳教过两次，令妻女倍感羞耻。1989

① 鲁敏：《我以虚妄为业》，河南文艺出版社 2014 年版，第 154 页。
② 岳雯：《未知死，焉知生——鲁敏小说论》，《南方文坛》2017 年第 4 期。

年，父亲因病去世。16岁的少年鲁敏甚至还来不及懂得伤心，只记得随父亲烧掉的诸多文化小物和那件肥厚好烧的羽绒衣①，它们随同父亲留在乡间的传说、荣光、耻辱、落魄共同成为鲁敏记忆中暗黑尖锐的蒺藜。如《墙上的父亲》中所说，"我们的字典里就从来没有父亲，父亲是一辈子的生字。"

死亡本是人生常态，也是生命的自然进程，它"无处不在、不可避免、不可抗拒"，是"必不可少"的丧失。② 只有当一个人以现代主体的姿态、清醒而理性地直面这种"丧失"时，它才能够褪去陈旧创面而成为建构新的生命形态的材料。对于鲁敏来说，真实不幸的丧失成为叙事之源，她在虚构中塑造父亲，想象父亲，与父亲再度相遇，将他的"缺席"转变为了永恒的"在场"。失父创痛由此得到了些许的慰藉和释放，有论者称之为"自我修复式写作"③。在《白围脖》《墙上的父亲》《六人晚餐》《惹尘埃》等小说中，均可觅见"鲁敏之痛"④的来处、印痕与去向。这一系列以家庭生活为题材的作品都涉及"丧父"：父亲因意外或生病而亡，留下孤儿寡母独自应对艰难时世。

如果用一个词来概括这种丧失的后果，那就是"匮乏"：

---

① 鲁敏：《以父之名》，《人民文学》2010年第3期。
② [美]朱迪丝·维尔斯特：《必要的丧失》，张家卉等译，北京大学出版社1988年版，"导言"第2页。
③ 翟业军：《鲁敏：自我修复式作家》，《人民日报》2013年7月23日。
④ 梁鸿：《鲁敏之痛》，《扬子江评论》2015年第5期。

经济的匮乏、情感的匮乏、精神的匮乏、家庭完整性的匮乏、个体生命体验的匮乏。在经济匮乏这个主题上，《墙上的父亲》写得最为细致、沉痛、可怖。母女三人住在 19 平方米的小单间里，与邻居共用污水横流的公共厨房和臭不可闻的公用厕所。母亲想尽办法在节省开支的情况下保证女儿的营养。好不容易吃一回排骨，母女三人像做贼一样欢快而羞赧，拉下窗帘手齿并用，动用刀、钳、锤子敲骨吸髓；母亲做好了粉丝，妹妹不小心碰倒了盘子，粉丝倒了一地，妹妹赶紧趴到公共厨房油腻的地上舔食，邻居被这骇异的一幕吓得偷偷溜走……所有这一切无不诉说着、刻印着她们的苦熬苦挣。经济的残缺尚在其次，可怕的是由此带来的母女三人在精神、情感上的极度不安全感。母亲像冬日仓鼠一样总是在忙碌地节余和储存，姐姐欲以婚姻为跳板将一家人从无边苦海中打捞出来，妹妹则对食物充满了变态的热爱。

如果说《墙上的父亲》主要是对经济匮乏进行细部呈现的话，那么，《白围脖》则通过女主人公忆宁寡淡无聊的婚姻和出轨，写出了失父的孩子如何原封不动地重复了父亲的错误，生命的轮回原来早就暗中埋下了伏笔。鲁敏在小说里嵌入了不少父亲的真实往事，将真实的经验进行审美转化，将特殊年代里惊世骇俗的风化事件与当下都市"丰富多彩"的情感生活进行比照，从而让我们看到：在从前，"不道德"的父亲拥有真挚热烈的爱情；而现在，看似完美的丈夫和情人都丧失了对于爱的理解。当忆宁最终领悟到"这是人类的共同退化"

时，她朝着虚空掉下了眼泪，喊出了从未告诉父亲的话："爸爸，我想你。"

与"丧失""匮乏"同样有着不完整、不健全特质的是关于"暗疾"的书写。鲁敏可能是第一个将"暗疾"作为关键词和核心主题来书写的当代作家。作为偏离正常轨道又无时不潜伏在体内的存在，疾病总是能够强烈地激发起人们的担忧、害怕、恐惧和绝望等情绪，因此多被艺术家当作探察"人"的工具或是重要的叙事"引爆点"。当艺术家将自己的疾病经验用艺术介体表达出来时，就已经"超越了主观经验，并使之客体化"①。"疾病"在中外文学作品中都有经典呈现。在"70后"笔下，疾病叙事是他们面对和承担精神压力时的生理与心理反馈，是他们在历史与政治真空中发出的微弱吁求。盛可以笔下的女性多患有妇科病和不育症，张楚笔下的女孩有再生障碍性贫血，弋舟的刘晓东系列以抑郁症为主打，阿乙的人物患有分泌性疾病，东紫的人物有恋物癖和精神性幻想症。

鲁敏有一篇小说的题目就叫作《暗疾》。梅家人都患有或显或隐的"疾病"。梅小梅的父亲患有"呕吐症"，"有事情正在发生、有事情需要决定、有事情容易出错"就会呕吐，"呕吐"成为常态；母亲有记账癖，不但记自己的，还要记小梅和父亲的，她的心情如何与账本是否"平了"密切相关；姨婆长

---

① ［联邦德国］维拉·波兰特：《文学与疾病——比较文学研究的一个方面》，方维贵译，《文艺研究》1986 年第 1 期。

期患有便秘症，一谈到大便问题就津津有味，兴头十足。小梅的几个相亲对象都被姨婆热心聊大便吓跑了。梅小梅的病更为隐晦，她在报社做夜间校对，生活毫无乐趣。她患上了"退货强迫症"，喜欢去高档商场买东西，很快又原封不动地退掉。最后，梅家所有人都满意地通过了小梅的相亲对象"黑桃九"。他温和贤良，彬彬有礼，对一家人提出的古怪问题神色如常对答如流，堪称完美。然而，在婚礼上，他的"暗疾"也发作了。他用燃着的烟头把粉红色气球一一烧破，咬牙道："我恨所有的一切……所有的人，整个世界……"这无来由而广布一切的恨意和"暗疾"，比梅家人要严重得多。

《暗疾》由此成为包含着鲁敏重要母题的作品，这个词也成为独属于她的标签。"N种狂人、病人、孤家寡人、心智失序之人、头破血流之人、心灰意冷之人，进入了我的小说。我毫不回避甚至细致入微于他们的可怜可憎与可叹，而他们的病态每增加一分，我对他们的感情便浓烈一分。"①人之所以会患上"暗疾"，多是心理原因造成的。在《墙上的父亲》中，王薇患上了嗜吃症和偷窃症。《六人晚餐》中的晓白和王薇一样失去了父亲，同样患有嗜吃症。他们对于食物的贪婪都来自于强烈的不安全感，心理医生是这样给王薇姐姐解释的："她为何那么喜欢吃？人在胃液分泌过程中，会形成微弱的自我麻痹，近乎忘忧，这成了你妹妹感知家庭安全感与满足感的重要

① 鲁敏：《我以虚妄为业》，河南文艺出版社2014年版，第149页。

通道。"鲁敏笔下的"隐疾"林林总总，别开生面：《白天不懂夜的黑》中的失眠症，《字纸》中的收集癖，《惹尘埃》中的不信任症，《百恼汇》中的偷窥症，《不食》中的怪口味，《死迷藏》里的偏执狂，《在地图上》里的地图痴迷症，《铁血信鸽》里的养生癖。在《有梦乃肥》中，甜晓患有多梦症，头日做梦次日竟然部分或全部实现。这个"特异功能"几经反转，从招人嫌到为她带来各种福祉，使她成了众人仰慕的"梦婆"。但没想到喜欢的男人竟然怀疑她的恋爱是依据梦的指示。那么，到底是生活依梦而为呢，还是为了需要去编织梦境、再向众人传播假梦呢？这真是一个难缠难解的悖论。而那些听到假梦的人，比听到真梦还要醍醐灌顶……

在鲁敏的作品中，还有相当多篇幅写的是具体的生理疾病：心脏病、癌症、中风、阳痿、阿尔茨海默症等。这些生理疾病和"隐疾"一样，与主人公的性格、命运构成了相互赋形、彼此指喻的关系。《碎镜》中，优雅高傲的郝音患有说不清楚原因的小毛病：呕吐、眩晕、胃痛、抽筋、流鼻血、发低烧。这些突如其来的小病可能来自于她的感性身体对于理智生活的"暴动"。在《逝者的恩泽》中，红嫂患有乳腺癌，这是因为丈夫忽略了她的身体，她也同样冷落自己的身体。《取景器》里的男主人公得了绝症，虽然小说没有直接提到原因，但在他临终前的回忆中，与情人甜蜜激昂的回忆交织在一起的是与妻子之间乏味寡淡的生活。摄影师情人／家庭主妇妻子，精神／世俗，欢娱／厌倦，种种对立导致了他的压抑，压抑又导致了疾病，这在《青丝》中的校长、《白围脖》中的父亲身上都有所体现。由于感情不如意，他们长期生活在苦闷之中，又囿于身份和所受教育，无法任性妄为，自我压抑之下便生了绝症。这也印证了苏珊·桑塔格的疾病考察："依据有关癌症的神话，通常是对情感的持续不断的压抑才导致了癌症。"[①] 人因压抑而患病，疾病又反之成为病人新的"牢笼"："疾病削弱病人，限制他，使他失去活动能力，减少他和周围世界正常的交往，使他日暮途穷而不得不依靠他人。疾病导致病人产生软弱、畏葸、厌恶、异化和悲世的情绪，导致精神和肉体的衰败并把病人隔绝在一个无望的世界里。"[②] 这也可以解释为什么我们对于"病人"敬而远之，他们的病原体不会传染，但他们的情绪却带着比病菌还要强烈的侵入感，将周遭的世界都染变为了病态。

有研究者统计过，在鲁敏从 2001 年到 2012 年的小说中，共出现了 88 位病人、约 100 多种疾病[③]，这个数字是相当惊人的。在随笔集《我以虚妄为业》中，鲁敏专门列出了一节"疾病解说者"，从心理学和社会学的角度解说了"静脉曲张""肩

---

① ［美］苏珊·桑塔格：《疾病的隐喻》，程巍译，上海译文出版社 2003年版，第 21 页。

② ［联邦德国］维拉·波兰特：《文学与疾病——比较文学研究的一个方面》，方维贵译，《文艺研究》1986 年第 1 期。

③ 朱昱熹：《论鲁敏小说中的疾病叙事》，南京大学硕士研究生毕业论文，2014 年。

周炎""偏头痛""眩晕症""肺结核"。① 鲁敏将"疾病"作为理解"人性"的重要途径；同时，当她向着"病体"举刀时，她最终将这刀刃对准了自己："我病得同样地久、同样地深。"②推而广之，这些"病人"，又何尝不是你和我呢？

在鲁敏的作品中，有一个尚未被广泛关注和论述的主题：都市生活的孤独、疏离、空虚、无聊，它们同样是一种匮乏、一种隐疾。都市是由"陌生人"构成的世界，随着中国经济的迅速发展和流动人口呈几何式的迁徙增长，"变化""不稳定"成为当代生活的特征。鲁敏通过表面热闹喧哗实则冷漠隔膜的状态，道出了都市生活的孤独本质。所谓孤独，就是一个人从万物皆有关联的世界中抽身而去，仿佛切断了与周遭所有的联系。在《致邮差的情书》里，M 代表都市白领，喜欢网络购物。罗林生活在底层，为了衣食老小而奔波，不同阶层的生活完全不同，但都同样孤独。《企鹅》里的快递员"快快快"在城市里风驰电掣，渴望着温暖和爱情。"快快快"成功地约到了前台小姐，想让她快乐起来，没想到她来赴约的原因是出于对"快快快"的同情。两个人都在泥淖之中，却因隔膜、误会而将自己的优越感置于他人之上。一旦真相敞开，谁又能说谁比谁更幸福、谁比谁更可怜呢？在《写生》里，丁旦参加老汪组织的紫色慈善之夜，拍卖掉了自己的四节诗歌课，购买者是一个

① 鲁敏：《我以虚妄为业》，河南文艺出版社 2014 年版，第 244—265 页。

② 鲁敏：《我以虚妄为业》，河南文艺出版社 2014 年版，第 149 页。

"钱祖宗"艾丽丝。她还拍下了一个女画家来给自己画裸体画。每个人都按照商业规则认真行使责任，偶有生理需求而在一起，但他们之间的距离比太平洋还要遥远。就连艾丽丝渴望丁旦对她的裸体画像来一个拥抱这么简单的要求也成了一种奢望。

相比起陌生人之间的隔离，亲人、情侣、闺蜜之间的隔离更让人感到凄凉。《或有故事曾经发生》通过记者的视角，探寻未婚女孩米米烧自杀的真相。米米的父母离异，父亲与女友秦老师同住在郊区，米米就在那儿自杀了，留下纸条说与任何人无关。小说以惊悚开头为叙事起点，通过对谜底的探索一展都市人的精神图景。按理说，米米之死最伤心的应该是她的父母、男友和闺蜜。记者在调查中却发现，没有一个人知道米米自杀的原因。合伙开美甲店一起做微商的闺蜜初音对她的自杀无动于衷，男友志华完全不知道也不关心她的状态。米米母亲对这个悲痛事件采取了自我封闭和麻痹状态，依然维持着养生健身的生活习惯。米米父亲正在考虑将"凶宅"低价出售，他的一席话着实让记者"我"感到寒心和震惊。

> "我跟米米是没啥话讲的。"看看我，修正了一下，"我跟她妈也没有话说。跟秦老师也一样。我啊，跟所有的女人都没什么共同语言。"[1]

---

[1] 鲁敏：《或有故事曾经发生》，鲁敏《梦境收割者》，中信出版集团2021年版，第85页。

米米亲人朋友的冷酷来自于孤独和隔离。在这个信息汹涌的时代，人们习惯了在"线上"一呼百应，"线下"的每个人都孤独极了。玩百词斩的杨保安是孤独的，玩 cosplay 的初音是孤独的，修理手机的志华是孤独的，去清凉门唱歌的母亲是孤独的。那个与米米住同一小区、每天定点坐在固定位置了度残生的老头也是孤独的。他不无自得地点评着米米及和她同住的人，其实表述得颠三倒四，一看即知长久没有跟人交流过。记者的追索探查、寻根问底像是一个残酷的解构过程，不但没有查到米米自杀的原因，就连她的生活、她长什么样都越来越模糊，以至于让我们感到，对于米米来说，活在这样一个冰冷无情的人间，真不如自杀。

在《当我们谈起星座》中，一群风水大师功成名就，其中有一个社交家大林，为人热心，擅长处理烦琐事务，穿针引线促成了不少体面热闹的聚会。有一天，大林突然自杀了，大家才想起来对他一无所知。一个"成功"的女主播颇为伤感，问大家是否知道关于自己的信息，结果当然是一样的。

"你们就只知道我的星座，我也只知道你们的星座！我们彼此之间，跟与大林之间，有什么两样！"女主播竟然哽咽了："可是，真该死，我偏想不起大林的来了，你们谁记得的？要详细一点的，月亮和太阳的都要，我来查一查他跳楼那天的星座运势……"

不知谁叹口气，用干巴巴的声音安慰她："看看，你还真以为星座算个什么呢。"①

当代人的窘境和困境一望即知。人们平时勾肩搭背，称兄道弟，以"社交礼貌"之名互不探究底细，实则是对彼此完全没有兴趣。还有比这亲密接触之下的一无所知更加荒谬的吗？还有比死亡之后连亡故消息也不知该送达何人更加凄凉的吗？

有人在"孤独"中领悟生命的秘密，有人则在"孤独"中无聊地活着。"无聊"这个主题在存在主义者那里有着充分的哲学阐述。克尔凯郭尔认为"无聊"是个体生存于世的绝望的心理投影，叔本华将之当作欲望满足之后的结果，它又促成了新一轮的欲望行动。海德格尔将"无聊"分为三类："被某事物搞得无聊""在某事物中感到无聊"和"深度的无聊"，三种无聊的共同点是主体感受到的无意义、无价值。②"无聊"指代着意义的缺失及其带来的不良情绪，而这种情绪正在广泛地弥漫着。在中国当代文学中，"无聊"被赋予了时代的虚无主义特色和日常生活的灰暗色调，比如 20 世纪 90 年代朱文笔下的小丁，他生活在一个经历了希望与绝望、谎言与欺骗而后开始麻木的时代，在重复性度日中对一切失去了兴趣："如果说，每个有特色的时代都会向人提出一些重大的精神问题，我想你一定会同意，在今天的生活中，'无聊'正是这样的一

---

① 鲁敏：《当我们谈起星座》，《江南》2013 年第 4 期。

② ［德］海德格尔：《形而上学的基本概念》，赵卫国译，商务印书馆 2017 年版，第 117、159、198 页。

个非常重大的精神问题。"① 这个论断放在今天同样成立。可以说，我们在当下感受到的无聊正是小丁情绪的延续。

在鲁敏的小说中，"无聊"因浓重的荒诞性而具有了后现代主义意味。在《西天寺》中，符马一家去墓园探望爷爷。一路上，奶奶、妈妈、小姑妈、大姑父各有各的心思。吃过饭后，符马看离上班还有点时间，便约了相熟的女孩一起去快捷酒店。然而，给我们留下深刻印象的并非他们的约会，而是将符马紧紧围捆住包裹住的无聊情绪："现在这个世界什么好东西都没有了，只剩下无聊，无聊得遮天蔽日，透不过气来。""为什么每一桩事情，或迟或早，殊途同归，都会感到无聊，这无聊，大得像天一样。"符马是中国的"局外人"默尔索，他比大多数人都敏感而深刻地感受到了无聊。不同的是，他不可能像默尔索那样发起有悖于伦理的反抗。当代生活的深度悖论在于：主体试图通过种种身体活动来反抗无聊，但反抗本身也被证明是无聊的。于是，无聊感更深了。

更多时候，鲁敏笔下的孤独和无聊并不像《西天寺》那样携带着存在主义的思考，但它们却像啮痕一样无处不在，难以抹除。《黑暗中的情侣》全由对话组成，女人想拉开窗帘在月光里睡觉，男人却一心只想睡过去以积攒体力应付次日的工作。两个人的本意在言辞的较量中完全错位，南辕北辙。《在

---

① 王晓明：《在"无聊"的逼视下——从朱文笔下的小丁说起》，王晓明主编《在新意识形态的笼罩下：90 年代的文化和文学分析》，江苏人民出版社 2000 年版，第 205 页。

四十七楼喝酒》中，无论是离婚后时尚的 NONO，还是标准的贤妻良母晓玫，抑或别有用心追求 NONO 的尼克和托马斯，都陷落于各自的心狱。"他们因为孤独而聚会，并在聚会之后又收获更多的孤独。人们就一直是这样，也将永远这样。"四十七楼的悬空感就是都市孤独的标配。《隐居图》里，舒宁和孟楼大学时是一对恋人，曾经狂热追求过浪漫。多年后，舒宁已是"成功人士"，孟楼成为众人眼中的"失败者"。有意味的是，无论是理想主义还是现实主义，他们与伴侣、家人甚至旧日恋人在一起时都感受到了冰冷坚硬的孤独与隔阂。

至此，鲁敏对都市人进行了冷峻的扫描。既然生活是如此孤独无聊，那为什么活着，活着还有意义吗？鲁敏有一些作品写到了脱离世俗而追慕"高处"的人生状态，或许能回答这些疑难。在《谢伯茂之死》中，陈亦新给自己虚构了一个好朋友"谢伯茂"，他给谢伯茂写信，地址是自己喜爱的路名：百猫坊、秦状元巷、邀笛步、扫花馆。这些充满南方古典气息的地名在生活中早已死去，无人能收到的信件安抚着他无意义的生活。《伴宴》里，民乐团团长仲熙不得不接下伴宴的活儿，但对于不愿伴宴的琵琶名家宋琛别有一份宽容。这份宽容里含有暗暗的期待，希望宋琛能以技艺和坚守保留民乐的尊严。在小说最后，从宋琛说的"古器乐的材质，总取于天地自然"，仲熙想到"这些古器，从来就是这么自在的，高于庙堂，或低在陋巷，都在它本身无关，正所谓近者自近，远者当远"，则是那一份宽容、期待、念想的悠远升华。

生而为人，不但有匮乏、暗疾，还有种种说不出去不掉的细小的煎熬、孤独、荒芜、痛苦。作家对此完全了然，她早就在《博情书》中说过，"人活着，本来便是一场漫长的牢役"，"孤独与隔绝，才是婚姻面具后的永恒真相。"在《墙上的父亲》里，王蔷在出嫁前对妹妹暗自道出："你并不孤独，因为人人都孤独。"孤独是常态化的存在，这是鲁敏对当代生活的洞彻。像宋琛那样将精神放置在"高处"，或者将"高处"的精神当作理想去追随，这，或许是鲁敏为我们开出的都市孤独症的一副"解毒剂"吧。

第三节　身份／身体：抵达生命认知的路径

身份和身体书写是鲁敏近期的创作重点，两者皆与主体的生命认知相关。"身份"是主体的社会形式，指的是"与另一个人或团体，或和一个理念，和建立在这个基础之上的自然的圈子共同具有或共享的"资源。① "身体"是主体与生俱来的物质形式，是对世界产生感知的介质，"在日常生活的互动中，身体的实际嵌入是维持连贯的自我认同感的基本途径。"②

---

① ［英］斯图亚特·霍尔：《导言：是谁需要"身份"?》，斯图亚特·霍尔、保罗·盖伊编著《文化身份问题研究》，庞璃译，河南大学出版社 2010 年版，第 3 页。
② ［英］安东尼·吉登斯：《现代性与自我认同》，赵旭东、方文、王铭铭译，三联书店 1998 年版，第 111 页。

　　鲁敏将身份／身体书写推进到了一个新的层面。在她的小说里，人物不断地变换和寻找新的身份，以期找到另一个"自我"，这种看似不现实的做法反而夯实了他们摇晃不定的现实感，促使他们重新理解和确认生活的边界。在《小流放》中，穆先生找到了一叠前租客留下的名片，其中有一张"盱眙十三香龙虾南京销售代理范志贵"。他对这个身份很感兴趣，于是给自己印了名片，扮演起了"范志贵"。这种跨越身份、阶层、行业的做法具有极大的陌生感和异质化，缓解了穆先生的枯燥生活。《大宴》中，大家口口相传的容哥据说可以解决人生所有难题。为了请容哥吃饭，人们打破了头。容哥最后果然没有来，而且据可靠消息说容哥不是"哥"而是"姐"。想象和错位的黑老大身份掌控着人们的喜怒哀乐，而这更像是心造的幻影。《球与枪》是一个典型的关于身份问题的文本。小说设置了两个长相一样的男子穆良和 AB，将他们的职业、性格、生活进行了对比：穆良喜欢安静，呆坐办公室，从事无聊的工作；AB 喜欢动荡，居行无常，身手矫健地违法犯罪。他们仿佛一个完整人格的两面。穆良借助 AB 的视角看到了自己的生活，这使他自愿顶替 AB 去认罪坐牢，因为"反正随便待在哪里，与坐办公室，去菜场，或待在妻子身边，并没有多大的差异"。AB 就是穆良的另一个自我。"这世界上不止我一个"的真切感受强化了穆良与世界的黏合度。这种设置类似于基耶斯洛夫斯基的电影《两生花》：两位分别出生于波兰与法国的少女薇罗尼卡从未相见，却深切地感受着遥远的另一个自我。

两位薇罗尼卡的相互感知与寻找构成了怀疑／确信、追求／放弃、现实／理想等一体两面的生命镜像。

长篇小说《奔月》(2017)是鲁敏探讨身份和身体问题最典型的作品。小说讲述小六如何借着一场车祸将自己从"南京人"成功地变成了"乌鹊人"。在南京，小六循规蹈矩，是贺西南眼中胆小文静的妻子，是公司有前途的培养对象。随着小六在车祸中的"失踪"，她在南京的"真实"面目一点点浮现出来：在张灯的陈述里，她是一个床上好手；在"闺蜜"绿茵的讲述里，她好社交、好喝酒，得心应手地周旋于男人中间。在乌鹊，小六由于身份问题，不得不依赖于偶然结识的林子，打散工，住在出租屋里，生活漂浮不定。小说通过小六在南京和乌鹊两个地方的生活，探讨都市人企图逃逸日常轨道、对自我进行重塑的愿望。林子帮小六在乌鹊拿到了合法身份，这个身份确定之时就是小六抽身离开之时。乌鹊的确定性、庸常性与南京又有何区别呢？可当她回到南京时，恰好目睹深爱她的丈夫正在向她的"闺蜜"求婚。她再次面临是恢复还是改变身份、是否消失的两难困境。

在《奔月》中，小六有一套自成体系的"薄被子理论"。家里的被子掉落，被邻居收好，她去取时发现被子在邻居家跟在她家无甚区别。推而广之，邻居家的丈夫和妻子与自己家和别人家的也无甚区别。这套理论在《在四十七楼喝酒》《无边无际的游泳池》等文本中也时常冒出来，可以感觉到鲁敏对这套理论的普适性充满了信心。此外，小说还提供了两个关于

"失踪"的互文本：小六的父亲、乌鹊房东家的孩子，他们都无缘无故地消失了。这为小六的身体/身份变化的合理性提供了证据。通过小六的虚/实、有/无、在/不在，缺席/再现，鲁敏一方面试图回答都市人关于自我和身份的困惑与好奇，另一方面，她要探讨一个更具永恒性和终极意义的命题。如果我们知道生命终将是一场虚无，那么"我"的边界和范畴在哪儿，存在的意义是什么？这可以解释她为什么要从"诗意""精神"返回到对"身体"的书写："很年轻的时候，我对构成一个人的几个方面，曾有个一本正经的排序，降序：精神、智性、天赋、情感、肉体。那时候肉体是用来垫底的，觉得肉体是可以受苦的、可控制和可践踏的。"但人到中年，目睹许多所谓精神层面的事物遭到挫败纷纷落逃，"最终恰恰是肉体，以一种野蛮到近乎天真的姿态，笔直地撞向红线，拿下最终的赛局。"① 由此，她认识到了"肉体"的重要性，不惜亲自上阵"为荷尔蒙背书"②。

身体书写在 20 世纪文学史中脉络延绵，从 30 年代的海派小说，到 90 年代陈染、林白的私人写作，到卫慧、棉棉的身体写作，再到 21 世纪底层文学中的农家女形象，每个阶段都因社会、经济和文化语境的差异而有不同的特色。鲁敏以"身体"为中介，记录着当代人的生活。"我们的身体有各种各样

① 刘雅麒、鲁敏：《生而为人，必有暗疾》，《北京青年报》2017 年 1 月16 日。
② 鲁敏：《为荷尔蒙背书》，《名作欣赏》2017 年第 5 期。

的感受，它的记忆，它的遭遇，它的压抑的历史和辉煌的历史都值得记取。"① 有的身体关系通往柏拉图之爱，如《枕边辞》，一场身体相贴的纯洁经历成为男主人公一生的心结。有的身体关系重新定义现代人的交往方式，如《绕着仙人掌跳舞》。有的身体关系记录着都市情感的疏离，如《幼齿摇落》，女主人公拒绝的不仅是相亲男方的乳牙，还有这桩不咸不淡、不温不火的感情。有的身体接触通向新生，如《荷尔蒙夜谈》，雕塑家何东城竟然在飞机上的不轨事件中重新获得了艺术感受力。就像他自己所说，当脆弱渺小的个体感到自己正在与无垠进行对接时，唯有肉体幸福的眩晕和颤栗才匹配得上这样的"震惊"。有的身体关系则通向谋杀和犯罪，如《徐记鸭往事》和《三人二足》，小说中的男女肉搏已然退却了情欲色彩，而转化为一场场恶意相伤相杀，绽露着当事者的黑暗心渊。

鲁敏一改以前的题材，专心致志地写起了"身份""身体""肉体"，一部分人视之为"低俗"。在我看来，这种书写里恰好包含着鲁敏对于生命的感知。她越来越深切地认识到，是身体而非其他东西支撑着我们从年轻到年老，从生到死。身体的变化是一切变化的"原点"。在《无边无际的游泳池》中，以泳池为背景烘托出的身体差别何其之大。童年和青春的身体甜美白嫩如人参果，老了却极度败坏衰朽，连老头和老太太都难

---

① 鲁敏、郜元宝、黄德海：《〈荷尔蒙夜谈〉：在理智与情感之外》，《文学报》2017 年 3 月 30 日。

以分别，也难怪人们势利的生理反馈往往亲狎于前者而力避后者。而主导这一切的正是时间："时间，真跟这泳池里的水一样，在它里头，男人女人、小孩老人，都只是一根浮木而已。"时间的伟力可以对身体进行"退化"式区分，也足以消灭身体的巨大差异，直至身体本身。

　　对这个主题的领悟为鲁敏带来了简洁有力而充满禅意的书写，这就是《火烧云》。小说中的男主人公原为高校副教授，后突然放弃一切，上山当起了居士，所寓之处名为云门。伴随着身份转换的，是他在生活方式和身体受难两个层面的互喻。他的生活清淡克制，身体却时发隐疾。一个女人非要来云门隐居，她饱受男人和生育之苦，但她诉说往事时并不在意，对同居的男人和孩子也了无牵挂。居士不堪忍受女人沉醉于往事的絮叨和对世俗之物的眷恋，先是镇日打坐抄经，后来下山还俗。小说最后，女人死于云门的一场火灾。鲁敏通过对比式的写法，在简短篇幅里密度极高地置入了她对身份、身体、性别、生死问题的思考：居士和女人，一个有意隐居，一个无心逃避；一个身有隐疾微恙而不堪其苦，一个饱受身心之苦而毫不在意；一个身体尚在却心无挂碍，一个身体消亡而留下了无数孽债。在丰沛细节的对照中，作家不动声色地呈露出了人生的虚妄、虚无、幻灭。说到底，人生于世，只有身体诚实地记载着时光流经的形状。辨认出了一个人的身体变化，也就辨认出了他的生命本相。我以为，这是鲁敏身份/身体书写的价值和意义。

迄今为止，鲁敏所涉及的领域可谓迥然有别，乡村的温情、城市的孤独、个体的生命探索，都在她笔下自成体系。就她目前的写作状况而言，身份 / 身体书写似乎也已经走向成熟了，那么，她有可能会很快进入下一个阶段的"变形"———个动态的正在进行时的过程。想到鲁敏的勤奋、韧性、才华，我们有理由充分相信，这个过程还将出现令人惊讶的更新与嬗变。

第八章 黄咏梅：走向形而上的旅程

从 2002 年发表第一篇小说《路过春天》开始，黄咏梅的创作生涯迄今已近 20 年了。这些年来，她从岭南到江南，从报社编辑到专业作家，身份和地域的转换为她带来了新的叙事特征和格局。她的笔触从市井世俗转向了更为内在和深层的历史、时间、存在、生命、死亡等论题。那个在琐屑的世俗、物欲、念想中纠葛的南国作家，蜕变成了一个具有普泛性视野和情怀的作家，一个能够从容而散淡地处理终极命题的作家，这让她的叙事质地饱满和复杂起来。

第一节 从日常生活到历史叙事

当我们说到"日常生活"时，我们感觉到那里传递出来的精神指向似乎是颓靡的，向下的。思想很难超越，遑论精神的自由翱翔。海德格尔将这种状态称为"沉沦"："在闲言、好奇和两可等特性中，绽露出日常存在的一种基本方式，即沉沦。"① 阿格妮丝·赫勒认为，从个体生存的角度看，日常生活提供了人之生存所必需的熟悉感、安全感和"在家"的感觉，提供了自在的价值与意义世界；但因其具有凝固性、散漫性和自在性，所以又有抑制个性发展和创造力的倾向。② 对于个体生命而言，日常生活是一个充满悖论和张力的"场"，同时它又是孕育小说的温床。如果不是由于文艺复兴时期"人权"对"神权"的胜利，不是由于人在俗世生活中初尝快乐和幸福，薄伽丘《十日谈》中的十个年轻人也不可能将日常故事讲述得那么生动活泼，并依靠人间故事躲过了瘟疫。在《小说的兴起》中，瓦特明确指出，小说在18世纪英国兴盛的主要原因之一就是经济和社会发展造成的世俗化，这使得广大中产阶级有了大量闲暇时间，充满想象力和展现他人生活的小说无疑是最好的消磨方式。③

在黄咏梅笔下，我看到了一种根植于尘世又迥然不同的精神，它以某种日常生活的形态或物象为"纽结"，构成了对于俗世伦理规范的疏离、反叛，甚至是决裂。她在书写日常生活时与其保持着相当大的距离：对繁闹的事物敬而远之，在名

---

① [德] 海德格尔：《存在与时间》，陈嘉映、王庆节译，三联书店 2006年版，第 203—204 页。

② [匈] 阿格妮丝·赫勒：《日常生活》，衣俊卿译，重庆出版社 1990年版，第 3 页。

③ [美] 伊恩·P. 瓦特：《小说的兴起》，高原、董红钧译，三联书店 1992 年版，第 33—43 页。

利场外恬静地旁观，惊奇地张望世界的一举一动，她无须与外在诱惑和内心私念搏斗便能安然写作。这使得她的气质一直保持着早年的真挚与美好，也使得她的小说呈现出两个世界：一个是形而下的俗世江湖，一个是形而上的精神超越，两者之间形成了巨大的美学张力。

对于作家来说，如何将日常生活转化为小说的物质"外壳"，既依赖于它又不拘囿于它，是一个需要不断打磨技艺和寻找平衡的过程。黄咏梅曾在广州生活了十余年，在这座只有"叙事"没有"抒情"的城市里，她的感受是充沛的。她曾这样描述："广州是一个消费的城市，一个物质化、欲望化的城市，她很平和、理性、务实，同时扫荡人的梦想和内心的诗意，让人安居乐业，变得实在。"虽然这不利于"诗歌"的生长，但这位曾经的少女诗人反而更加清晰地认识到了"广州"之于小说的"摇篮"意义："现实的广州与小说的广州，相互重叠，相互剥离。"[1] 两个"广州"让她的生活和写作进入了双重的丰富。[2] 加上曾在报社工作，这个集聚社会诸形态的"小世界"更是强化了她叙事的俗世意味。

在黄咏梅的早期小说中，一幅幅充满岭南风情的生活图景活色生香：《多宝路的风》中的多宝路和天河公园，《非典型爱情》中的石牌，《勾肩搭背》中的白马服装市场，《草暖》中

---

① 黄咏梅：《广州不是一个适合诗意生长的地方》，《南方都市报》2002年11月8日。

② 黄咏梅：《精神出走》，《作品》2009年第1期。

的草暖公园,《把梦想喂肥》中的冼村等等。从表层看,地名只是生活空间的标签,实质上却蕴涵着丰富的生存伦理和文化价值。构成岭南风情图的重要元素还有骑楼、煲汤、饮茶、粤语等日常生活细节,黄咏梅以饱满的审美感受描绘那些平凡的事物和细节,使它们从惯常认识的束缚中解脱出来,唤醒了强烈的怀旧情感。如对骑楼的描写:

> 这些有近百年历史的老房,有着高高的两条腿,粤方言称为"骑楼",据说从前,在这里,遇到下雨,都不用打伞,那些高高密密的骑楼,一直可以挡着人过街穿巷。这也是父母嘴里的 60、70 年代的好光景。骑楼上的大木门,是用木栓的,门上还雕龙画凤,里头大堂可以让路人看进去,那些年头,睡觉都不用关门,"穿堂风"很凉爽地吹着迷糊了的人,大人小孩安安乐乐。①

骑楼其实是岭南性情的象征:安全、实用、保守、含蓄,这是广州人的生活哲学。黄咏梅喜欢南方以南这样丰饶的俗世温暖,并在此基础上领略生活的哲学,体察心灵的乐音。某种程度上,这独具特色的岭南风情是孕育她普遍善意的根源。

在早期创作中,黄咏梅喜欢在日常生活中游弋,通过细节打开人性的丰富与驳杂。在《一本正经》《勾肩搭背》《关键

----

① 黄咏梅:《骑楼》,《收获》2003 年第 4 期。

词》《白月光》等作品中，我们可以轻易地辨认出人在日常之中的欲望及其与他者、自我之间的参差错落。她松弛包容地注视着笔下不断涌现的人，他们或试图冲破生活的罗网，或在其中挣扎前行，均是勘察人性的最好标本。《路过春天》中的小纤虽然在现实和爱情中屡屡受挫，靠卖八卦文字为生，只能做所爱之人的地下情人，但她依然坚持着对诗歌的守卫和梦想。《负一层》中阿甘的现实生活极其乏味，每天在地下室里管理泊车，因为慢半拍，她总是不记得帮总经理拉开车门。因为慢半拍，她的爱情和婚姻都迟迟未到，然而她也有自己的小小乐趣。她在寂静的负一层能听到车们的交谈声。在老妈的烧鹅铺，她能够畅通无阻地将烧鹅油想象成可以挂上天的问号。她不小心将汽水溅进了装有老爸骨灰的罐子，将罐子放在微波炉里叮着，她发现了一个秘密——老爸会香。《把梦想喂肥》中，"我妈"通过与政府的谈判组成三轮车队，被称为"大家姐"，这个组织里的每个成员都有残疾。"我妈"不甘心待在梅花州开小矮车，一个偶然的机会她拉了一个穿金戴银的女客人，从此梦想在她心中生根发芽，她想去广州这个大城市将瘦小的梦想喂得肥胖饱满。她走那天，几十辆五颜六色的矮三轮车连成五彩斑斓的彩线，一直将"我妈"送到了客运站。这条彩线是现实与梦想的连缀，它花枝招展地耀亮了人们灰暗的生存。

　　《少爷威威》是一个典型的"广州故事"。东山、烟墩路、寺贝通津、华侨新村和谭咏麟的《少爷威威》都让小说充满了浓郁的岭南特色。按照老广州人的思路，男主人公魏侠"假假哋,都算是个东山少爷",这是广州高官子弟的代称。只可惜,随着东山老区的落伍和妈妈谭蜜斯抛夫别子去了香港,"东山少爷"的生活也没落了。中年单身美发师魏侠爱上了 20 岁的女顾客菜菜,两人同居。这看上去像是一出时兴的"大叔爱萝莉"的故事,但这不过是叙事的表层,不足为奇。通过描写"喜欢扮,仿佛生活在这个世界上,广州也好,香港也好,都是一集集连续剧"的谭蜜斯,魏侠母子之间"扮"出来的"冒牌的师生关系",以及魏侠和菜菜之间充满激情的短暂同居关系,黄咏梅建构起了一套略带谐趣又有着鲜明时代特色的都市伦理。每个人看上去都光鲜、体面、新潮,然而在这背后却是颓废而孤独的都市之"芯":谭蜜斯在香港搵食艰难,靠着刘安扣的"照顾"才勉强有了归宿;魏侠贪恋着菜菜的年轻、美色和情趣,为她花钱如流水;而菜菜在看中这个"东山少爷"的家底时也意外惊喜地收获了他还有一个"香港老板娘妈咪",两人着实度过了一段甜蜜的岁月。而最终,一切"繁华"都在一场"陌生人的聚会"中灰飞烟灭。写这类市井生活,要么过于模式化,要么容易小家子气,反而将生活本身的丰富感削薄抹杀了。但黄咏梅对这些凡人俗事及其"传奇"却有着透彻体会,津津乐道,有滋有味。谭咏麟唱的粤语老歌《少爷威威》实在俏皮而深具广式哲学:"少爷威威 / 少爷威威 / 银两多多任我洗 / 皆因佢爹哋 / 钱多到吓鬼 / 少爷威威 / 少爷威威 / 扮到靓晒 / 去追女仔 / 几大要摆款 / 佢几大要威……"在魏侠游手好闲时、与妈咪分别时以及追女仔时,这首歌都会荡漾开来,勾画出了"东山少爷"的落拓和伤感。

黄咏梅这种松弛的叙事姿态与精神的自在舒卷，与她生活的广州、包括她那个与广州同等气质的故乡小城梧州，都有着隐在的牵连和呼应。在她笔下，一切都不会在日常中淹没、委顿，反而有一种生机勃勃的美感。《草暖》里的家庭妇女陈草暖的口头禅"是但"（粤语：随便）可视为岭南生活的智慧领悟。或许是因为偏居一隅，远离中原和政治—文化的辐射，岭南一直保留着对世俗生活的热爱。正因如此，黄咏梅的小说中少有大起大落、撕心裂肺，而多是微尘般的烦恼，琐屑的小情小事。她的笔触也是清明的，饱含着暖意和温情的凝视。在一些作家笔下会被放大和极端化处理的题材，在她那里最终都会自我化解，云淡风轻。

当然，这也并不意味着作家一成不变地浮游和满足于生活本身。随着她的持续探索，一些悲剧性元素渐渐浸入到那些有着稳定暖意的故事之中。《契爷》（粤语：干爹）中，契爷的生活貌似热闹实则孤寂，最后被小城人诬蔑和抛弃。《隐身登录》中的莫末身患癫痫，只能通过虚拟情爱确认心脏"偷停"的巅峰时刻。在《达人》中，印刷厂下岗工人孙毅生活在石井街，由于喜欢武侠小说，他把自己的名字改为"丘处机"。借助于丘处机的日常生活，作家以充满喜感而细致的笔触呈现出了热闹生动的街巷场景。人人皆为生存奔忙，但卑微苦累中却自有薄薄的快乐。丘处机每天都会遇到来社保局上访哭闹静坐的人，他空有武侠之志却无法援助他人。这使小说超越了单纯的地域生活或者个体故事，从而具有了对社会问题的观察和忧思。

黄咏梅写这类故事不含哀怨之音，也没有为"底层"代言的愤慨，可以说是谐趣的播撒，一种跳脱的美感撇去了无所不在的黯淡。在谈到自己的创作观时，她说："今天，谁也无法给谁一个皆大欢喜的交代。"① 作为一个深谙俗世之乐的人，她以饱满而略带诙谐的笔调写世事变迁，写人生无常。她深知凡人之苦与人生颓败，她清楚地看到了生活的荒诞和盲区。因此，她常以人间的残酷真相示人，洒脱和略带清趣的行文背后隐藏的是关于生存困境的无量痛感。只有在这里，我们才能充分感受到她的悖论与痛楚。倘若说文学应当是暖意的滋润与流转，那么，掺杂些许苦意的"暖"，可能才是结实的，栩栩如生的。

一直关注黄咏梅的读者会注意到，从早期对日常细节的淡线条呈现，经由世事的观察历练与写作的深入，她开始领悟到历史进程之于人心和人生的影响，并最终认识到一切生活的形态、一切命运的脉络其来有自。虽然像她这个年龄的作家并不是历史的亲历者和见证者，但并不意味着他们放弃了观察和思考。更何况，在历史的深处，曾经爆发过一些惊心动魄的瞬间，它们沉淀在作家的记忆之中。当某些契机到来时，这些记

---

① 黄咏梅：《广州不是一个适合诗意生长的地方》，《南方都市报》2002年11月8日。

忆便会推动着他们作出自己的理解和阐释。

在《小姨》和《献给克里斯蒂的一支歌》里，黄咏梅将对历史的反思放置在女性人物的故事和命运里，赋予了在历史颓败之后被挤压到生活与社会边缘的人以深切的同情。《小姨》讲述了一个"失败者"的故事。按照俗世伦理，小姨是一个"资深剩女"。她的不婚使父母极端绝望，也使她与周围的生活格格不入，她甚至早早给自己设计好了进养老院的凄凉晚年。在俗世的眼光里，她的不婚、抽烟、不合群、独自爬无名山都是"很有必要矫正"的"人生观"。总之，怎么颓废、怎么让人不满意她就怎么来，仿佛是积攒着全身的劲儿和这个世界相对抗。只有一个情节泄露了她曾经有过的少年热血和青春爱恋，就是她将自己打扮一番去参加同学会，去见多年未见的师哥，在家里引起了一场婚恋大讨论。然而，小说在这里留下了一段空白，也就是小姨再见师哥如何惊心动魄或失魂落魄我们都不得而知。只是在小说的结尾，小姨成了一个喜欢搞破坏的"中年怪阿姨"。在小区的抗议活动中，她将衣服撸起举手向天，半裸着身体，如同师哥送给她的那幅《自由引导人民》中的女神一样。如果说冷酷的现实都没有击垮小姨的话，师哥与世俗的和解甚至是合谋则让她彻底失掉了信念。曾经在历史中失败而负重难行的一代人，曾经以种种反叛行为对抗世俗的一代人，就这么疯了！作家写小姨，悲凉绝望，又充满力量。以一己之力与全世界相对抗的小姨是西西弗斯，是堂吉诃德，而她的"失败"正是一代人留下来的精神遗产。

这笔精神遗产也体现在克里斯蒂身上，只是更隐蔽，更难以察觉。在《献给克里斯蒂的一支歌》里，40多岁的女主人公在外企工作，名字在任何部门都排在倒数几位，完全没有升迁的可能，她却从不在意，一心活在自己的文艺世界里。她果真对世界毫无想法、毫无欲求吗？不是，是因为她没有file，从进公司就没有。在支持一次游行之后，她消失了。黄咏梅在小姨和克里斯蒂身上寄予了一种理想：在经历了历史的重创之后，依然有人在忍受，在承担，在抗衡。作家认为现实中那些所谓的"失败者"从没背叛过自己和过去，反倒比某些利用历史境遇而在经济、名利、声望上大获全胜的人保留着更多的生命本真与尊严。她也希望这个世界对"失败者"能够多一些温情和善意，所以，她在《小姨》和《献给克里斯蒂的一支歌》中都设置了一个同情她们的见证者。有意思的是，不管是"见证者"还是"被见证者"都是女性。我当然不能简单地以女性主义之类的概念来生硬阐解作者的意图，只是可能在她的潜意识里，女性在承担和负载历史的荒谬结果时，更勇敢，更无畏，也更坦荡。

历史的创痛更为具体地表现在生命的消失中，那些丧子的父母永远活在噩梦里。《翻墙》的叙事设计相当巧妙：一墙之隔，分别住着年老的陆老师夫妇和年轻大学生徐梦龙，两套房之间的护栏很容易翻越，共享一个大露台，于是两家人有了交流的机会。陆老师夫妇的儿子死于20世纪80年代末，他们经历了"震惊、哀恸、疑惑、绝望"，在毫无意义的生活里即

将抵达和儿子一样的"肃静"。年轻的徐梦龙则满脸写着电子
化时代的盎然与冲劲，有一个喜欢翻墙、看论坛跟帖的老爸，
他毫不客气地把老爸称为"愤青大傻逼"。双重结构和双向叙
事，意味着历史在某个节点上有着相似性，又在现实中同样遭
到了反讽与解构。时代飞速向前，新一代拥有的是全新、无
"污点"的生活，老一代则被定格在了某些历史瞬间。无论是
陆老师夫妇的"哀恸"和"疑惑"，还是徐梦龙父亲在虚拟空
间里的激愤，都意味着他们一直活在"过去"的阴影之中，日
新月异的现实对他们而言形同虚设。

　　从旁观者和后来者的角度写出那些失败者的足迹、亡故
者的气息，这是一种不动声色的智慧与勇敢。因此，我从不认
同"70后"不写历史、没有历史观的说法。与前几代作家相
比，这一代作家面临的不是历史的"在场"，而是"缺席"。随
着现实生活飞快向前攒动，这"缺席"一点一点地变得遥远虚
幻。当黄咏梅用"凝视"和"旁观"姿态书写历史时，她意识
到自己必须也只能通过这种姿态才能跑赢时间的流逝，将捕捉
到的记忆在叙事的筛子里过滤下斑驳光影。因此，即使作家只
是掀起了惊心动魄的往事一角，只让我们看到了一丝历史的暗
影，那也是可感怀和钦佩的。

第二节　从边缘人生到中年书写

　　与同代人相比，黄咏梅的创作从一开始就表现出了独特

的叙事倾向和特征。她从来不写青春与成长故事，而是将笔触对准了都市生活里的卑微者和游荡者。

无业人员和失业人员位于社会底层，对他们而言，现实生活充满了艰辛。黄咏梅赋予了他们困苦的生存以寻求温暖、追求快乐的色彩，使人物拥有了丰实自足的心灵世界。《骑楼》里的女主人公资质平庸，家境普通，毕业后在茶楼当服务员，男朋友小军在空调安装维修店帮叔父当下手。在艰难的生存里，他们抚慰着彼此沉默的灵魂。虽然小军偶尔会有小小的背叛，但她依然执着地每个月在银行里存钱，梦想拥有爱情的小屋。《多宝路的风》里，公司小秘书乐宜总是波澜不惊、平淡从容。无论是妈子的落魄豆子（粤语：老豆，老爸）的死亡，还是作为耿锵的"实习老婆"或欢欣或苦痛，还是作为海员的妻子承受着离别的孤寂，她浅淡的眉目和表情都未曾有太多改变。在《非典型爱情》里，小每从湖南来到广州，先是寄人篱下，后来做临时收银员。"非典"使小每失业了，在满街流行的恐慌中，她却没心没肺地爱上了吃臭豆腐，继而喜欢上了卖臭豆腐的。他们是这个城市里的穷人和过客，却懂得在慌张的人群里追逐快乐。

残疾人和非正常人的生存比起常人更加坎坷，他们要在这个世界上寻找安身立命之处，必定会遭遇重重困境。《将爱传出去》中的小时是克隆人，没有在子宫的温暖花瓣中营养过，因此严重缺乏免疫力，任何细菌都能很轻易地袭击她，这直接导致了她对母亲的怨恨和对父亲的依恋。《天是空的》中，刘淼淼患了一种怪病，各种能分泌的东西都逐渐不能分泌，口水、汗水、眼泪、例假，用她自己的话来说就是，"就这样干巴干巴就干巴死了"。即使这样她也一刻不忘扮靓，并且在爱情出现时决绝追随。《单双》里，白痴廖小亮的口水总是不断从他歪咧的嘴角流出来，李婉芳有心思的时候就会给他擦擦，没心思时就由着廖小强的口水一直流到地面上。用李小多的话来说，她和廖小强是李婉芳犯下的双重错误，所以父亲廖强理直气壮地丢下了母子三人扬长而去。《把梦想喂肥》中的"我妈"腿有残疾，她怀着瘦小的梦想来到广州，被马千秋骗去了辛辛苦苦存下的钱，也意味着她曾经被马千秋喂肥的梦想彻底破灭了。在寻找马千秋指给她的那块梦想园地时，终因绝望跳进臭水沟自杀。小说结尾轻描淡写道："连流浪猫经过这里都晓得迅速地逃窜，可我妈却一头栽了进去。"当这些卑微的小人物为了生存苦苦挣扎时，他们还怀着对未来的些许梦想，可是一旦遭遇欺骗，就失去了精神的支撑。黄咏梅之所以如此轻淡描写他们的自杀并有意略去其亲人面对这一悲剧性事件的哀痛，正在于以"淡"刻画生命的卑微。底层和边缘从来都是为人所忽略的，他们的生存和死亡也像一缕轻烟飘过不留痕迹，仿佛他们从未曾来到这个世界。

　　在更多的现代生活题材里，黄咏梅铺展开了丰富而多元的都市图景。《鲍鱼师傅》《档案》以独特的视角和构思再现了被现实生活及其规则压抑到变形的形象，《文艺女青年杨念真》《开发区》写的是现代"剩女"，女主人公代表的是不被主流认同的人生选择。《快乐网上的王老虎》《粉丝》以现代都市时尚的网游、追星为题材，着力点依然是那些因不满于现实而在虚拟世界中寻求慰藉的边缘人物。在《表弟》中，虚幻的"网络江湖"比现实更让表弟着迷。他甚至以网络游戏为蓝本在现实生活中上演了一场"夺妻战"，结果是惨败而归。更具反讽性的是，由于表弟在公交车上睡觉没有给阿婆让座，"装睡哥"的视频在网络上疯传，表弟跳楼自杀，死于他最爱的网络。同样在网络里寻求快慰的还有《快乐网上的王老虎》中的王朝阳。这个"严格遵循人生螺旋式上升的定律，如无意外，将一直螺旋终老"的财务处处长，在现实生活中已然看到了"螺旋"的尽头，连老婆也不把他放在眼里。可是，当"王老虎"在快乐网上用言语咬噬他，买他做奴隶尽情虐待时，王朝阳不仅获得了无可替代的快感，还因其"受虐"得到了同事的同情，让他产生了温暖的幻觉。其实秘密只有他自己知道：王朝阳就是王老虎，王老虎就是王朝阳。我想，黄咏梅写这类"网络"小说，一是对俗世苦乐的变形投射，二是觉得人的精神需要"出口"，在另一个江湖游弋，生活和美学都多了一重奇思妙想。在这个网络世纪，我们不是都在这二重世界的罅隙里焦虑地徘徊往返吗？在这些作品里，人生之苦、之荒芜、之千疮百孔，合力构成了边缘人生的形态。

生活在城市里的边缘人大多数是"外来者"，他们从乡村或小城镇来到城市，生活秩序、道德伦理、生命观念都面临着崩溃，亟待重建。在《瓜子》里，一个由管山人组成的队伍在石牌村和乐运小区兀自生长。在他们看来，努力工作、安然度日便可。但是，少年"我"和其他管山人像是两个世界的人。"我"和父亲一样心怀"广州梦"，渴望进入都市又意识到横亘其间的"深渊"，努力融合但最终宣告失败。狐仙说少年"我"是"孤命"，唯嗑瓜子可解，可这却养成了"我"的好动症而遭到老师的嫌恶，被安排在远离同学的"孤岛位"。在父亲受不了孟鳖的侮辱捅了他一刀后，"我"也只能被送回管山。这似乎是一个不幸的成长悲剧，或曰"底层故事"。但是，在少年"我"的挣扎和努力里，可以看到虽然这种努力不具备有效性，却提供了关于生存的另一种方式。

《旧账》写的是一个销售人员的生活。"我"来自乡村，有一笔辛酸的家庭"旧账"。虽然和搭档阿年一起公关，业绩不菲，但从"我"貌似小康的"销士"生活里逐渐显露出无法弥补的破绽：那就是和老父亲的关系。我们从小说中隐约知道"我"和阿年的业绩成败与父亲有关。在一次"客户情绪互动"失败后，阿年提出要修改"我"和父亲的故事，由此引出了那个深埋已久的"旧账"。原来16岁时，"我"一心想出外打工，厂家需要1500元的押金。为了攒够这笔钱，母亲没日没夜地编鞭炮，后不幸被炸死。这笔"旧账"成为"我"和父亲之间的死结，同时也为"我"的销售生涯平添了几许成功的把握。它在多个场合夺人眼泪，顺利签单。当这个故事过于陈旧不能引起客户兴趣时，在阿年的建议和操作下，它被修改成了"村长占地，辗死母（父）亲"的故事。这些故事迎合了客户的情绪。靠着"父母双亡"的故事，"我"和阿年拿下了一个个难啃的业务。没想到一语成谶，村里的土地被某高尔夫球场占用，父亲带领乡亲到省政府门口静坐抗议。"我"的劝说、接待和卖力找记者帮忙等行为使得父子关系得到了改善。陈年往事的亲情矛盾指向了贫困、城乡分化、资本裹挟等广阔的社会问题。

说到底，边缘人生是万千生活状态的一种，能否从中提炼出文学的价值，取决于作家的创作观与价值观，这里有一种奇特的美学悖论：凡身处其中者或带着阶层固化观的人，往往会用力过猛地将之写得血肉淋漓，狰狞可怖，反倒让人失却了对"底层"的同情；而那些置身其外或者多一些柔化观念的作家，却能够冲破底层坚硬冰冷的实利主义观念，在细致描摹又不失生趣的笔触里，让人感知到"底层"原来是有血肉、有温度、有自我期许的，从而建构起逻辑可信的"底层"形态。

在前期的创作中，黄咏梅尝试写多样化的边缘人生，探索哪一种能够更有力量地揭橥人生之谜，那辗转迤逦的路径往往令她愿意播撒心力，注目浩瀚的幽暗人心，赞叹隽永的人性光芒。定居江南以后，她的题材看起来似乎收"窄"了，不再广泛地捕捉边缘人生的脉络和形态，而开始集中书写她自己也未尝全然明了和透彻的人生经验：中年。跨过不惑的分水岭，仿佛是一夜之间，"中年"带着淡淡的酸腐和朽败味儿全面降临，浸渍着生活。作家被这种与时间深渊劈面相逢的"震惊"所深深攫持，她开始关注一点点颓坏坍塌下去的中年生活。这种变化是与作家对世事的领悟和年龄的增长同时到来的，这也是我一直寄望和感佩的叙事勇气：将自己同步裸露于时间的荒野，意识到自我面临的渊薮与困境，写出踏着时间河流前行的每一步惶恐，每一种惊怖。

黄咏梅在中年书写中给自己规定的角色是一个糅合了时间感悟的观察者，一个将自身的生命经验渗入世俗故事的讲述者。在她笔下，"中年"首先呈现的是离异、"剩女"或在婚姻中的种种不适。《病鱼》和《跑风》中的女主人公虽然就年龄而言还没有达到中年，但她们的状态已经脱离了"青春"。这两篇小说都写到了主人公与故乡的关系，而且这种关系已然祛除了古老的乡愁，而质变为现代性的孤独与隔膜。《病鱼》中的女主人公"我"是一个典型的城市弃妇：丈夫跟着别的女人跑了。她每次过年都带父母满世界旅游，而这一次父亲不愿意了，她只好回到故乡过年。值得注意的是这一代人对待故乡的态度。他们意识到自己已经被从故乡连根拔起。回到故乡不是归人，只是过客。在这样灰扑扑的背景下，那个陡然出现在主人公视野中的巨大鱼缸就像是亮丽的天外飞物，为绝望的生活提供着插科打诨的可能。父亲养了发财鱼，给其中一条取名为"满崽"，说到这个名字，父母和"我"皆笑，因为这是"我"童年朋友的名字。由鱼而人，由人而事，联结起了小城、童年、友谊、双方家庭的交往史以及某些暗重的历史阴影。"我"和母亲聊起满崽，才知道他已经成了孤儿，没有正式工作。更糟糕的是，"我"次日便目睹了他从事的行当：小偷。他在被怀疑之下突然拿起刀架在"我"的脖子上，逼着父母拿钱。并不是满崽不念旧情和残忍贪婪，他的犯罪行为来源于他在监狱中对父亲说的那句话："孙叔叔，我曾经努力改变过的，那个，命运。"再回过头来看，"命运"的阴影无处不在。这样一来，我们也许就能够理解那些充塞在文本里的"我"对故乡、父母、小城人事和满崽发出的评判。这个在小城人眼里"捞世界""有出息"的成功女士的生活千疮百孔，她和满崽一样都曾努力改变命运，但都没有成功，他们败伏于无常的生活。

这种人与故乡的关系在《跑风》中看似联结松散，但却可以看到，一个人在故乡的生活如何内在性地决定了他之后的人生。《跑风》中的都市白领玛丽来自于乡村，当她还是少女高茉莉时，她面临乡村女孩普遍的失学命运。父母更愿意把钱留给弟弟高富杰读书，这份残酷因其理所当然和理直气壮而更显残忍。她哭闹着绝食，躲进小土山以示抗议，是爷爷用善意的谎言保护了她，不辞辛劳地上山采野灵芝、养蜜蜂，供养她直到大学毕业。高茉莉毕业后工作稳定，工资不菲，却躲不开另一份残酷：36岁，单身，无房，无背景。她只好养一只又贵又漂亮的布偶猫缓解孤独。如果说乡村的残酷终能结束，那么都市的残酷则相伴一生。都市中年单身女人的困境看似普通，却难解开。

在题材上，黄咏梅继续关注城市，书写情爱欲望，但不再给予包容和祝福。《走甜》（粤语：不加糖）写的是中年出轨故事：中年女记者苏珊对跑会时经常见到的某政府机关小领导童产生了暧昧的情愫，这与权力和金钱无关，而是一种"纯

真"的爱。两人在繁忙生活的间隙对彼此饱含着一份期待和顾
盼，甜蜜地渴望又惧怕着未来故事的发生。但作家似乎并不打
算给我们一个美满的交代和皆大欢喜的结局，也无意于用"廊
桥遗梦"似的回归让小说成为时代的"道德矫正器"。她给出
的是一个充满嘲讽意味的结局：在迎春酒会上，两人暗通款
曲，正情深意浓用身体互相试探时，苏珊身上散发出来的风油
精味儿让童对眼前这个美丽女人失去了兴趣，因为那味道对他
而言"散发着衰老、不支、无奈"。最后，他落荒而逃，苏珊
则愤怒羞耻而困惑不解地离去。

　　剥掉那些光鲜的枝蔓，《走甜》其实写的是"时间"褫夺
了欲望、"中年"战胜了"爱情"。"去甜化"的"中年状态"
同时也隐喻了如苦咖啡一样浓黑深重的时间长夜。是的，苏珊
和童之间的"爱"是很纯粹的，那又如何？一切的怦然心动、
激情上涌，都敌不过时间在暗处的窥探与冷笑。苏珊越是沉醉
于"纯粹爱情"的自我美化和塑造，她最后遭遇的突如其来的
"抛弃"就越是悲凉。在小说的结尾，黄咏梅不无伤感地将苏
珊放置回了她原来的生活轨迹，并且残酷地让她直面"现实"：

　　　　她猛地感到，原来中年的征兆也是跟初潮一样，来
　　了，自然有着其难以言状的表现。苏珊切实地感受
　　到——中年，来了！①

————————

① 黄咏梅：《走甜》，《江南》2014 年第 3 期。

这是当头棒喝，它赤裸裸地揭开了自我想象的温情面纱。苏珊要面对的不是与童之间的情感关系，而是时间阔大无垠的虚空。这个终极命题一旦摆在女主人公面前，"（准）外遇"可能带来的新鲜刺激、愉悦快感便幻化为了彻骨的荒诞。想想黄咏梅多年前《多宝路的风》《骑楼》《非典型爱情》里那些相互呵护和体谅的情侣，不由让人感叹"时间"的力量。不是作家不再相信爱情，而是她看到，在时间的摧毁之下，所谓"爱情""外遇"带来的新鲜、愉悦、刺激、快感都化了一则则凉薄的笑话。她准确把握到了这中间的情绪转换，轻嘲暗讽我们时代盛大弥漫的欲望，写出了它于道德边缘的滋长与最终的幻灭。

《带你飞》在"中年"这个主题上更加明确，开篇即以严行进照镜子让我们看到了一个典型的中年人："中年以后，胸脯以下有一条明显的分界线，那个隆起的地方骄傲得发亮。"这个中年人生活平淡，女儿上了大学，工作稳稳地滑行在正轨上。与他的寡淡乏味形成鲜明对照的是他的"奇葩"老婆米嘉欣，虽然也人到中年，却天真烂漫得如同来自于另一个星球，于是也毫不意外地忤逆了我们这个星球的不少规则，令人暗笑侧目，甚至差点保不住工作。和苏珊相比，作者赋予了米嘉欣更多天真明朗的诗性气质。她的"反世俗"像是与时间在拔河。对于这个不愿意驯服于时间／现实的中年女人，作者让她近乎完整地保留了好奇的少年心性。

想一想，古往今来，我们谁又能逃脱时间的陷阱呢？无论是"逝者如斯夫，不舍昼夜"和"对酒当歌，人生几何！譬如朝露，去日苦多"的慨叹，还是"高堂明镜悲白发，朝如青丝暮成雪"的夸张和"江畔何人初见月？江月何年初照人"的天问，都是面向时间的万心同悲。黄咏梅拨开情爱欲望的表层，重新接通了延续千年的古老浩叹。她在中年书写中要探索、要确定的是：作为一个领悟到时间收割机之势不可挡的人，自己是否能够承受青翠的生活和精神被一块块剥夺的绝望。米嘉欣身上寄寓着作家的理想，但这个女主人公在现实生活中的处处碰壁无疑也阐明了一个道理：人到中年，就是中年了。在这一点上，她与苏珊殊途同归。面对着时间阴影无处不在的巨大压迫，还有比这更残酷、更无望的领悟吗？

第三节　迫近终点的生命，或"丧失"

书写中年，眺望时间的深渊，这意味着作家已经到了关注生命进度条的年龄，已经意识到了正在或即将遭遇的无情丧失：病痛、衰弱、变老……这些症状会逐一将生命从人身上摘离，直到抵达人生的终点。"对命运和死亡的焦虑是最基本、最普遍、最不可逃避的焦虑。所有抹杀其存在的企图都是徒劳的。"[①] 严肃的作家应当对这些存在主义的本质问题作出回答。

---

① 　[美] P. 蒂利希：《存在的勇气》，成穷、王作虹译，贵州人民出版社1998 年版，第 34 页。

这不轻松,有难度,也未见有短期的实效性,却是我们每个人最终都要面对的紧迫问题。

在黄咏梅的前期作品中,死亡或者接近死亡的主题并不罕见。不过,在那些小说中,"死亡"是叙事的终极结局。比如在《负一层》和《把梦想喂肥》中,阿甘自杀了,"我妈"死了,人世飞扬的纷扰也就结束了。在《何似在人间》中,"人生最后一次抹澡"成为松村人最大的念想。廖远昆作为"最后一个抹澡人",有着独特的"生命观":"他从来就不怕死,更不怕死人。"他并不觉得"死"是件多么了不得的事。小说重点描写了两场抹澡:为耀宗老人和为小青。耀宗老人是"文革"时父亲的死对头,廖远昆虽然如约给他抹澡,却趁众人不注意时用牙签替换了放在他嘴里用来买孟婆汤的银子:"没钱买孟婆汤喝,耀宗老人就永远忘不了人间的那些悲欢离合,也就永远都惦记着自己犯下的错误和结下的仇怨啦。"而在给最爱的女人小青抹澡时,廖远昆的细心温柔让所有的松村女人都羡慕不已。更让人惊异的是,从来不哭的廖远昆看到一双马拐(青蛙)相伴远去之后竟然号啕大哭起来。这两场描写将"最后一个抹澡人"与俗世的联系做了一个了结,从此他无牵无碍地行走于辽阔的人间,最终给自己"抹"了一个大"澡":不小心跌入河里淹死,比谁都干净地"上路"了。一种淡淡的黑色幽默气息弥漫于文本,使小说在面对"生死"这个终极命题时,依然带着一抹精神的洒脱。在这类故事里,可能孕育着黄咏梅对生命的某种理解。她不愿认同松村人对待死亡的态度，所以设置了廖远昆这样一个疏离于世的人物。通过对抹澡手艺的精细描绘，小说衔接起了男主人公对待生死情爱的超然淡然，以及他与松村人反向行之的人生姿态。于是，这境界就有了俯视的高度，以及精神的温度。

在黄咏梅近期的作品中，对于"老年"和"死亡"题材有了新的布局，它们不再是终结，也非意外，而是开始，是常态。《给猫留门》中，曾经做过地质队员、管理过防空洞的沈文兵退休后，最大的乐趣就是到处向人炫耀孙女雅雅。因此，雅雅想收养豆包，老沈毫不犹豫地答应了。一老一少因为豆包而多了无数话题，也多了共享天伦的时间。雅雅的爸爸沈小安对养猫一事无所谓，妈妈李倩则因过敏而坚决拒绝。老沈、雅雅和豆包的"三人行"只是开端，由此开始，作者以耐心和韧性一点点剥开了家庭的过往、历史的秘密，它们共同交织成令人唏嘘慨叹的命运交响曲。家庭的过往有一桩憾事。别看老沈为孙女养猫而鞍前马后地忙碌，却没有忘记自己从前丢弃了儿子沈小安的大黄猫，他的奔忙里包含着忏悔与赎罪。沈小安对女儿养猫没有什么意见，却对多年前那个失去心爱之猫而悲痛欲绝的少年犹有记忆，他的无所谓里埋藏着被时间带走的丧失与伤痛。"猫"作为叙事支点，照亮了时间深处的往事，也让现实生活在流淌中多了几分欲说难明、欲辩难安的滋味。在写如此沉重晦暗的命题时，作者依然有着巧妙的叙事入口，她把猫事与人事交织在一起来写，以猫的失踪来写人的丧失。就在豆包失踪的那天晚上，老沈的大学同学、入党介绍人刘进乐带着女儿和老伴来访。关于老沈的历史往事一下子涌现出来，让我们明白了这个历史系的高才生为何只能随地质队辗转南北，为何被分到小城管理防空洞，为何又如此安于琐碎平淡、不痛不痒的生活。一切都因为他有一个华侨老爸。当年为了让沈文兵顺利入党，刘进乐热心截留了华侨老爸的信件，让沈文兵写了与父亲划清界限的说明书。老沈感动之余，信都没拆看就烧掉了，多年后才得知那是父亲临终前写给他的。作家不动声色地写到了老沈所遭遇的残酷命运，但时过境迁，这严酷又翻转为了一份幸运，而这幸运又因人为原因而丧失。沈小安作为侨眷能够在高考时加十分，谁知老沈竟然顽固地拒绝了这个含金量极高的机会，导致沈小安最终没能考上大学，而顶了他的班。钓到一条大白鱼，浇上榄角汁，做一道鲜美的蒸鱼，便是沈小安的乐趣。黄咏梅在丰富的细节和淡然的笔触里细细描述了两代人生命中的惊涛骇浪，通过华侨老爸对老沈和小沈的命运产生的完全不同的影响，写出了历史的翻手为云，覆手为雨。

《金石》和《父亲的后视镜》可以作为平行篇章来读，两篇小说的男主人公都已古稀，虽有儿女妻子却倍感孤独，既无为父的尊严，也无为夫的体面。与其说他们是被家人嫌弃，莫如说是被社会通行的原则所抛弃。作家通过两个老年男人讲述了一个想象中的、但也不乏现实寓意的判断：老年的孤独是根本性的宿命。为了反抗这样的命定，主人公集中最后的力量一跃而起进行绝地反击，但这反击带来的是他们的上当受骗和惨重经济损失。"反击"被证明是可笑的闹剧和更为绝望的挫败。到终了，不独家庭和亲情无法依靠，就连生命本身也成了一件讨人嫌的累赘。在一天天走向枯萎和死亡的过程中，严重受挫、全面失败的老年主人公，只能在养老院孤独地了度残生。《父亲的后视镜》于 2018 年获得了第七届鲁迅文学奖，可以视为对黄咏梅思索生命与伦理问题的一种认可。

《蜻蜓点水》也是老年题材，但是它并没有聚焦于老年常见的体弱、病痛、"走了"等命题，而是从老曾与老霍的"早安问候"写起，铺展开老曾退休后的种种不甘、烦闷与小心机，以及他所目睹的中风患者老宋的日常生活。自老宋中风后，他家人朋友一概不要，只要一个还称得上"年轻标致"的49 岁保姆小吴伺候。可是在老曾看来，这个走路时总是将胳膊压在小吴鼓鼓囊囊胸部上的老宋头不但不懂，"简直就是个老流氓"。当小吴被老宋的遗嘱气哭、老霍久久失去联系后，老曾的生活也陷入了一片黯然。他唯一的念想便是半个世纪前初恋情人何淑贤那"两包鼓鼓的胸脯"。老曾换了一个地方晨运，一个"年轻"而白净的 60 岁女人吸引了他的注意力，他趁女人不注意时，蜻蜓点水般地迅速碰了碰她那只"鼓鼓的胸脯"。当青葱时光被岁月抽走时，人的本真便彰显无遗。老曾生活中关于女人胸脯的小挣扎无非是证实欲望的一种方式，欲望还在，生命力便还在。不过，那鼓足勇气的一搏最终也在女人的呵斥声中泄了气。

《蜻蜓点水》没有首尾相贯的故事，只是通过老曾的视角松懈地营造着老年人生活的琐碎和凄凉。这里头有清浅的调侃，也有暗含悲悯的比喻，比如形容生病之后的老曾"像一个白头老宫女，坐在家里东想西想"；老曾妻子陈莲英的外号叫"立几"（立体几何），性格也很"立几"，"硬邦邦，四方方，不小心能让人磕出一块'瘀青'"，两个人磕磕碰碰过了一辈子；还有老霍老曾围绕小吴不怀好意地"吃豆腐"……这些带着善意的观察和调侃无非指向一个残酷得近乎狰狞的事实：老年生活不一定充满温馨和关爱，不一定儿孙绕膝，颐养天年，它很可能会让一个曾经的好人堕落，现出原形。老曾老霍老宋所遭受的身体和心理上的老年病，并没有带来他们对世事的宽容和同情，而是病变成了对年轻和生命力的疯狂攫取，即使只是想象和猥琐的举止。作家将"老者"和"老年"写得如此令人不忍直视，是因为她看到了人在生命即将萎灭时、因不甘于被死亡束手就擒而免不了要奋力一搏，最终还是免不了姿态难看地失败。

《蜻蜓点水》中迫近生命终点的"老年"带来的是猥琐之状，在《八段锦》中则表现为丧妻、"失子"的凄凉。事实证明，再宁静平和的人也经不起命运和死亡的消耗磨损。在《八段锦》中，宝芝堂 67 岁的傅医生医德好，脾气好，在梧城颇有口碑。妻子许珍在车祸中丧生，儿子因祸得福，拿着 55 万元赔偿去了德国，娶了德国老婆，用光了母亲的生命价值，再也没有回来，剩下傅医生独守宝芝堂，在大小中医馆被"群众药房"收购时苦苦支撑着。人们都健康旺盛、活蹦乱跳，傅医生却对生命有自己的切肤之痛："永别，仅仅是指他那次站在火葬场，目送老伴被推进去，转眼成灰，身体、发肤、脉象、声音、气息……这些可以望闻问切的一切存在都荡然无存。永别仅仅是指这个。"只有真正经历过生离死别的人才有这种痛苦，他们意识到死亡就是如此地唯一、具体和坚硬，凡加之于它的戏剧化、浪漫化都注定是虚妄的，可笑的。

"老年"和"死亡"题材充斥在黄咏梅的近期小说里，它们最大限度地指向作家正在经历的与生命相关的精神思考。她愈是对生命形态进行反复考量和质询，便愈是清晰地确定文学在这一过程中能够承担的超越性功能："死亡只有通过写作才有可能超出庸常，因为作家歌唱着越过了它，即使看不见人了，但那歌声仍在。文学就是面对死亡、面对终极唱出的歌。"① 面对着生命终将消逝的绝望，年轻时以为它迢遥得如同不存在，中年之后便知道无法躲避，并且越来越唯物地明白曾经的华美与丰盛都一去不复返，生命正在一步步地走向末端，老年人比年轻人更亲切，更容易接近。这个时候的感慨与书写，便不再是旁观，而是身处其中，身经其事，掺杂着真实的同感。

无论是作为旁观者与见证者的历史叙事，还是饱含着经验与感触的中年书写，抑或直面老年和死亡的凝神省思，都是

---

① 郭艳、黄咏梅：《冰明玉润天然色，冷暖镜像人间事》，《创作与评论》2016 年第 4 期。

黄咏梅对一系列形而上精神问题的追索。她意识到,她必须脱开平淡琐碎的日常生活和无目的性的游荡,进入到那个古老黝暗的时间通道,在那里标识出自我精神能够抵达的刻度,才能为生命的尊严和勇气加冕。她在多数同代作家止步不前的地方出发:时间如沙如水般流淌而去,曾经坚牢的生命如雪山崩塌,我们都以为那是别人的故事、他者的命运,她却从中看到了普遍性和必然性。

第九章　付秀莹：美学自觉与 "陌上中国"

　　付秀莹的创作历程表明，当一个作家携带着美学的自觉与丰沛的经验时，她能够游刃于乡村与城市、叙事与抒情、精神与日常等两极之间，能够在借鉴、化合传统文学的基础上建立起具有个人风格的写作范式。她不仅用绵密的笔触、缓慢的抒情、偕同自然的节奏建构起了"芳村"的文学地理图，而且向人们展示了一个当代作家如何运用具有传统性的资源与笔法去阐述自己所处的时代，如何理解这个时代给故乡、给现实带来的巨型嬗变以及人心向度的变化。她的写作兼具古典与现代的气质，她凝视故乡的深挚暖意与爱意，她对故土风物的深切眷恋与诗性追忆，她对城市生活和人际关系的批判性思考与呈现，使得她的小说具有了温暖绵密的特质。

第一节　梦、留白与叙事的宽度

　　付秀莹对于中国传统的文学手法与美学风范，向来有着亲近之心与摹写之意。她的小说在进入和返向文学传统的路径上，吸收了梦境、留白、抒情、比兴等手法，在写景状物、虚实相生、生命循环上也保留着传统文学的诸多痕迹，连题目都有着趋向于古典的意境，如《惹啼痕》《定风波》《鹧鸪天》《绣停针》《秋风引》《红了樱桃》《绿了芭蕉》等。《红颜》里的滕雨在父亲病亡后辞母别家、远赴京城沈家寻求庇护的模式明显是对《红楼梦》的学习与致敬。性格上的沉静内敛则使得付秀莹在趋近于具有同等特质的文化传统时如鱼得水："我想从中国传统文化的海洋中汲取养分，以中国人独特的思想、情感和审美，创作出属于这个时代的中国故事，表达我们这个时代新的中国经验。"① 这个具有自觉意识的审美和抒情主体似乎从一开始就明了，任何个体的创造都难以逾越自身所处的文化传统与资源。她的小说之所以能够形成鲜明的风格和美学上的辨识度，很大程度上也是基于这一认知。

在当代作家中，不乏"写梦者"和"说梦者"，莫言、残雪、格非、孙甘露、陈染等都是个中高手。在"70后"里，付秀莹大约是最爱写梦也是最擅长写梦的，她的小说尤其是中篇小说几乎都包裹着一个斑驳迷离的梦境。《醉太平》讲述老费偶然开会提前回家发现了妻子的外遇，从此以后便经常梦见自己拿着钥匙打不开门，而身边的妻子沉睡如故；《刺》描写

---

① 付秀莹：《我为什么执着地书写中国乡村》，《学习时报》2017 年 8 月 4 日。

心高气傲的北京女孩燕小秋读大学时与老师恋爱失利，虽然她后来的丈夫纯良温厚，婚姻美满得无可挑剔，但那根"刺"常常化身为梦，深深扎进她平滑顺畅的日常生活里。在《夜妆》《幸福的闪电》《说吧，生活》和《你认识何卿卿吗》等小说中，主人公所做的梦既是现实遭际的触须和延宕，也如弗洛伊德所说真实而残酷地透露着主人公白日未尽的潜意识。付秀莹在写到这些梦时，并不强调它们的虚幻性、虚假性，而尽量将其实化、细化，因此往往撤去了夜晚、睡眠等构成梦境的外部元素，而直接将主人公的现实与梦进行了无缝接驳。

此处列举几例，我们便可看到付秀莹笔下的梦是如何的怅惘、残缺与酸楚，它们是主人公生活的延伸与潜意识浮现：

《那雪》里，那雪做了一个找不到家的梦：

> 国庆放假，那雪回老家。从京城到省城再到小镇，一路辗转，却也算顺利。一进门，却发现走错了。怎么回事，分明是那条街，却找不到那个爬满丝瓜架的院子。问人家，都摇头。那雪慌了，我是那雪，那雪啊。那家的老二——

《夜妆》里，郁春在火车软卧包厢里做的梦：

> 火车在夜色中穿行。窗外，旷野寥廓。忽然就有一条河，拦腰把道路截断，在夜色中闪闪发亮。几乎来不

及惊呼，郁春就在河水里沉陷了。河水冰凉，混沌，黑暗，让人窒息。她感觉自己在深渊里迅速沉沦。难不成就这样死了。她这一趟旅行，实在是蓄谋已久的。有一个浪头压过来。她大叫一声。

《红了樱桃》里，樱桃做的归家的梦：

> 眼见得到家了，使劲地叩门，叩了半晌，以为里面有爷娘，有故乡，有命里梦里最温热的那一把土，兴冲冲地，迫不及待地，一声紧似一声。待到终于把自己叩醒了，才发现，什么都没有，竟是一片荒草如烟的坟地。

《你认识何卿卿吗》里，庄天征做的关于何卿卿的梦：

> 夜很静，绛红色的天鹅绒窗帘安静地垂下来，把无边的夜色全都挡在窗外。那只小巴西龟想必也在缸里睡着了，没有一点声响。庄天征刚要起身回卧室，门开了，何卿卿亭亭地站在他面前。他一惊，说你怎么来了？何卿卿嫣然一笑，不欢迎吗？他赶紧说欢迎欢迎，就给何卿卿让座。

以"实"化"虚"，以"梦"写"真"，让两者不断地向着彼此敞开、互渗、交叠，两者同时获得了增殖和拓展，付秀莹以这种方式达到了将梦境世界与现实生活糅合在一起的叙事效果，这种"混合"和"意外的开放"① 使得小说在亦真亦幻中获得了多重性的品质。在长篇小说《陌上》(2016)里，付秀莹赋予了"梦"以更多的功能，更加多元的美学诉求与更为深邃的乡村愿景。勇子在妻子小瑞外出打工长久不归时，不免时常做妻子返家的团圆梦；建信在面临村里的选举危机时，梦到了与四明媳妇之间不正当的亲密；小梨听说果子的乳房被切掉后，梦见果子健康活泼地朝她跑来，"胸前有两个小兔子一样的东西，跳啊跳。"这些梦里包含着极度深重因此也是难以言喻的缺失、欲望、恐惧，它们像放大镜或焦点注视一样，加倍地强化着、扩放着残酷荒谬的生活。在当下，中国乡村遭到了巨大的冲击，这在不少作家那里都有所呈现，表明当代作家对于这一现实一直保持着深度的关注与观察。付秀莹以"梦"嵌入乡村实景，则从另一个角度提供了关于当下乡村的书写方式。外部的改变与破坏固然令人触目惊心，但因此而造成的内心创伤与损毁则是这一现代性进程给中国乡村和农民留下的更为深重、难以抹去的痕迹。

　　付秀莹的小说常常有意模糊梦境与真实之间的界限，由现实而入梦、由梦而返现实，这无疑是对中国古典文学的重新认识和庚续。关于"梦"，《牡丹亭》和《红楼梦》都有着神妙

① ［捷克］米兰·昆德拉：《小说的艺术》，孟湄译，三联书店 1995 年版，第 15 页。

和绝妙的呈现。杜丽娘因梦而爱，因爱而亡，情不知所起一往而深。一场"游园惊梦"浓缩着具有同等虚无质地的爱情与人生大梦。一部《红楼梦》则寄寓着曹雪芹对于繁华世事的深刻洞察，甄士隐、贾宝玉、贾瑞的不同梦境无不传递着"好便是了，了便是好"的经验轮回。梦境与现实孰虚孰实，难以分辨；孰前孰后，往复永续，由此形成了中国文学特有的生命观与历史观。这种神秘化、循环论毋宁说是中国人困顿人生的别样诠释与慰藉。付秀莹对这一传统文学的精髓自有其领悟与把握，她对"梦"的运用是常态化的，又带着节制的力量与韵律，既没有让梦越过现实的界限，也没有将其复杂化、夸张化，而是以细致的笔触将梦境与现实的碎片密密缝缀，使之构成推进情节发展的"内驱力"和"加速器"。

在付秀莹那里，"梦"的书写并非凌空蹈虚，而有其价值指向与意义范畴，梦境叙事承载着她的文学理想或者说是"野心"。她说作为一个作家，她想做的是"写尽天下人的心事"，"菩萨低眉"般"勘破世道的隐情与人心的秘密"。[1] 这种"向内转"的叙事从新时期的现代主义文学以来并不陌生，关于人物内心无意识与潜意识的书写，关于人性深藏的可能性与不确定性的探索已成为作家的自觉追求。要深入理解和解读付秀莹，必须循着这一路径进入。若将她与同代作家相比，可以看到"70后"在这一点上各有侧重，也各有策略。徐则臣多通

---

① 付秀莹：《写尽天下人的心事》，《广州文艺》2017 年第 2 期。

过人物"到世界去"的踪迹与关系变化呈现其内心的隐秘，李浩常运用先锋笔法钩沉出历史河流中个体的选择及其内在动因，付秀莹则更多地、有意识地通过梦境和留白来制造谜语，并且从不解谜，从而赋予了人物的命运以更大的弹性与可想象的空间。

作为留白文本的重要叙事角色，"故事外叙事者"在付秀莹的小说里担当着讲述、观察和记录等功能，这既使其转述的故事具有了朦胧的特质，也将当事者的生活与心事转换为了不可解的谜。《花好月圆》通过在茶楼打工的桃叶的视角，写一对常来"花好月圆"包间的美妙男女。在桃叶看来，男客有着迷人的风仪，女客身姿优美，标致动人。由始至终，作者都没有直接描写他们的对话和交往，使得两个人的关系成为谜语，到结尾处更是因为这对男女的相拥自杀而愈显神秘。这个谜语在《传奇》里是蒲小月与准妹夫之间的暗恋究有几何，在《风中有朵雨做的云》里是尹欣到最后也不确定丈夫与闺蜜有无私情，在《尖叫》里是今丽猜测丈夫梦中所唤之人是否就是其美丽的同事笑贞。付秀莹通过环境、气氛、悬置等对这些谜语反复进行渲染，将所有的叙事安排和诸多可能性都若有若无地指向故事的结局，仿佛随时就要引爆那个惊心动魄的瞬间。但最终，什么都没有发生。

究其实，是在付秀莹看来，谜底为何并不重要，重要的是人生世间，必会遭遇那些痛楚、艰苦、挣扎与索取而不得、欲求而落空的困境，这些困境化作日常化的情绪与事态，等候在生活的必经之处。无论是《有时岁月徒有虚名》《空闺》《九菊》中在农村生活的祖父辈和女性，还是《秘密》《无衣令》《世事》里到城里打工的村民，抑或是《闰六月》《旧事了》《曼啊曼》里成功跳出"农门"后在城里定居甚至功成名就的主人公们，都有着与生活苦苦周旋博弈的那一份卑微和苦涩。即便是城里人，光鲜亮丽的生活背后也隐藏着千疮百孔的真实。《海棠在两个早晨仓皇出逃》里海棠的出轨以双重丧失而狼狈终结，《蓝色百合》里的水青因对陌生男子的一丝渴慕而送了命，《刹那》里的路小影被暗恋者拍下裸照受到威胁，《如意令》里的乔素素再嫁给海先生虽被称羡却有抹不去的心结，《出走》和《火车开往 C 城》里的男主人公以短暂出走或想象出轨表达对婚姻的厌倦，《对面》和《百叶窗》里的女主人公面临着职场危机与搏杀。付秀莹将这些不同来路的主人公及其故事和命运安置于同样的困境之中，写出了他们的彷徨、无助、绝望。

但是，她要做的，并不是对这艰难发问和诘难。一方面，她在无常的变迁里观察人性的变质，将庸常的故事讲出新鲜的曲折。比如《夜妆》里的郁春在一次没有目的的旅行中，看到对面的男人想起了初恋情人尹剑初，思绪又不得不回到现实中与文学名流周一洲的婚姻。她历尽苦辛总算得着了光鲜的生活，没想到这生活却是破碎的。百感交集之中，她拿起手机给尹剑初打电话，却看到对面男子的枕头在震动。他是尹剑初吗？枕头的震动是否是她的幻觉呢？小说没有给出答案，不敢面对现实的郁春把头埋进了被子里。这样的多重转折在付秀莹的小说中比比皆是，引人入胜。另一方面，她也看到了人在无论如何凋敝荒凉的生活里依然葆有着人之为人的情意与心思，从而将人世的一段苦楚、一段凄惶转化为了婉转的内心风景。比如《琴瑟》写一对收废品的夫妻，丈夫勤勉，妻子手巧，日子虽说艰难却也温馨，但妻子仍然怀有一桩与生计、与丈夫无关的绵邈虚妄的心事，就是对那个不知名的城里清爽男子一份暗暗的情愫。《当时明月在》里爷爷与其继母花萝之间的发乎情止乎礼、《锦绣年代》里"我"对表哥的隐秘心事、《笑忘书》里姥姥对姥爷长持一生的怨念，最终都融入了乡村宁静绵长的呼吸，共同构成了人间烟火的诗性传递。

　　由此，沿着梦境、留白等书写策略以及对人世间心存的那份洞悉与疼惜，付秀莹逐渐抵达了叙事的宽度。她的文学理念和勇气来源于一种信念，这个信念无关乎信仰、宗教和思想，而是从乡村生活里领悟到的那一份天地浩渺至无穷、至生生不息的实存性经验："鸡鸣狗吠，日升月落，婚丧嫁娶，人事更迭。一些东西凋谢了，一些东西新生了。一个被中国文化喂养大的人，谁敢说，对这样的日夜不是心中有数的呢？"① 因此，在她看来，写出乡村的生活，写出个体的命运，也就是写出了"中国"的浩荡心事。她的小说正是在这种丰饶和辽阔之

---

① 付秀莹：《我为什么执着地书写中国乡村》，《学习时报》2017 年 8 月 4 日。

上焕发出了庄重的气息与真挚的爱意。

第二节 追忆与转述：审美与实践的矛盾

付秀莹擅长描写乡村的风景，她从孩童或亲历者视角对芳村的自然风景、风俗人情所做的描述一向为人称道，由此构成的从容缓慢而富有诗意的抒情风格亦一向为评论家所瞩目①，这是她将当代文学与古典文学传统进行化合的重要贡献，也成为她具有高度辨识性的美学标志。

在关于日常、关于乡村的写景方面，付秀莹明显受到中国传统文学及其营构方式的影响。她笔下的风景以日常化和人情化而与乡土中国的典型环境保持着高度一致，同时以恒常的安静、徐缓的节奏和柔美的光晕而与深邃幽静的古典意境息息相通。《爱情到处流传》中，当生活向着孩子缓缓打开时，她第一次稚嫩而好奇地感受着、触摸着自然之美：叶子肥厚的绿树、长着薄翅和长须的虫子、绯红热烈的云霞、色彩缤纷的庄稼、寂静如墨的黑夜……孩童的视角使其看到的风景带着初始化、自然化的质感。《小米开花》将少女眼中逐渐成熟的世界与乡村多变的风景联结在一起，如鸡笼子、豆角架、悠长的蝉鸣、"肥沃，辽阔"的午后、跳跃着金粒子的阳光、水银般荡

---

① 武歆：《追随中国古典文学的脚》，《北京青年报》2016年12月2日；岳雯：《与风景相遇——读付秀莹的〈陌上〉》，《人民日报》2017年5月24日。

漾的月光等。这些风景与其说是"芳村"的，毋宁说是"中国"的，它们深植于千年乡土中国的脉络之中，以不变的形态和气息隐含在农耕文明的成熟矿层里，为广阔大地上的中国乡民源源不断地提供着安宁如昔的慰藉与繁衍生息的资源。

与《爱情到处流传》在视角和气质上有着相似之处的是《旧院》等回忆童年的篇章，它们追忆并一再确证着故乡恒常不变的田园景致：

> 直到现在，我依然记得，在旧院，一群姑娘坐在一处，绣鞋垫。阳光静静地照着，偶尔也有微风，一朵枣花落下来，沾在发梢，或者鬓角，悄无声息。也不知道谁说了什么，几个人就哧哧笑了。一院子的树影。两只麻雀在地上寻寻觅觅。母鸡红着一张脸，咕咕叫着，骄傲而慌乱。
>
> ……
>
> 从前，人们悠闲，从容，袖了手，在冬日的太阳底下，静静地晒着。或者是夏天，夜晚，搬了小凳，到村东的大树下纳凉。老人们摇着蒲扇，又讲起了古。戏匣子里，正在说评书。庄稼的气息在空气中流荡，让人沉醉。①

---

① 付秀莹：《旧院》，《十月》2010 年第 1 期。

作者以富有灵性的语言和白描短句，将童年回忆里的景象与亲人们的生活融合在一起，写景、叙事与抒情话语的边界交汇叠合，共同塑造出了如诗的意境，绵延的情韵。这在《迟暮》《空闺》《灯笼草》《除却天边月》等作品中也有所体现，小说将记忆主体的心念所系覆盖在乡村的整体风景上，拓取出了一幅幅淡雅安谧的水墨图。这种风景的嵌合在付秀莹的小说里节奏频密而且相当迷人，以非功利的美学存在构成了对日常生活的诗性呼应。

"风景"不仅有自然风景和人文风景，还包括一时一地的饮食习惯、风俗观念。付秀莹擅长将时令节气的风俗与季节的变换、自然的景致相融合，通过邻里村民的言语行动营造出节日的气氛，也令那在古老风俗里得以滋养的乡村生活摇曳出了动人的韵律，如《六月半》里提到的"六月半，小帖串"，指的是当年娶新的人家六月里把喜帖送到女方家，再如《三月三》里的"农历三月初三，万物都醒了，是个好节气"。这种对传统节令的重视与亲近本身就是一种古老风景的重构。《陌上》由始至终都交替性地贯穿着乡间的风景与时节，它们柔化着也深化着伦理和乡村秩序，由此生发出绵软温暖的人情味和对人间生活的珍视，小说的节奏也因此缓慢下来，情感交流的审美性与抒情性得以突显。

值得注意的是，在付秀莹的小说里有着一种明显的断裂或者说矛盾，它横亘在恒常静谧的"风景"与游移变迁的"人世"中间，两者之间的静与动、慢与快、亲切与疏离、古老与

现代等诸多差异形成了反向的扭结。"芳村"的风景是古已有
之、千年未变的。不过，作者的抒情仅止于芳村自然景致和时
令节气的描写，其怀旧只在记忆掠过熟悉事物的刹那降落其上
停留片刻。具有古典韵味的意境只是小说的"外壳"，更为重
要的是小说的内里，关于芳村的当下和芳村当下的生活。芳村
人被大面积地卷入了离土别家、进城打工的城市化进程中。但
是，无论是进城的还是留下的，都同样经历着被金钱、婚变、
伦常恶化等现代生活环节所异化的痛苦，成为被"秩序构建"
和"经济进步"所剥夺和抛弃的"过剩"的"废弃品"。①

　　面对着"风景"与"现实"，付秀莹在写作态度上也不自
觉地流露出了不同的感情与笔触。当她写到静的生活风景时，
她的笔触是温良悠扬、饱含情致的；当她写到现实生活时，叙
事风格开始变得疏离、隔膜甚至有些漫漶。有批评家注意到了
付秀莹的这种写作趋向，认为作家讲述了芳村同时"被'现
代'照亮"和"向'现代'屈服"的状态②，或称之为乡村生
活里"古典与现代"的矛盾③，这是对付秀莹文本细读的一个
重大发现和有价值的判断。在此，让我感兴趣并愿意持续追问

---

① ［英］齐格蒙特·鲍曼：《废弃的生命——现代性及其弃儿》，谷蕾、
　　胡欣译，江苏人民出版社 2006 年版，第 6 页。
② 孟繁华：《历史合目的性与乡土文学实践难题——谈乡土文学叙事的
　　局限与合理性》，《光明日报》2017 年 3 月 27 日。
③ 岳雯：《〈陌上〉：古典的抑或现代的》，《长城文论丛刊》2017 年第
　　2 期。

的并非断裂或矛盾的表象，而是，同样是书写芳村和芳村人，为什么会出现两种叙事风格的断裂？作家在书写这种断裂时，其叙事动机和意识为何？叙事目的何为？

我以为，这种矛盾可以称为审美与实践的断裂，是不同文化视角带来的内与外、记忆与现实、主观与客观等方面的判然有别。当付秀莹面对乡村时，她是以"文化持有者的内部眼界"① 进行书写的。她通过记忆世界和真实生活的经验与符号凝视并构筑着"芳村"。由于她在童年和少年时代所经历、所见证过的中国乡村依然保持着古老的风韵与景致，于是她的"芳村"风景也就执着地追随其记忆而亘古如常地安静诗意；当她书写故土亲人的当下生活时，她已经远离了故乡，主要通过与父亲的电话和偶尔还乡了解乡村。这种了解经过了双重甚至是多重的转述，与其作为经验主体的意识相隔甚远。可以说，就前者而言，是"自我"的还原，是静态的、与乡土传统息息相关的审美存在；就后者而言，是"他者"的转述，是动态的、作为当代生活形态的实践存在。

这种审美与实践之间的断裂或悖离，在付秀莹的城市小说里也同样存在。主人公目之所见、所感的风景是稳定的、恒常的，比如永恒常青和散发幽香的国槐，比如大学校园里金黄美丽的银杏树，比如《旧事了》中所写的北京最好的季节：

---

① ［美］克利福德·吉尔兹：《地方性知识——阐释人类学论文集》，王海龙、张家瑄译，中央编译出版社 2000 年版，第 72 页。

秋天是北京最好的季节。这是真的。晴朗的日子里，天空高远，极目眺望，让人有一种温柔的眩晕。而大地，是饱满的果实，又绚烂，又寂静，不动声色，而汁水充盈。你喜欢秋天。那是你生命中最好的季节。①

作者通过人物的感受将风景与叙事融合起来，用诗意的语言将风景化作点染情节和人物心境的元素。这里的颜色、气味、芬芳、清朗、丰硕仿佛是从大半个世纪前老舍的《四世同堂》、郁达夫的《故都的秋》里摘出来的，未曾改变过的质地与触感。

与这宁静恒常的风景相悖的是，人物的生活处于快速发展和变幻莫测的城市节奏里。付秀莹的城市小说有一个常见的叙事模式：主人公靠着一支笔，通过读书从乡下奋斗到了京城，拥有了户口和稳定的工作。"在北京，多的是路由这样的外省青年。他们从最底层干起，尝尽艰辛，一步一步，努力向前冲。他们的人生理想，是在这个城市扎下根，发芽，开花，结果，绿树成荫。"（《旧事了》）但是，由于种种不甘心，他们以有违正常生活的模式来反抗即将成型的固化，其结果无非是加速的堕落、毁灭甚至是死亡。女性放弃了结婚生子的顺遂人生，做了功成名就的某大佬或业内某翘楚的第三者。《那边》里的小裳和老边、《当你孤单时》里的春忍和南京、《那雪》里

① 付秀莹：《旧事了》，《芳草》2012 年第 4 期。

的那雪和孟世代、《幸福的闪电》里的蓝翎与左恩、《红了樱桃》里的樱桃与唐不在、《韶光贱》里的小真与其导师，均属于这种模式。《如果·爱》《如何纪》《绿了芭蕉》和《秋已尽》里的男主人公则迷醉于浮华的生活，或以婚姻代价换取事业的成功，但情感和欲望的缺口显黠得近乎残废。这些失败者在"广纳百川，不择净秽"①的城市里奔波辗转，以精神上所经受的苦役和折磨诠释着、佐证着作者的叙事设置：作为审美意识存在的"风景"与作为社会实践存在的"拉斯蒂涅"们的欲望冲动之间矛盾丛生，它们冲撞着理性与秩序的边界，带来了美学上的强烈冲突和对比，也带来了叙事的多层面、多元化的阐释空间。

在种种断裂或悖离之下，一种抑制不住、驱散不了的心结依然在沉浮跌宕，那就是主人公凭着"一撇一捺"从芳村来到城市，最终在城市安身立命的心路历程，这里头包含着无尽的酸楚、痛苦、博弈、绝望，它们在付秀莹的城市叙事里被反复地渲染与书写，由此展开的关于婚姻、情感、个人奋斗的价值判断及其书写，提供了一个重要的社会学阐述。那些在渴望、欲念、婚姻、爱情中冒险并连续受挫的主人公们，最终只能在无法挽回的流逝里形单影只，空留遗恨。《现实与虚构》以"元小说"手法，讲述于芳菲通过写小说将自己的生活纳入

① 付秀莹：《在城市的灯火中回望乡土》，《光明日报》2013年8月23日。

其中并按照理想进行篡改。"外表是现代的，骨子里却是传统的；或者说，外表是传统的，骨子里却是现代的"，这是作者对于芳菲形象的描写，也代表了主人公在"进城"过程里磨砺出的矛盾性格。在漂泊中，主人公对故乡的宁静生活产生了极大的渴望与嫉妒。《红了樱桃》里，樱桃切实感受到的城市生活是孤独的、无助的："这么多年了。她一个人在北京。没有户口。没有房子。没有老公。没有孩子。一个人。像一个孤魂野鬼。在远离家乡的这座城市，孤零零地游荡，游荡。"这与她的姐姐和母亲最后能"笃定""如归"地回到土地深处的安宁乡村生活构成了鲜明对照，她就在这两极之间不断地彷徨、踟蹰，但她离不开城市，也回不到乡村。"与其一辈子老死在一个小圈子里，愚昧、麻木地活过，不如在北京这个该死的城市，跌跌撞撞地试试运气，即便碰得头破血流，至少，那疼痛也是真实的吧。"这种悬搁的状态就是异乡客的命运。

这种情感上的游移、性格上的两难，显示出了主人公在"当下"（城市）对于"过去"（故乡）的眷恋，以及难以磨灭的旧日痕迹。付秀莹通过主人公在双重矛盾中的挣扎与不无凄凉的结果告诉我们：我们每个人都有自己生命的"根"和来处。但是，是我们自己蹂躏了故乡，抛弃了故乡，埋葬了故乡，将自己连根拔起变做了如寄的飘蓬，从此以后只能在风雨飘摇的想念里枉自追忆。故乡，再也回不去了。

第三节 "陌上中国"与乡土书写

中国历来有乡土书写的传统，从五四乡土文学到延安革命化乡土叙事，到新中国初期的"土改"和"农业合作化"等社会主义改造题材，再到20世纪80年代的土地承包、经济改革等叙事，乡土书写在中国现代文学以来的谱系里占据着重要的位置。在当代文学的乡土书写中，不乏铁笔与巨擘。丁玲、赵树理、柳青、孙犁、周立波、梁斌固然是在社会主义意识形态的主题下描摹乡村，但深植于个体美学素养基础上的风景描写、文人笔法、伦理规范，却在历经时代变迁后依然散发着强烈的艺术感染力。新时期以来的高晓声、路遥、陈忠实、莫言、贾平凹、格非、迟子建等作家更是为乡土书写提供了富有中国美学和地方性特质的文本。时至今日，虽然乡村在现代性进程中正在遭受严重的创伤与损毁，但关于乡村的书写并未断绝。"70后"作为拥有乡村生活的最后一代作家，他们依然在源源不断地书写着对于故乡的情感与经验，以丰富的叙事才华与能量构筑着属于一代人的"文学地理图"。

从2009年的《爱情到处流传》开始，付秀莹的乡村书写得到了广泛关注，2016年的长篇小说《陌上》更是颇受好评，其古典意境、人物白描、风景素描与对现实的苍凉再现，都诚恳地践行着作家对于乡村及其在当下中国语境里的经验剪裁与情感书写。有人称付秀莹写的是"陌上中国"："《陌上》之前，'陌上'属于唐诗宋词；《陌上》之后，'陌上'将属于付秀莹。"① 事实上，"陌上"这一书名所承载的中国传统"农事诗"的意象积淀和"柔桑嫩芽"般情窦初绽的光华，与其内容恰成差异性的甚至是反向的对比。毋宁说，作者是以此作为回忆、怀想和可依偎的青葱界碑，为童年的乡村、童年的记忆，祭出了一份久远深阔的情感涌动与想象性建构。

在诸多笔谈与访谈中，付秀莹都一再讲述过她书写乡村故乡的叙事动机与格局。和大多数作家一样，她也是在"现在时"的城市生活里回望"过去时"的故土，在"文字的丛林"中找到了"还乡的小路"。② 但是，她更多的是将自己还原到童年和少年时代的"芳村"，借助于钩沉、打捞、描摹、怀想等仪式，去追忆和处理那些无法挽回的流逝，去重新构筑那个滋养自我的精神来处。这使得她在关于中国乡村的当代写作谱系中，获得了一份别样的叙事质地与审美属性。

> 中国传统文化流过千百年，流过世世代代的乡村生活，深厚的丰富的积淀，都在中国乡村日常生活的河床上，沉默地留存着。那些乡村人物在他们熟悉的乡土上，在千百年来中国乡土的巨大传统之中，他们自在，从容，

---

① 王十月：《陌上花开异旧时》，《人民日报》2017 年 1 月 25 日。

② 付秀莹：《在城市的灯火中回望乡土》，《光明日报》2013 年 8 月 23 日；付秀莹、李云雷：《城市，依然陌生，写作，就是还乡》，《北京青年报》2010 年 11 月 11 日。

不慌不忙。

……

当时代的洪流滚滚而来的时候，我的芳村经历了什么？那些生活其中的人们，男人，女人，老人，孩子，他们还好吗，他们安宁吗，他们是不是也有内心的惊惶，迟疑，彷徨和茫然？大时代的风潮涌动扑面而来的时候，他们该如何自持，如何在乡土的离散中安放自己？我仿佛看见，他们在剧烈的变化之中，俯仰不定的姿势，百般辗转的神情，听见他们内心的急切的呼喊，还有艰难转身的时候，全身骨节嘎巴作响的声音。①

《陌上》的部分章节之前作为中短篇发表过，可以说，在付秀莹的写作图谱里，"陌上中国"并非是一开始就有的整体性设想，而是在写作中逐渐成型成熟的。作为长篇，《陌上》主要以人物群像为结构和支脉，以"散点透视"的方法、"桔瓣式"的布局和"三言二拍"式的白描，以日常生活如赶集、农忙、娶新、嫁女、打工、过节、婚葬等将人物关系连接起来，蒸饺子、打月饼、包粽子、腌豆酱、做韭花等朴素的食事则在与风景、节气的缠绕中，将乡村生活交织出动人的面目和稳定的韵律。这种"红楼"笔法使小说更接近于传统小说的格

---

① 付秀莹：《我为什么执着地书写中国乡村》，《学习时报》2017 年 8 月 4 日。

调与质感。每一章开始前的关于"芳村生态学"的描述，则以散文诗的美感淬取出了乡村自然逻辑与生命循环的精髓要义，与故事内容一道构成了心事和情感的互证。

写人物是小说的题中之义，写日常生活是近年来尤其是"70后"的重要叙事主题和价值所在，"我们这一代人写作的意义，可能正来自于'经验写作'，来自于我们每个人独特的、不可复制的日常经验。"① 这已经成为一代作家和评论家的共识。他们都确切地意识到，"70后"成长和经历的是一个"小时代"，是卡夫卡而非托尔斯泰的时代。因此，琐屑和日常不仅是生活的内容，也是生命的内容，这种叙事"不仅确立了人的身心存在的统一性，也确立了人与物之间的统一性，传达了'对日常生活的诗学肯定'就是'对人性与生命的自觉肯定'这一美学思想。"② 不过，将人物和日常生活作为长篇小说的主要基底与结构，《陌上》可能是当代文学中首次这样处理的。它绕开了波澜壮阔的经济改革、社会更迭等重大主题，而以具象丰饶的细节、微妙复杂的关系、绵密缠绕的心思，对时代作一侧面的回应与再现。这种书写不同于路遥、陈忠实、莫言、贾平凹以宏观视角和寓言手法写就的长篇乡土小说，它要做的不是判断，而是展现；不是结论，而是记录。

---

① 魏微：《日常经验：我们这代人写作的意义》，魏微《坐公交车的人》，当代中国出版社 2015 年版，第 69 页。

② 洪治纲：《代际视野中的"70后"作家群》，《文学评论》2011 年第 4 期。

但是，这并不意味着付秀莹放弃了价值立场与情感趋向，她所了解的当下乡村现实仿佛一道涌动的激流不断地冲击着、强化着她的叙事动力。她将人物作为乡村群像的展示放置于当代中国的乡土结构及其带来的变迁之中，赋予了那些在冲突、矛盾、欲望之中的人物以深切的凝视与观察。这使得作者的笔触从传统乡村关系的细描游荡开去，而着力于现实环境带来的改变。翠台与素台虽为姐妹，但小说并没有详细描写其姐妹情谊，而着重讲述她们之间由于不对等的经济状况带来的无法平等的金钱关系；难看为了家里的饭店生意，默许了儿媳妇春米与建信之间的不正当关系；开工厂的团聚夫妇面慈心软，被亲兄弟和小姨子坑骗而破产；瓶子媳妇年幼时被村里的瞎眼老四诱奸，婚后为了家里利益和乡里秘书银栓、厂长增志有了私情；大全为了不让儿子娶望日莲竟然亲自用"仨瓜俩枣"勾引了她，完全无视这其中的乱伦。喜针与不孝儿媳吵架，小鸾被子侄辈的中树非礼，贫困老人喝农药自杀，靠赌博发财的扩军被称为"能人"，返乡的读书人遭到冷落和讽刺，诸如此种，令人想到中国当下乡村已经不再是乌托邦，而是和城市同样经历着"金钱、权力、性"带来的道德观念的朽败堕落。如韩少功所说："城市有的问题，乡村差不多都有；城市里有的话题，乡村里差不多也都有。"① 城市固然不是现代文明的终极指向，乡村也不再是心灵与精神的栖返之地。倘若

---

① 韩少功：《观察中国乡村的两个坐标》，《天涯》2018 年第 1 期。

将《陌上》置放于当代乡土书写的坐标图里进行纵向比较的话，可以看到，付秀莹为我们提供的不是莫言和贾平凹笔下那些在历史、现实变迁中突显的个人形象，也无意建构类似于格非、迟子建笔下那些善好的乡村，她要做的是写出当代中国乡村如何在资本与权力的裹挟下发生着异化，写出曾经稳定向善的人心、人性、人伦关系如何"变形"及其给人物带来的命运的转折、修改或损毁。这是《陌上》向我们传递的重要的观念变化，也是付秀莹在经历城乡双重生活之后得到的点化与启悟。

作为女性作家，付秀莹给予了乡村女性以更多的关注。她讲述在乡村秩序中处于弱势地位的女性的故事和命运，展现出其备受侮辱、欺凌与压榨的状态。这里有"芳村内"和"芳村外"两类女性可作对比观照。从"芳村内"的女性来看，《苦夏》和《翠缺》都涉及芳村女童被叔伯长辈诱奸的题材。翠缺幼时被大战诱奸，成年后因家境不好，又要供妹妹读书，不得不去大战的家具厂干活，大战还想占她便宜，她最后拿剪刀插死了大战。翠缺受到的凌辱是双重的，其反抗也是致命的。"芳村外"的女性指那些通过买卖或利益交换被迫嫁到芳村的媳妇，《大青媳妇》中的女主人公以开赌场和卖身养活丈夫，无意中惹出命案；《蜜三刀》里的穗子娘带着穗子改嫁给智障秋叔，在芳村人异样的打量里艰难度日。小说对穗子娘的点评隐含着作者的判断："穗子娘，温绵，随和，在尘世间，她是俯身低就的。也因此，她看得清人情世故的每一个拐弯抹角之处。她洞悉它们，然后，抚摩它们，怀着深深的疼惜与同情。"小说通过小女孩的视角和感受，描写成年女性的美好、生动、温顺、能干，也将她们的哀伤痛苦、绝望无助展现出来。作者要讲述的并非通常的性别叙事和社会冲突，而是女性在传统乡村的必然性的悲剧命运，"芳村"之内外莫不如此。

如何为"陌上中国"找到精神依托，恢复其活力与生命力？对此，付秀莹以《跳跃的乡村》间接作出了回答。小说讲述村长得来招来了小红缨教大家跳舞。秋然的女儿小满从城里回来，建议村长将跳舞的人分组，年轻的跳快舞，上了岁数的跳秧歌舞。人们从羞涩保守到积极参与，心态逐渐发生了变化。跳舞不仅带来了新的乡村格局与生活变迁，也改善了芳村萎靡的精神状态。黄灯在非虚构作品《大地上的亲人》中提及如何改变乡村生态这个问题时，提到过一些有效的方案，如"非遗"项目的引入和对传统文化的重视。付秀莹则以虚构作品尝试性地提出了当下乡村如何从被异化、萎缩的精神状态中自我拯救的路径。

"芳村"之于付秀莹既是肉身的故乡所指，也是文本中的乡村建构。"故乡"这个词本身就意味着剥离，而只有剥离开来，才能抵达更好、更完整的书写。① 关于当代乡土写作，有

---

① 2017 年 10 月 22 日，北京十月文艺出版社、十月文学院联合主办"梁鸿、付秀莹对谈：虚构与非虚构——乡土经验的两种表达方式"的文学讲座。

研究者指出，任何一个作家都不可能讲述现代性进程中的中国乡村的全貌，其局限性之中便自动携带着合理性①，反之亦然。所以，对于当代作家来说，重要的不是讲述的内容，而是讲述的姿态：不要在城市里做"返乡梦"，也不要回避乡村现实的尖锐冲突，而应切实认识到中国当下乡村的问题并将之尽量客观翔实地展现出来。在这方面，付秀莹的写作提供了一种尝试。

在"70后"中，付秀莹的乡村书写独具特色，她有足够的经验和能力对乡村景致与生活进行铺展。不过，叙事的难度依然存在。城乡双重生活成就了她，也造成了一些限制，如对待城乡的二元化对立态度，如将情欲婚恋当作城市书写的主要题材而导致某种模式化，这在沈从文那里也出现过。这种态度既受限于作家的经验域和价值观，也是对中国城市化进程过渡阶段的观念呈现。

作家面对城乡时并不需要作出非此即彼的选择，褒贬是可以共存或多元化转换的。对作家而言，能否以更加丰富、更有弹性的视角观察城市，是当下与未来的一个重要挑战。不仅能看到城市在文明进程中的资本"余孽"和欲望"恶之花"，也能看到城市对于现代个体意识和现代生活的活力塑形，这需要作家尽量避免或消解叙事上的"不冒险主义"。由于未经时

---

① 　孟繁华：《历史合目的性与乡土文学实践难题——谈乡土文学叙事的局限与合理性》，《光明日报》2017 年 3 月 27 日。

间的提炼和沉淀，要对城市生活的滚滚洪流和宽阔人性作出即时性、独立性的价值判断，必然存在着一定的风险。如何书写，怎样抉择，这取决于作家的叙事力量与价值判断。

第十章　梁鸿：抵抗遗忘的艺术与意义

　　梁鸿是目下少有的兼具多重身份的写作者：作家、学者、大学教授。这种身份的叠合在"五四"新文化运动中很常见，只不过后来经历了学科的细分、研究的窄化和行政系统分门别类的管理，致使"单向人"成为学术发展中的普遍现象。身份的叠合使梁鸿的文化思想资源与理性思维得以合理流动和分布。"梁庄"系列遍布着她对于少女时代生活细节的柔软回忆，同时也以冷静的思考和深远的忧惧表达着对于故乡既亲近又陌生、既熟悉又悖离的情感态度。两部"梁庄"在海内外甚有影响，它们成就了梁鸿，同时也给她打上了一个显眼的标签，以至于有的三农研讨会、农业会议都会邀请她参加。一个一直从事文学研究的人竟然成了农村问题专家，这让从少年时代起便着迷于文学的梁鸿终究心有不甘。

　　"梁庄"之后，梁鸿决意从"非虚构"重返"虚构"。她要摆脱呆板、严肃、枯淡的人为印记而进入文学叙事的丰饶空间。她决意不再"实录"和"记载"，而是以烟火气息和感性话语讲述关于"吴镇""穰县"的故事。她将以故乡为蓝本的经验提取出来，观察中国县镇的生存样态与人文景观，在那里发现了种种悖论、矛盾和复杂的现代性逻辑，这就是她的《神圣家族》（2015）、《梁光正的光》（2017）和《四象》（2020）。在她笔下，中国乡村现状、人物命运及其与传统和时代之间存在着千丝万缕的复杂联结，她的创作已经成为中国当代文学乡村 / 城镇叙事谱系的重要部分。

第一节 "梁庄"与土地的黄昏

2010 年和 2013 年，梁鸿分别完成了非虚构作品《中国在梁庄》和《出梁庄记》。两部"梁庄"，既凝结着她对于故乡和乡亲们生存现状充满忧思的书写，也包含着她作为一个知识分子对中国现代化进程中日益严重的乡村问题、城乡对峙和"人"之精神自由等问题的深入思考。

在《中国在梁庄》中，梁鸿通过梁庄人朴实的叙述，向我们展现了一幅令人痛惜的乡村画面。首先是外部力量导致的失衡。梁庄建起了砖厂，破坏了土地生态。化工厂的废水排到清澈的河流里，散发出让人窒息呕吐的刺鼻味儿。随着经济的变化，老屋不再住人，到处是残垣断壁，倒塌的房屋和院子成了废墟，代之而起的是平直的公路、新的生活场与聚居群落，它们昭示着财富、权力与阶层的分野，与受伤的乡村共同改写着乡土中国的内在肌理与生命根系。在叙述已成废墟的故乡时，梁鸿融入了"原乡少女梁鸿"的抒情视角。她曾经在这里度过了无忧的童年和少年岁月，这片土地寄寓着她的天真情愫与美好回忆。而现在，她只能面对已然破碎污损的家园，默默地再一次承受与故土分离或许是永远诀别的痛苦。她明确地感受到：土地的黄昏正在迅速地逼近。

当土地不能再为农民提供生存的基本条件与情感慰藉时，大多数人选择了进城打工，这对于乡村原本完整融洽的家庭和家族结构造成了巨大冲击。梁鸿通过一个个惊心动魄的故事展现了夫妻分离、父母孩子分离、老幼留守的乡村现状和问题：那个杀害强奸 82 岁老太的优秀沉默的王家少年，以及隔代教育的经济与感情问题，还有被改成养猪场的梁庄小学，都成为裸露于乡村的巨大"伤疤"。人们对这些"伤痕"视而不见或视之平常，殊不知，正是这些细部的损毁深刻地改变着乡村。

更为重要的是，随着贫富差距和生态恶化，乡土中国内在的淳厚、守正、公义、家族伦理都遭到了毁坏。中国乡村社会历来是自我封闭的，这使得它在保存安定生存格局的同时，也拥有着强大的自我修复能力和在残酷生活中循环往复的力量。这也可以用来解释为什么 20 世纪中国乡村在无数次土地运动、战争和革命之后能够"自我疗伤"和"复原"。但是现在，这些伤口和溃败处流着泪淌着血，再也难以愈合，这才是梁鸿最为哀痛和不忍目睹的。因此，即使基于《中国在梁庄》的非虚构性质，作者并没有直接对乡村现状进行议论，但那无声的展示、忠诚的描摹、细致的记录本身就构成了结实有力的批判。

如果说《中国在梁庄》是"由外而内"的观察与记录的话，那么，《出梁庄记》则以"由内而外"的方式讲述梁庄人对故乡的离别和"放弃"。这是一种更为深重隐蔽的乡村危机。与第一代农民工相比，第二代、第三代打工者连乡村的记忆与念想都不会再有。他们有的在少年时代即走出了乡村，有的是在城市的贫民窟或城乡接合部出生的。梁鸿在访谈过程中深切体会到，在乡村记忆褪色、消解、丧失的过程中，实际上隐藏着乡村迭代的无奈。这是更为荒凉和令人绝望的"土地的黄昏"：不但大地遭到了掠夺和破坏，就连曾经忠贞坚守的大地的"守夜人"也已经撤离，或者消失。

为了写作《出梁庄记》，梁鸿走访了北京、深圳等各地的梁庄人，他们所从事的工作都是又脏又累的，甚至有生命危险。随着她对万国、光亮叔、恒武、梁磊、小柱、金、李秀中、丁建设、云姐、小海、黑女儿等具体的"人"的描述，一个个"黑洞"展现在我们眼前：校油泵的奔波与辛苦、富士康重复劳作的"打工人"、翻砂厂电镀厂的剧毒环境、三轮车夫的"羞耻"与"暴力"、少年们的匆促相亲和利益交换、暴死异乡者被秘密迅疾地千里送回故乡……梁庄人离开了村庄，却被抛入了"非现代""更农村"的环境，他们在那里辛苦劳作，作为个体的俗世欢乐与精神自由被仅能维持最低限度的辛苦生存所抹杀，最后在城市的某个角落无声无息地沉没。当梁鸿和梁庄人一样置身于这些"黑洞"中时，她为那些被吞噬的鲜活生命感到震惊悲伤和凌割血肉地疼痛。她将悲伤激烈的情绪转

化为了具有现场感的客观实存，让那些在繁华现代化表层下的
边料暗角被说出，被看见。有人指出，两部"梁庄"中有大量
的死亡。对此，梁鸿说自己在写作时并未有意识地进行死亡导
向，而是依据现实写出，这些事件唤起了种种"哀痛"和"忧
伤"，它们可以有效地"对抗遗忘"①。时间流逝，我们还能够
清楚地观照到那些生命中的惊涛骇浪或细微涟漪。

关于中国乡村现状的调查，近年来颇引人关注，如陈桂
棣和春桃的《中国农民调查》、曹锦清的《黄河边的中国》、张
彤禾的《打工女孩》、丁燕的《工厂女孩》等。除了郑小琼的
《女工记》，它们几乎都是作为"外来者"的客观调查与叙述。
与之不同的是，梁鸿本来就是梁庄的女儿，即使客寓他乡，她
依然与生俱来地与梁庄之人之魂同在。这一回，她带着记忆与
痛惜将自己重新放回梁庄，以带着体恤暖意与思想光泽的文字
写出了她之所见，也无比诚实地写出了自己在这一过程中生出
的嫌恶、厌倦、逃避和冷漠。这种自我省视与呈现尤为可贵，
它是对中国现代知识分子面对乡村一贯的"俯视"与"启蒙"
姿态的矫正，表明她是梁庄的一分子，她与梁庄人有着荣辱与
共的生命体征。她向着自我的来处和"梁庄"敞开，也向着精
神与思想的世界敞开。

黄昏渐近，"黑夜"将临。在无边无际的昏暗里，心怀柔
软的梁鸿还是为我们拨亮了一线星光：外表害羞、内心辽阔的

---

① 梁鸿：《写作对抗遗忘》，《文学报》2013 年 7 月 29 日。

巧玉；清贫淡然、对世界有着自己智慧理解与阐释的贤义；拿出十分之一财产到汶川赈灾的万敏；还有主动担当"引导者"的父亲，他们凭借着在艰难世事与变化无常中悟得的朴素理念以及自我划定的生存边界，活出了超越"梁庄"、甚至是超越"乡土中国"的精神景致，这使梁庄在满目疮痍中还能葆有爱、温情与尊严。这也许是梁鸿痛切呼唤"乡愁"得以可能的情感支撑，也是她将哀痛和忧伤转化为抵抗遗忘的最好慰藉。

2021 年，《梁庄十年》出版。事实上，这十年来，梁鸿从未停止过对故乡的观察。那个地理学上的故乡早已与她的创作生命、学术生命融合在了一起，铺展在她的心上，一如来自母体迢遥而血脉相系的召唤。在《梁庄十年》中，过去与现在、失去与复得、伤害与疗愈等种种巨大的反差糅合在一起。"十年"作为一个时间轴，将梁庄联结起来，使之成为了一个循环体，也成为了变迁中的中国的微型缩影。可以说，梁鸿和梁庄都是幸运的，他们互相"发现"，共同"成长"。梁鸿在故乡中不断得到"重生"，梁庄则在她绵亘不断的笔墨下成为了中国当代文学史、社会史、乡村史中的一个重要坐标。它自我修复创伤，也自我涤荡污浊，持续不断地为大地上的人们输送着生命热力和能量。

第二节　飞地、幻象与知识青年

梁鸿的《神圣家族》由 12 篇相对独立又有着内在联系的

篇章组成，以"吴镇"为叙事背景。作为中国县镇生活的缩影，吴镇极具代表性，它和县城一样有着相对完整的行政区域、颇为简陋但五脏俱全的现代设施，犹如一块"飞地"游离于主流社会发展和传统伦理之外，这也决定了它吊诡性的逻辑：这里没有中国乡土社会的宗法亲缘关系和"熟人"式的社群，也不像城市在现代文明中达到了高度的个体化。漂浮在县镇更多的是细碎的喧嚣、驳杂的闲话、委顿的人情。

梁鸿关注女性的命运，尤其是她们在脱离了梁庄的农业劳动而又无法进入大城市只能在小县镇安身立命时，她们能否拥有自立的物质和精神世界，她们又如何处理与周遭世界的关系。《美人彩虹》对这些问题给出了答案。彩虹是"彩虹洗化"的老板，她以恋物癖般的热情投入到商业经营中，"她坐在她的王国之中，周边是起伏有致的山河领地，她就是这领地中的王后，正忙碌而又条不紊地处理国事。"她以这个"商业王国"成功地对抗了生活的庸常和丈夫的背叛，获得了金钱、尊严与独立。这个女性从经济中直接获利并以此屏蔽身心伤害的故事具有一定的代表性，成为县镇多层次经济形态中的一种叙事模式。县镇一方面保持着古老恒定的某种形态，另一方面遭受着外来经济的巨大冲击以及由此带来的人们观念的变化。

梁鸿写吴镇，并不讳言那里由于现代观念、政策制度、情色诱惑的渗入而发生的深刻变化。《肉头》叙述的是三对夫妇互相"置换"的故事，"这吴镇啊，早就烂透了。都没一点儿道德。"由于精神的匮乏与可选择生活层次的单薄，在情欲道德方面，吴镇败坏起来可能更有"范儿"。《肉头》采用的是林白《妇女闲聊录》中"木珍式"的叙述方式，充分切合了这窳败、猥琐、细碎的道德内瓤。

一种更为重要的叙事来自于新旧观念的博弈，在《一朵发光的云在吴镇上空移动》中，吴保国要把老槐树砍掉建广场，这引发了强烈抗议。但最终，树砍了，广场建了，反对的人们也习惯了新生活。所有的"旧"都将随着现代生活而成为过去的遗迹，留下来的只有还缺少历史依据的"新"。类似这种博弈为数不少。《许家亮盖屋》讲述了五保户许家亮的"上访"，这真是赶上了时代潮流，他明里受尽委屈，暗里尝尽甜头。"我准备进城了——"这喜气洋洋的宣布令人想起阿Q的"革命"。吴保国前倨后恭的"亮子爷"和"老亮子"的称呼也像赵太爷对阿Q称呼的变化，赵太爷自是心虚害怕，吴保国与许家亮的博弈也旷日持久。

"飞地"吴镇在传统与现代、发展与落后之间是如此凄惶无助，这在《到第二条河去游泳》的亡灵叙述中表达得淋漓尽致。作者的重点固然是通过自杀的女主人公再现生的烦闷和不可留恋以及亡者各式各样的伤心，但幽灵眼中的吴镇也展现出了现代与传统的生硬交驳："庄稼被铲平，房屋被拆除"，"空地一点点变成大路、水泥地、河道、护河堤。"乏味、相似的水泥坡令幽灵陷入了迷失，不由发出"连死都这样寡淡"的叹息。这一奇特的叙事指引着我们记取以下令人心痛的事实：大地上的亲人被连根拔起，再也找不到充满泥土味儿的返乡之路，只能在宽阔齐整的人工河（冥河）里喁喁独语，成为流动的介质中的孤魂野鬼。一种怪异荒诞却充满人间喧嚷的气息，与吴镇正在变异、正在扭曲的种种现实糅合在一起，提供了一个虚无缥缈、无根流转的"幻象"。

是的，"幻象"这个本来指向"不实"和"虚无"的词，用来指认吴镇这块"飞地"可能再合适不过了。吴镇的现实是在传统与现代的罅隙间生发出来，是对一切所谓的繁华、进步、文明的 cosplay，又不可避免地拖拽着自身古老陈腐的旧日痕迹，这使吴镇看起来就像一座五色杂陈、轮廓模糊的海市蜃楼。梁鸿在那些生活在"幻象"中的人们身上发现了欲望的苏醒、人格的表演、精神的困境，也看到了人的可鄙、可悲与可笑，她要写出吴镇人在奔涌突变的时代风潮中、在种种欲念渴求与理性规则之间的挣扎和煎熬。

《好人蓝伟》中，蓝伟从一个"最好的好人"成了失业离婚孤身的中年衰人，其内里含有时代逻辑在他身上划出的轨道与痕迹。在这个"老大哥"热情欢喜的外表之下，隐藏着复杂纠结、不分是非又善于表演的内心和人格，它们指引着他一步步走向"拆烂污"的生活，由此导致的行为逻辑和命运错败令人喟叹，也令人回味。"蓝伟"者，"阑尾"也，不仅无用而且害人。《大操场》中，毅志与吴传有在会看"风水"的老李哥的指点下买房、换房，本是一桩有利可图的美事，却阴差阳错招来血光之灾。梁鸿引入"炒房"这个题材，一方面用当下最疯狂的资本积累方式探测人们追逐利益的底线，另一方面也看到了"神圣家族"内在的忌惮依然强烈地依附于古老的观念，它们与全新的资本运作形成了坚硬的对抗。如果说《好人蓝伟》和《大操场》批判了人们的疯狂欲念及其失败的话，那么，阿花奶奶的故事则勾勒出了空虚与可笑的吴镇"信仰"。在缺乏精神依托的吴镇，阿花奶奶是一个人为制造的虚假精神幻象。这个人前黑衣独居的"神的传话人"，在人后却与一家人过着吃肉喝汤、共享天伦的世俗生活。目睹真相的阿清"浑身发软，只觉得头晕、想吐"，这正代表着人们在精神瓦解后的生理反应。《神圣家族》涉及风水、渎神，目的不是为了奇化，而是以光影般细腻的切换和推进，竭力呈现人们在辽阔世间为自己寻找遮挡之物的薄力与艰辛。在梁鸿温婉有致的叙述和对吴镇风物的展现里，包裹着深深的注视和忧伤。

《神圣家族》中还有一种典型而令人伤感的群像：知识青年（非"知青"）。多年以后，当大学教授梁鸿坐在美国杜克大学明亮宽敞的图书馆时，她会想起自己 14 岁时遭遇的痛苦一幕：她和一个女生自习课时在走廊聊天被批评，她向班干部和班主任辩解自己不是"同性恋"，这个词令他们大吃一惊。班主任愤怒地推搡她，她为此遭受了六天的批判。① 基于 20 世纪 80 年代中国县镇近乎清教徒和禁欲主义的氛围，与"性"有关的字眼更被视为禁忌，可以想象这次推搡事件及其连带的

---

① 梁鸿：《历史与"我"的几个瞬间》，上海文艺出版社 2015 年版，第53—54 页。

羞愧和耻辱对少女梁鸿是一个多么大的刺激。青春禁忌伴随着"规训与惩罚"的双重压抑构成了"70后"艰难而破碎的成长。梁鸿将从自己鲜活的回忆中提取出来的经验进行了戏剧化和个人化的渲染，复原了一代"知识青年"充满耻感、怨怼、热情、空虚的青春生涯。

梁鸿将这种经验在《神圣家族》中予以了还原。在《那个明亮的雪天下午》中，女中学生海红和良光一起去到清飞家劝他复学，回家时迷路了，梁鸿将他们归家的旅程写得险象环生又诡异无比，结果是互相暗恋的他们迅速地厌恶了对方。这真是一次微型的"奥德赛"之旅，出发之前还有温情、欢喜、期待、快乐，路途却充满了迷航、艰辛、痛苦和压抑。我固执地以为，所有来自于县镇的"70后"都有过自己的"奥德赛"之旅。从这个意义上来说，梁鸿复原了在文化苏醒岁月里感受着来自多元文化冲击的一代人的迷惘青春和痛楚回忆。

那么，知识青年就能逃脱吴镇的肮脏生活吗？在《明亮的忧伤》里，梁鸿以"续篇"形式讲述了从穰县师范学校毕业后的海红和明亮的生活，以"逃离者"和"返乡者"两种视角呈现出以下事实：无论知识青年走到哪里，生活的空虚无聊、委顿破败都如影随形。乡下的明亮最后因竞争校长失败而患上了抑郁症，城里的海红则因婚姻失败而一次次返回吴镇"疗伤"。梁鸿描述了俗世生活是如何将那些甜蜜微笑和凝神沉思的年轻师范生们、将在"大风起兮云飞扬"中斗志昂扬的知识青年们彻底击溃的过程。在她笔下，由"知识青年"组成的乡镇教师队伍为了生存简直庸常无趣，毫无尊严：办补习班、卖文具教辅、租卖武侠小说、帮收发快递、卖汽油给赶集的乡亲。撇开师范教育和职业身份，他们的生活和他人别无两样。梁鸿对知识青年的堕落过程进行了如实描绘，让我们看到那些光洁结实的心在被搅碎后如何纷纷然向着俗世的渊底坠落。

在"神圣家族"中，除了失败者和堕入庸常者外，另一种人就是像杨凤喜那样的"于连"，将婚恋当作向上爬的手段。杨凤喜从小受到父亲严格的"官场"教育，这使他在大学时代鹤立鸡群。在被镇党委书记的女儿看上后，他迅速与女友分手，但仕途之路并不那么顺利，反生出诸多荒唐事端。如果说于连的奋斗还能让我们对时代"英雄"产生悼挽悲情的话，那么，想尽办法却将一生做成了个"空"的杨凤喜最后只是成了吴镇人茶余饭后的八卦谈资。

梁鸿没有给知识青年们留下生活的想象，她看到了在吴镇结实严密、自成体系的生活逻辑里，这样的群体必然遭受上下无着的尴尬和困境。失败者和堕入庸俗者固然不可取，"于连"们也并不值得悲悯和同情，所有耗尽时光的心机、计谋、权宜、设计、选择最终都在生活密不透风的铜墙铁壁面前败下阵来。他们的理想和壮志被现实与利欲凌迟着、切割着，他们的一切都与知识分子的高蹈性和精神性无关，他们实际上是被吴镇彻底隔离的孤立无援之人。

梁鸿说《神圣家族》并非田园诗。的确，小说所展现的主要基调是在县镇这样灰败生活底色上人们无望的"活着"。

但是，别忘了"圣徒"德泉，一个手持卷边《圣经》、随时准备从天而降拯救吴镇的流浪汉。他温柔而坚决的辉光如烛，照耀着漆黑的夜晚。我想正是由于有了这个基督耶稣式的人物，梁鸿才可能在描述县镇种种"幻象"之后还能葆有天真的想象。她以虚构、想象、飞腾的诗意丰富和拓展着故乡的面相，使之带有了自己的记忆和温度。

第三节 从时间中拯救经验

抵抗遗忘，是为了铭记承载着生活实践和生命情感的记忆。扬·阿斯曼区分了三种记忆形式："属于大脑研究和心理学的范畴"的个体记忆，"属于社会心理学范畴"的集体记忆，以及作为"文化科学研究的对象"的文化记忆。[1] 通常而言，它们不能截然分开。"梁庄"系列记载着故乡和亲人之"死"，《神圣家族》对吴镇在时代里的巨变有着细笔描摹。在《梁光正的光》中，记忆对象则极为明确，这是一首献给"父亲"的散文诗。"梁庄的堂吉诃德"[2] 梁光正爱女人、爱折腾、爱打官司，这些超出农民身份的行为显得颇不合时宜，就像梁鸿记忆中那件飘扬在乡村道路上的父亲的白衬衫，洁净、妥帖、耀

---

① [德] 扬·阿斯曼：《"文化记忆"理论的形成和建构》，《光明日报》2016 年 3 月 26 日。

② 梁鸿、邵丽、李敏、刘军：《"梁庄的堂吉诃德"——梁鸿作品对谈纪实》，《汉语言文学研究》2018 年第 1 期。

眼，同时突兀和陌生。从此，那个别具一格的"父之名"就镶嵌在了我们的世界中。只要文字不朽，他便永生。

但这些还不够。梁鸿并不满足，有一种动能和热力推动着她不断地向着更深处和更复杂处前行。在她以"梁庄的女儿"这一身份完成了对中国乡镇的在地化实录之后，她更渴望以"中国的知识分子"这一身份，对近现代百年来的中国之变、中国之痛、中国之殇及其带来的变迁进行书写和反思，这就是《四象》①。它召唤出了抵抗遗忘的艺术，提醒我们记取逝去之人寂寞清冷的面容，记取自己生命的来路与去处，以及主宰过人们精神和生活的那些或辉煌或荒谬或暴力的历史经验。

在《四象》中，梁鸿设置了一个颇为特别的"门槛"。在她最初的想法中，叙述者是一个人的四个分身，由此有了"四象"之说。它与"两仪生四象，四象生八卦""尽意莫若象，尽象莫若言"的传统文化表现方式相关。韩立挺、韩立阁、韩灵子、韩孝先，四个叙述者各讲其事，各司其职，将一段从义和团运动迄至当下、长达百余年的风起云涌的中国历史及现实的巨大变化，从不同角度和不同方向、以不同方式呈现出来。

在《四象》中，梁鸿将古老《易经》的"两仪""四象"转换为了历史化和人间化的结构。在她笔下，"两仪"是生与死、阴与阳的博弈与转化，是历史／现实、人间／冥界、自

---

① 《四象》原刊于《花城》2019 年第 5 期，单行本由花城出版社 2020 年出版。

然 / 灵魂、罪孽 / 惩罚、物质 / 精神、创造 / 毁灭等二元对立项的矛盾性联结。"四象"则是四位叙述者在四季、四章、四节的分层变化中渐次呈露出来的令人唏嘘感慨的人生遭际。立挺、立阁和灵子是亡者，是心有所念、心有所怨而不得安宁的幽灵。韩孝先是村里唯一考上重点大学进省城的大学生。他有理想有抱负，却因遭遇情感问题而导致精神分裂，被关进了黑林子。他放羊的时候坟园塌了，被埋在地下四天，在那里与三位幽灵相逢。在阴阳交界的空间里，三位幽灵将自己的过往经历与当下生活缝合起来，将自己的不幸遭遇投射于阳世，企望借生者之手完成复仇、赎罪或寻找之旅。而生者亦在与幽灵的凝视和交流中，对记忆中错乱的情感往事和不幸经历进行了全方位的清点。

四个人的分身叙述由此构成了复杂而别具意味的复调美学。我们可以从叙述者的"声音"特质来分析其象限所蕴含的内容与功能。立阁手持不知何人的骷髅头，心中燃烧着复仇的烈焰。他的"声音"是冰冷冷、硬邦邦的。他迫不及待地指导孝先学《易经》、占卜，无非是要借孝先之手捏住人们的"命"，完成复仇大业。他告诉孝先："你要学会这些。你学会这些，人们就信你，你就掌握了主动权，安排他们的生活、命运，你就可以按照你想要的给他们。"他的叙述的主要功能是将"历史"引入到"现实"之中，为自己的复仇提供充分的合理性。灵子人如其名，她能与植物直接交流，她挨个儿跟龙葵、苍耳、虎尾草、拉拉藤、风铃花打招呼，均匀地分配宠爱，免得它们争风吃醋。她的"声音"温柔清灵，她的叙述柔化了幽冥世界的阴翳、坚硬、阴冷和些许恐怖色彩。立挺刚刚出生时，教堂就被义和团烧毁，牧师和教徒的焦尸散发着可怕的气味。类似场景在李锐的《张马丁的第八天》中亦有所呈现。立挺终生怀揣着可怖的回忆，守着教堂一心侍奉上帝，这决定了他的"声音"是仁慈的、退让的、保守的。梁鸿将立挺的叙述设置为一个"缓冲"，一副忧伤而不无警醒的"冷却剂"。孝先的叙述最为复杂，因为他承担着打通阴阳两界的叙事功能，其自身也经历了从荣耀（村里唯一的大学生）到骄傲（得到娟子的爱情）再到颓废（失恋）和崩溃（精神分裂）的过程，他还同时接受了立阁的《易经》和立挺的《圣经》。他的"声音"是多元的，时而清醒，时而模糊，时而如病人般陷入呓语狂言，时而如先知般发出了面向人类的"警示"和"预言"。他的叙述具有众多的接驳点，最大限度地与三位幽灵之间保持着沟通和交流。

梁鸿采用了并置式的叙事结构，四个分身叙述的象限相互叠合，叙事模块之间不断地交织渗透，生动地演绎着自然、生命、灵魂、信仰、情义的共生共存，构成了一部交叉往复的多重奏。《四象》形式创造的努力由此彰显出其意义和价值：打通关于中国传统文化的理解路径，实现对于中国近现代以来的历史／现实的生动追溯与再现。

《四象》对于精神和信仰问题的探讨也值得注意。信仰在中国大概是个"伪问题"，这意思不是说中国没有信仰，而是信仰在中国多半被"现实主义化""实利主义化"了。李泽厚认为"实用理性"（"实践理性"）是中国传统思想的性格特色，使得中国人不可能走向抽象思辨和精神超越，而是"执著人间世道的实用探求"①，便能充分说明信仰等"非实用"的精神存在在中国有着怎样的遭遇。《四象》对中国人的信仰问题、精神状态进行了一番彻底的展现和披露。在梁鸿看来，人们由于缺乏至高层面的信仰，或者说从"实用"角度对信仰进行了大幅度改造，因此很容易陷入无依无凭的精神空地而成为任人利用的"傀儡"，也很容易在利益面前摒弃人性与道德的底线，欺骗、背叛、迫害、杀戮、出尔反尔、恩将仇报、落井下石等人心的"黑洞"在历史和现实中触目可及，比比皆是。

在《四象》中，这一切都是通过生动的、有意味的故事形态而非说教式的道德伦理展现出来的。梁鸿以东方的《易经》和西方的《圣经》作为考察信仰的"显影剂"。两部经书，一个依循天地之间的自然规律，通过观察"天道"提取出"人道"，作为"群经之首"深刻地影响着中国人的人伦观、命运观；一个在上帝开创的世界里，教诲人们知善恶之别，行正义之事，作为西方文明的重要源头衍生出了一系列终极命题。但显而易见的是，人们更乐意相信和跟从的是《易经》而非《圣经》，因为前者可使他们提前"预见"自己的命运而避开凶险，

① 李泽厚：《中国古代思想史论》，三联书店 2008 年版，第 320—321 页。

后者则因不具备"实用性"而无法被人们接受。

"精神贫乏是一种疾病",当孝先在河坡上开始布道、吸引了一大批无聊的信众时,我们就知道,重要的不是布道内容,而是人们的内心已经无所依凭。那些或平庸无能,或穷凶极恶,或被严重磨损腐蚀的灵魂暴露出了荒芜的"病象",急于用任何看似有力量的学说来填满内心的空洞。为了乞求到"上师"的指引,人们毫不犹豫地褪下了为人为官的尊严,毫无掩饰地呈露出疯狂滋长的贪念和欲望。为了争夺"上师"的占有权和使用权,人们上演了一场场充满谵妄、狂热和非理性的迷狂表演。就连一直担心儿子精神病症的孝先父亲也加入了这一行列,请他回梁庄,"给大家开开光。"在这里,信仰和所有的生活实践都有着相同的演化路径,那就是迫不及待地将手中所拥有的一切进行实利化兑现,越快越好,越多越好。膜拜神性与追逐实利无非是"信仰"的一体两面。

在《四象》中,一个更为深刻和隐藏的主题是,在"上师"与信众之间,并非单方面的控制与被控制的关系,而是双向的、彼此的、相互的"主奴辩证法"的呈现。梁鸿通过讲述民众如何借"信仰"之名行"不义"之事,深刻地演绎着这个判断。一个典型的例子发生在丁庄村。在孝先的"后台"下落不明时,花婶儿将他接到了自己家,先是为帮助他,到后来也免不了有利用之嫌。当花婶儿借"孝先上师"走上致富道路时,丁庄村村委会抢走了他。孝先不愿意配合"弘扬传统文化有限公司"的运作,他们便用栅栏和玻璃屋把他隔离起来,屋前设有香炉和功德箱，方便信众供奉，村委会每晚清点财物并及时瓜分。人们貌似对"上师"尊重有加、敬畏有余，实则明里暗里对他熟练地进行种种实利化操作和盘剥。孝先不但不能掌握自己的命运，反而沦为了庸众的"奴隶"、看客的"对象"。他作为"救世主"得到的只是"片面的和不平衡的承认"。① 这个具有警世意味的潜在主题，与众人的非理性狂热恰好构成了信仰"实利化"的双重证明。《四象》关于信仰的探讨是一个鲁迅式的沉重而深刻的精神质询，它所涉及的国民性、启蒙困境、看与被看、希望与虚妄等，是 20 世纪以来中国现代知识分子孜孜矻矻上下求索而无解的难题。这也是一次试图通过文学形式完成精神追问的努力。

《四象》篇首引用了艾米莉·狄金森的诗歌《为美而死》，再配合作为"后记"的《死者不会缺席任何一场人世间的悲喜剧》②，使得整个文本显豁地展露着支撑小说的精神内核与叙事驱动力：与逝去的亲人们在黑夜里相遇，通过语言与他们在坟墓内外进行联结，以此抵抗遗忘与被遗忘的可能性，抵抗被抹去言语和记忆的空白。

在谈到《四象》的写作动机时，梁鸿说，父亲在坟墓里

---

① [德] 黑格尔：《精神现象学》（上卷），贺麟、王玖兴译，商务印书馆 2015 年版，第 144—146 页。

② 梁鸿：《四象》，花城出版社 2020 年版，"后记"第 243—245 页。这篇后记曾以《死者不会缺席任何一场人世间的悲喜剧》为题发表，https://www.sohu.com/a/351590840_369033。

很寂寞，而他生前是一个喜欢热闹的人："我想写出这些声音，我想让他们彼此也能听到。我想让他们陪伴父亲。我想让这片墓地拥有更真实的空间，让人们看到、听到并且传诵下去。"①可以说，《四象》是在《梁光正的光》的基础上对逝去亲人的再度追忆与书写。"人们忆起死者，是因为情感的联系、文化的塑造以及有意识的、克服断裂的对过去的指涉。"② 在这个文本里，梁鸿的良苦用心和督促我们"记住历史"的富有深意的处理方式，应当引起我们的重视。

从"抵抗遗忘"这个角度来理解《四象》，我们就完全能够明白梁鸿为何要采取幽灵化的叙事方式。她正是要借立阁、立挺和灵子对往事的无法忘怀和难以割舍，来昭示一种抵抗的艺术。他们的记忆如此铭心刻骨，以至于死亡也无法剥夺。他们去世时分别处于少年、壮年和老年，恰好较为完整地覆盖了个体生命的年龄阶段，而他们心之所系的爱、恨、悔，又分别作为人类最古老的原型经验而在叙事中强烈地发酵，推动着孝先将他们自己生前未完成之事做一个了结。从梁庄到县里到省里再回到梁庄，这个空间的挪移一路衍生出了诸多子命题。义和团烧毁教堂、烧死牧师和教徒的残酷往事，立挺一生虔信上帝却最终不被天堂接纳的凄凉，立阁创立"理想国"的经验教训和在"运动"中家破人亡的惨烈，灵子被重男轻女的父亲遗

---

① 梁鸿：《四象》，花城出版社 2020 年版，"后记"第 244 页。

② ［德］扬·阿斯曼：《文化记忆》，金寿福、黄晓晨译，北京大学出版社 2015 年版，第 27 页。

弃甚至被从人间抹去的悲惨事实等等，都敏感地触碰到了历史和现实的某些至暗区域。因此，这种原本相当奇异和魔幻的叙事方式意外地获得了朴素的在地化的效果。

抵抗遗忘，不仅仅是为了历史，它同时也包含着对于当下、现在、现实的铭记。幽灵代表历史，孝先代表现实。他带着幽灵们重返人间，意味着历史与现实之间有着永远切割不断的血脉联系。他帮助幽灵们实现愿望，自己也在这个过程中不得不面对和清理痛苦的往事。通过幽灵的观察与讲述，孝先年轻却坎坷的前半生得以呈现：生于乡村，长于贫困，考上重点大学，进入省城，办读书会，收获同人的友谊，得到恋人的支持，但一切努力均在老板（代表城市里的小天才和一帆风顺的财富人生）面前分崩离析……孝先的经历代表了一个具有中国特色的年轻的知识分子的追求与遭遇，而他与老板之间的两种遭际、人生、命运的交战实则是两个阶层的博弈，是中国城乡、贫富之间巨大差距的真实再现。虽然我们不能直接看到历史/政治/权势之手如何作用于他，但他对自身遭遇的惨痛记忆和被恋人抛弃、被友人背叛的绝望感受，仍然有效地传达出了中国当下社会运作的某些规则和本质。

在所有的记忆形式中，文学之所以成为鲜明有效的编码方式，乃是由于它本身具有柔软丰富的多义性和多维度。为了让历史的喻象更加丰富，梁鸿对于一些词汇和意象从不同的语义层面上使用它们，使其获得了多重意蕴，比如"绿狮子""审判""杀人犯"等。正词反用、庄词谐用、同词多用等

"简约"方式带来的结果，是记忆维度和空间的极大扩张，是文本内涵的趋于复杂和丰富。至于那个贯穿文本始终、命运几经变迁的"黑林子"，则作为一个巨大的政治指喻和回忆空间不断地与人物发生关联。它本是一个大院子，是立阁立挺的爷爷亲手置下的产业，后作为家族财富和地位的象征被立阁继承，但"运动"一来，它转眼就被变成了公有财产。它那雕着精致图案的砖瓦、南洋买来的檀木，都成为见证历史的"历史剩余物"。

除此之外，《四象》在语言和感觉上的独特性激活了我们感官系统中的某些"钝点"，让我们关于历史、自然、故乡、生活的记忆加速度地得以塑形。比如围绕着灵子的花草，它们是那么活泼、可爱，又富有生机与活力。比如立阁的头被发病时的孝先打断后，他将手上那个不知何人的骷髅头摸索着安在了自己头上，那个年轻的头颅赋予了他力量。他带着幽灵们在地下冲撞，企图再度回到人间，这个情节带来了极大的冲击力。还有，精神病患者孝先眼中所见皆为变形："黑林子"里的罪犯成了张牙舞爪的青色植物人，娟子的名字如同钢针穿过他的心脏啃噬着他的神经，河坡上的鸟窝轻轻地慢慢地没有声音地往下掉落……在这个世界中，植物如人般多情，四季如有感知般传递；凉薄之人逍遥法外，仁德之人落入地狱；真实的暴力如同幻象，想象的东西如同实存。爱与恨、生与死的转化就在一念之间，在充盈着眷恋、怨恨、愤懑、恐惧的共生关系之中，错综复杂的纠缠令人叹惋。

诸如此类的这一切，以其生动、奇异、丰饶、斑斓让我们永远记住了这片古老的大地，记住了大地上古老的村庄如何在生者与亡灵的交织中生生不息，绵延不已。四象即万象，书写即记忆。抵抗遗忘的意义就在于此，在文字、神话、景象、仪式、空间等对于"过去"的反复建构之下，我们的记忆成为有机的连续体而非割离和断裂。

在梁鸿的作品和当下创作中，《四象》具有拓展性的意义。值得感佩之处在于，她所做的一切努力不是为了宣扬"天道""命理""善恶有报"，而是力图在天地自然的"大幕"之中重新突显人伦之理，突显那些曾被打倒而迄今依然未能完全恢复其面目的古老而新鲜的"法则"。那就是"人"生于有始有终、有情有义的天地之间，应当要"配得上这广大和丰富，所以要仁礼义正"①。发出这个声音，不但需要真诚，更需要深刻和勇气。这样一来，我们就可以了解，她之所以会执着地源源不断地对自然、对万物、对逝去之人投射那份深情，是因为她对于"人"有爱，有信，有承诺，亦有寄望。这也是她从"梁庄"系列就开启的抵抗遗忘之旅的精神底色。

---

① 梁鸿：《四象》，花城出版社 2020 年版，第 177 页。

结　语

　　"70 后"是随着中国的文化、经济、思想等方面的开放发展而成长起来的一代人,这赋予了她们无历史重负的优势,也使得她们在写作时较少性别束缚而更具有敞开性、超越性的特质:由女性而中性,由个人而群体,由自我而社会,由单一而多维。在叙事题材上,由于她们生活在宁静平和的时代氛围里,主要通过学校教育、舶来文化、长辈言传身教等间接经验补充相对贫乏的直接经验,因此擅长书写日常经验并从中获取审美的快感。她们对物的感受、对风景的描述、对现代情感的把握都准确而细腻。在叙事场域上,她们从个人性、私人性的经验写作出发,在姐妹情谊、母女谱系、父权秩序、性别经验等传统性别主题中填入了更多的时代性和公共性的思考。在叙事视角上,她们不拘泥于女性视角,尝试通过第三人称甚至是男性视角展开叙述。她们很少进行纯粹感官的展现,即便是像鲁敏那样的"荷尔蒙"书写,也是为了探索现代人际关系的变化和生命的本相。

　　总而言之,这一代女作家不再迷恋于女性对身体、欲望等"内宇宙""小世界"的探索，而更愿意通过女性的漂泊、成长、婚恋和命运来展现中国社会的变化，更敏锐于现代化大都市提供的多维生活方式和丰富的精神资源，诚恳地呈现出中国社会转型期的交界性、过渡性、流动性等特征。在她们笔下，传统/现代、城市/乡村、自我/他者、本土/世界、女性书写/男性视角、日常经验/形而上学等二元有机地融合着，不断生成驳杂而丰饶的写作场域，这使得她们的性别叙事同时具有了历史学、社会学、地理学、经济学、心理学等跨学科色彩。

这种书写与苏珊·斯坦福·弗里德曼提出的"全球/定位式的女性主义"有一定的契合之处："具有地缘正常意识的定位式女性主义，在思维上着眼于全球，从而避免用一种文化状况去生搬硬套另一种文化状况；它接受地方性的能动作用和观念化的产物，并持续地关注，这些差异是如何在形式多样、方向不一的全球交流体系内部通过互动而不断进行调整改变的。"这种女性主义可以超越存在于"第一世界与第三世界、男性与女性、压迫者与被压迫者、固定性与流动性等之间的传统界线"①，为多元化的身份地理学和文化认同提供建构材料。

面对正在迅速变化的中国和世界，"70后"女作家也在不断地进行叙事探索。魏微走向了更加生动辽阔的写作领域；盛

———————

① ［美］苏珊·斯坦福·弗里德曼：《图绘：女性主义与文化交往地理学》，陈丽译，译林出版社2014年版，第6、2页。

可以致力于通过寓言和隐喻书写历史；鲁敏还在继续她的"变形"；黄咏梅越来越关注都市女性的归属问题；付秀莹在女性奋斗史之后又开始了新的创作；梁鸿拥有强劲心力和极大的叙事热忱，这使得她在写作道路上未来可期。本书因篇幅所限，只能重点展示这六位。我也注意到，还有很多"70后"女作家在获得成熟风格和诸多文学奖项之后，依然在勤恳而努力地创作：戴来、金仁顺、朱文颖、周洁茹、乔叶、任晓雯、艾玛、崔曼莉、计文君、吴文君、李凤群、滕肖澜、东紫、映川、娜彧、徯晗……

"70后"女作家的书写是在已然成熟的中国性别意识和性别叙事的基础上而展开的，加上这一代人所置身的改革开放、全球化、现代性语境，以及她们持续不断的自觉的叙事探索，我相信，在未来数十年的中国女性文学场域里，仍然会活跃着她们的身影。我也相信，她们将会实现更多的超越，形塑出与全球文化、文明协同发展的新的中国女性形象。

参 考 文 献

（按责任者姓氏的音序编排）

一、专著类

1. ［匈］阿格妮丝·赫勒：《日常生活》，衣俊卿译，重庆出版社 1990 年版。

2. ［英］阿诺德·P. 欣契利夫：《荒诞派》，樊高月译，北方文艺出版社 1988 年版。

3. ［英］安东尼·吉登斯：《现代性的后果》，田禾译，译林出版社 2000 年版。

4. ［美］本尼迪克特·安德森：《想象的共同体》，吴叡人译，上海人民出版社 2005 年版。

5. ［英］本·海默尔：《日常生活与文化理论导论》，王志宏译，商务印书馆 2008 年版。

6. 包亚明主编：《后现代性与地理学的政治》，上海教育出版社 2001 年版。

7. 鲍晓兰主编：《西方女性主义研究评介》，三联书店 1995 年版。

8. [英] 布洛克:《西方人文主义传统》,董乐山译,三联书店 1997 年版。

9. [美] 贝尔·胡克斯:《女权主义理论:从边缘到中心》,晓征、平林译,江苏人民出版社 2001 年版。

10. 陈顺馨、戴锦华选编:《妇女、民族与女性主义》,中央编译出版社 2004 年版。

11. 陈顺馨:《中国当代文学的叙事与性别》,北京大学出版社 2007 年版。

12. 蔡翔:《革命/叙述:中国社会主义文学——文化想象(1949—1966)》,北京大学出版社 2010 年版。

13. [法] 茨维坦·托多罗夫:《日常生活颂歌:论十七世纪荷兰绘画》,曹丹红译,华东师范大学出版社 2012 年版。

14. 陈惠芬:《神话的窥破——当代中国女性写作研究》,上海社会科学出版社 1996 年版。

15. [加拿大] 查尔斯·泰勒:《自我的根源:现代认同的形成》,韩震等译,译林出版社 2006 年版。

16. 陈志红:《反抗与困境:女性主义文学批评在中国》,中国美术学院出版社 2002 年版。

17. 戴锦华:《镜城突围——女性·电影·文学》,作家出版社 1995 年版。

18. 戴锦华:《涉渡之舟——新时期中国女性写作与女性文化》,北京大学出版社 2007 年版。

19. 戴锦华:《隐形书写:90 年代中国文化研究》,江苏人民出版社 1999 年版。

20. 董丽敏:《性别、语境与书写的政治》,人民文学出版社 2012 年版。

21. [英] 多琳·马西:《空间、地方与性别》,毛彩凤、袁久红、丁乙译,首都师范大学出版社 2018 年版。

22. 方英:《女性类型与城市性别秩序》,社会科学文献出版社 2011 年版。

23. 费孝通:《乡土中国 生育制度》,北京大学出版社 1998 年版。

24. [意] 葛兰西:《狱中札记》,曹雷雨、姜丽译,中国社会科学出版社 2000 年版。

25. 郜元宝:《不够破碎》,吉林出版集团有限责任公司 2009 年版。

26. [德] 海德格尔:《存在与时间》,陈嘉映、王庆节译,三联书店 2006 年版。

27. [德] 海德格尔:《形而上学的基本概念》,赵卫国译,商务印书馆 2017 年版。

28. 黄作:《不思之说——拉康主体理论研究》,人民出版社 2005 年版。

29. [美] 汉娜·阿伦特:《论革命》,陈周旺译,译林出版社 2007 年版。

30. 贺桂梅:《女性文学与性别政治的变迁》,北京大学出版社 2014 年版。

31. 贺桂梅：《批评的增长与危机》，山西教育出版社 1999
年版。

32. [美] 贺萧：《记忆的性别：农村妇女和中国集体化历史》，
张赟译，人民出版社 2017 年版。

33. [法] 亨利·列斐伏尔：《都市革命》，刘怀玉、张笑夷、
郑劲超译，首都师范大学出版社 2018 年版。

34. [法] 加斯东·巴什拉：《空间的诗学》，张逸婧译，上海
译文出版社 2009 年版。

35. [美] 简·盖洛普：《通过身体思考》，杨莉馨译，江苏人
民出版社 2005 年版。

36. [美] 克利福德·吉尔兹：《地方性知识——阐释人类学
论文集》，王海龙、张家瑄译，中央编译出版社 2000 年版。

37. [美] 理安·艾斯勒：《圣杯与剑——男女之间的战争》，
程志民译，社会科学文献出版社 1995 年版。

38. 刘慧英：《走出男权传统的樊篱——文学中男权意识的批
判》，三联书店 1996 年版。

39. 李银河主编：《妇女：最漫长的革命》，三联书店 1997
年版。

40. 卢桢：《走向优雅——赵玫论》，南开大学出版社 2015
年版。

41. [英] 雷蒙·威廉斯：《乡村与城市》，韩子满、刘戈、徐
珊珊译，商务印书馆 2013 年版。

42. 刘怀玉：《现代性的平庸与神奇：列斐伏尔日常生活批判

哲学的文本学解读》，中央编译出版社 2006 年版。

43. 刘思谦:《"娜拉"言说——中国现代女作家心路纪程》，河南大学出版社 2007 年版。

44. 林丹娅:《当代中国女性文学史论》，厦门大学出版社 2006 年版。

45. 林树明:《女性主义文学批评在中国》，贵州人民出版社 1995 年版。

46. 孟悦、戴锦华:《浮出历史地表》，河南人民出版社 1989 年版。

47. 孟悦:《人·历史·家园:文化批评三调》，人民文学出版社 2006 年版。

48. [美] 莫里斯·迪克斯坦:《途中的镜子:文学与现实的世界》，刘玉宇译，上海三联书店 2008 年版。

49. [美] 马泰·卡林内斯库:《现代性的五副面孔》，顾爱彬、李瑞华译，商务印书馆 2002 年版。

50. [美] 马歇尔·伯曼:《一切坚固的东西都烟消云散了——现代性体验》，徐大建、张辑译，商务印书馆 2003 年版。

51. [英] 玛丽·伊格尔顿编:《女权主义文学理论》，胡敏、陈彩霞、林树明译，湖南文艺出版社 1989 年版。

52. [美] P. 蒂利希:《存在的勇气》，成穷、王作虹译，贵州人民出版社 1998 年版。

53. 乔以钢:《中国女性的文学世界》，湖北教育出版社 1993 年版。

54. ［美］乔纳森·特纳、简·斯戴兹:《情感社会学》,孙俊才、文军译,上海人民出版社 2007 年版。

55. ［英］齐格蒙特·鲍曼:《流动的现代性》,欧阳景根译,中国人民大学出版社 2019 年版。

56. ［英］齐格蒙特·鲍曼:《废弃的生命——现代性及其弃儿》,谷蕾、胡欣译,江苏人民出版社 2006 年版。

57. ［英］齐格蒙特·鲍曼:《怀旧的乌托邦》,姚伟等译,中国人民大学出版社 2018 年版。

58. ［法］让－皮埃尔·理查:《文学与感觉》,顾嘉琛译,三联书店 1992 年版。

59. ［美］芮塔·菲尔斯基《现代性的性别》,陈琳译,南京大学出版社 2020 年版。

60. ［爱尔兰］塞·贝克特等:《普鲁斯特论》,沈睿等译,社会科学文献出版社 1999 年版。

61. ［美］苏珊·桑塔格:《疾病的隐喻》,程巍译,上海译文出版社 2003 年版。

62. ［英］斯图亚特·霍尔、保罗·盖伊编著:《文化身份问题研究》,庞璃译,河南大学出版社 2010 年版。

63. ［美］苏珊·斯坦福·弗里德曼:《图绘:女性主义与文化交往地理学》,陈丽译,译林出版社 2014 年版。

64. ［美］S.M.吉尔伯特、［美］苏珊·古芭:《阁楼上的疯女人:女性作家与 19 世纪文学想象》,杨莉馨译,上海人民出版社 2015 年版。

65. 邵燕君：《"美女文学"现象研究：从"70后"到"80后"》，广西师范大学出版社 2005 年版。

66. ［美］汤尼·白露：《中国女性主义思想史中的妇女问题》，沈齐齐译，上海人民出版社 2012 年版。

67. 唐小兵编：《再解读：大众文艺与意识形态》，北京大学出版社 2007 年版。

68. 王政、杜芳琴选编：《社会性别研究选译》，三联书店 1998 年版。

69. 王晓明主编：《在新意识形态的笼罩下：90 年代的文化和文学分析》，江苏人民出版社 2000 年版。

70. ［美］W.J.T. 米切尔编：《风景与权力》，杨丽、万信琼译，译林出版社 2014 年版。

71. 西慧玲：《西方女性主义与中国女作家批评》，上海社会科学院出版社 2003 年版。

72. 徐坤：《双调夜行船——九十年代的女性写作》，山西教育出版社 1999 年版。

73. ［美］约翰·奥尼尔：《身体形态——现代社会的五种身体》，张旭春译，春风文艺出版社 1999 年版。

74. ［德］扬·阿斯曼：《文化记忆》，金寿福、黄晓晨译，北京大学出版社 2015 年版。

75. 叶廷芳编：《论卡夫卡》，叶廷芳等译，中国社会科学出版社 1988 年版。

76. 余岱宗：《被规训的激情》，上海三联书店 2004 年版。

77. ［英］伊丽莎白·赖特：《拉康与后女性主义》，王文华译，北京大学出版社 2005 年版。

78. ［美］伊莱恩·肖瓦尔特：《她们自己的文学：从勃朗特到莱辛的英国女性小说家》，韩敏中译，浙江大学出版社 2012 年版。

79. 杨莉馨：《异域性与本土化：女性主义诗学在中国的影响与流变》，北京大学出版社 2005 年版。

80. ［美］朱迪丝·维尔斯特：《必要的丧失》，张家卉等译，北京大学出版社 1988 年版。

81. 宗萨蒋扬钦哲仁波切：《佛教的见地与修道》，马君美、杨忆祖、陈冠中译，新星出版社 2010 年版。

82. 张京媛编：《当代女性主义文学批评》，北京大学出版社 1992 年版。

83. 张京媛主编：《新历史主义与文学批评》，北京大学出版社 1997 年版。

84. 张京媛编：《后殖民理论与文化批评》，北京大学出版社 1999 年版。

85. ［美］张鹂：《城市里的陌生人：中国流动人口的空间、权力与社会网络的重构》，袁长庚译，江苏人民出版社 2014 年版。

86. ［英］詹姆斯·伍德：《小说机杼》，黄远帆译，河南大学出版社 2015 年版。

87. 张清华编：《他者眼光与海外视角》，北京大学出版社 2015 年版。

88. 张清华：《中国当代文学中的历史叙事》，北京大学出版

2012 年版。

89. [英] 朱利安·沃尔弗雷斯编著：《21 世纪批评述介》，张琼、张冲译，南京大学出版社 2009 年版。

90. [美] 周蕾：《妇女与中国现代性：西方与东方之间的阅读政治》，蔡青松译，上海三联书店 2008 年版。

91. [美] 朱迪斯·巴特勒：《性别麻烦：女性主义与身份的颠覆》，宋素凤译，上海三联书店 2009 年版。

92. 张岩冰：《女权主义文论》，山东教育出版社 2001 年版。

二、论文类

1. [德] 阿克塞尔·霍耐特：《日常生活审美化》，尹岩松译，《艺术百家》2012 年第 6 期。

2. 陈晓明：《论文学的"当代性"》，《中国现代文学研究丛刊》2017 年第 6 期。

3. 陈千里：《论十七年女性文学的"准女性"特色》，《天津师范大学学报》（社会科学版）2000 年第 1 期。

4. 陈湘静：《情感劳动与流动的共同体——论王安忆新世纪以来小说中的移民与家庭》，《文学评论》2020 年第 1 期。

5. 陈惠芬：《空间、性别与认同——女性写作的"地理学"转向》，《社会科学》2007 年第 10 期。

6. 董丽敏：《历史转折时期的性别主体建构困境——重读张辛欣小说〈我在哪儿错过了你〉》，《名作欣赏》2015 年第 19 期。

7. 郜元宝：《从"寓言"到"传奇"——致乔叶》，《山花》

（上半月）2009 年第 7 期。

8. 洪治纲：《代际视野中的"70 后"作家群》，《文学评论》2011 年第 4 期。

9. 洪治纲：《论日常生活诗学的重构》，《文学评论》2018 年第 4 期。

10. 刘思谦：《女性·妇女·女性主义·女性主义批评》，《南方文坛》1998 年第 2 期。

11. 刘英：《流动性研究：文学空间研究的新方向》，《外国文学研究》2020 年第 2 期。

12. 李丹梦：《文学"返乡"之路——魏微论》，《山花》2008 年第 1 期。

13. 刘慧英：《张洁的女性化写作与宏大叙事》，《文艺研究》2017 年第 7 期。

14. 乔以钢：《"人"的主体性启蒙与女性的自我追求——20 世纪 80 年代女性文学创作侧论》，《中山大学学报》（社会科学版）2007 年第 2 期。

15. ［联邦德国］维拉·波兰特：《文学与疾病——比较文学研究的一个方面》，方维贵译，《文艺研究》1986 年第 1 期。

16. 王政：《"女性意识"、"社会性别意识"辨异》，《妇女研究论丛》1997 年第 1 期。

17. 王宇：《另类现代性：时间、空间与性别的深度关联——中国现当代文学中的"外来者故事"模式》，《学术月刊》2009 年第 3 期。

18. 王素霞：《另类播撒的空间形式——九十年代长篇小说文体革命之一种》，《当代作家评论》2003 年第 3 期。

19. 王绯：《作家与情结》，《当代作家评论》2003 年第 3 期。

20. 严海蓉：《"知识分子负担"与家务劳动——劳心与劳力、性别之阶级之一》，《开放时代》2010 年第 6 期。

21. 张未民：《回家的路生活的心——新世纪中国文艺学美学的"生活论转向"》，《文艺争鸣》2010 年第 11 期。

22. 张清华：《时间的美学——时间修辞与当代文学的美学演变》，《文艺研究》2006 年第 7 期。

23. 周晔：《爱到无字——张洁真爱理想的建构与解构》，《文学评论》2000 年第 6 期。

后　记

　　这是我的第三部书，也是我的首部关于女性文学的书，而它的渊源足够漫长，可以追溯到 1995 年大三时，我选修程文超先生开设的中国当代文学课程，不知深浅地写下了以陈染为对象的课程论文《囿于尘世的逃离者》。大四时，我依然跟随程先生，毕业论文研究的是王安忆的《长恨歌》。在程先生的支持下，这两篇论文都在广东刊物《当代文坛报》发表了。彼时，我从未想过要从事研究，但我相信，学术的初心起源于程先生的鼓励，他始终信任我对文学文本尤其是女性文本的感受力。

　　再次接触女性文学是在 1999 年攻读硕士期间，我选修了艾晓明教授的性别研究课程。作为有益但枯燥的学术训练，艾老师让我们尝试着翻译女性主义著作。在那以后，我开始对性别理论产生了兴趣，有意识地阅读了《一间自己的屋子》《第二性》《圣杯与剑》《浮出历史地表》《中国女性的文学世界》《走出男权传统的藩篱》等论著，对"女性／女权主义""性别差异""身体写作""父权秩序"等概念有了初步认知。我提交的

课程论文《构筑和谐的两性世界》观点稚嫩，文风散漫，却无形中开启了一种方法路径：在理论的照耀下，通过文本细读潜入暗角、荒界和盲区，去探索那些尚未被广泛关注的论题。艾老师鼓励我们走出象牙塔，关心社会中的女性问题，去同性恋酒吧进行采访。事实上，当我们一踏入那个看似普通的酒吧，立刻就体会到了她们的困境：被众多异样而不友好的目光所追迫、所挑战、所孤立。关于女性"看"与"被看"的命题及其颠倒性镜像得到了充分印证。

硕士毕业之后，我工作了一段时间，于 2006 年到北京师范大学攻读博士。在按期完成博士论文时，我继续关注铁凝、王安忆、迟子建、林白、池莉、方方、魏微、盛可以、金仁顺、戴来、黄咏梅等人的创作，发表了相关论文。那时，性别研究已经褪去了 90 年代的热度。或者更恰当地说，经过众多优秀女性主义学者和女作家的努力，它已经得到了认可，跻入了"正常研究"的行列，无须额外通过争议来完成自身的"合法化"。现在想来，那正是林白一代力图蜕去私人化写作色彩、寻求更加开阔多元的叙事转型的时期，而"70 后"一代正崭露头角，峥嵘有力，亦不失为一种"黄金时代"。

2009 年博士毕业后，我进入南开大学工作，认识了乔以钢老师。此前我早就拜读了乔老师的著作，因此感觉非常亲近和熟悉。乔老师负责性别文化与社会发展中心的工作，每两年召开一次女性文学年会，主持国家性别研究重大课题。她所构建的研究空间以性别为核心，扩展至了历史、社会、文化、经济和思想等方面的探讨。这对我来说是一个难得的机缘，也像是一个精神和学术上的唤醒。于是，在南开园，我再度重返性别研究。

与 20 年前较为单纯的文本解读不同，我尽量将性别问题放置于历史、文化史、批评史等层面上进行考量，这扩张了思考的场域，也悄然形构着本书的基本设想和理念。对此，我在前言中已经有所交代。我需要再次强调的是，我尽量以文本细读为基础，在叙事形式与性别意识的嬗变之间建立起互文关系。为此，我做了大量的文本阅读和阐释工作。这可能比较笨拙，但却是能够让我安心的研究方式。此外，我对于批评文本的重要性进行了强化处理。无论是与文学文本同时期产生的批评，还是后来的再解读和反思性批评，都敞露着中国性别语境的变化，它们本身就构成了与"性别"相关的重要材料。由于本书涉及作品较多，主要对长篇小说进行了出版时间的标注。对于 2000 年出版的文本，本书都将之归于 20 世纪 90 年代进行论述，唯一的例外是赵玫的"唐宫女性三部曲"。

或许，本书对于"70后"女作家的阐释还略显匆促和芜杂，这不难理解。这是我"70后"整体研究的一部分，而且她们的创作还在不断生长和变化，我不可能尽数洞悉。我愿意将这一时期的思考包括种种疑虑、问题、豁然尽量呈现出来。如果它们能够对后来的研究者有所提示，那就是本书最大的价值了。

本书的部分章节曾以论文形式发表于《文学评论》《南开

学报》《文学与文化》《当代作家评论》《小说评论》《当代文坛》《扬子江评论》《艺术广角》《理论与创作》等刊物，感谢各位师长朋友对于性别叙事与"70后"的关注。某些章节起源于我的第二部书《文化研究与叙事阐释——当代小说史观察的若干视角》。收入本书时，我根据论题和论述语境对相关内容重新进行了调整。

感谢天津市高校人文社科重点研究基地"南开大学性别文化与社会发展中心"，多年来我参加中心的活动，与各学科的专家学者讨论性别问题，受益匪浅。感谢乔以钢、关信平老师主编的"性别文化与社会发展研究丛书"，忝列其中，有欣喜也有惶恐，更是一种莫大的认可和鼓励。感谢人民出版社的王萍老师，她耐心细致地核实、校对，与我多次信息往复，毫不倦怠，给了我莫大的温暖与鼓励。

我从去年秋天开始本书的写作与整理。沉潜在研究中，对于时光的感知总是钝钝的，一抬眼，窗外又已有了淡金色的秋意，2020年已近尾声。对于我而言，写作的收获在写作的过程中已经同步完成了。构思、论证、精炼逻辑、打磨文字，让表述更为结实，让起承转合更为自洽，在某些意象中悄然嵌入自己的生命经验，这给予了我无限的宁静和喜悦。感谢时光。

曹　霞

2020 年 10 月 12 日于南开园

责任编辑:宫　共
封面设计:源　源

图书在版编目(CIP)数据

性别叙事的嬗变与"70后"女作家论/曹霞 著. —北京：
　人民出版社,2021.4
ISBN 978-7-01-023217-1

Ⅰ.①性…　Ⅱ.①曹…　Ⅲ.①女作家-人物研究-中国-
　现代　Ⅳ.①K825.6

中国版本图书馆 CIP 数据核字(2021)第 039416 号

性别叙事的嬗变与"70后"女作家论
XINGBIE XUSHI DE SHANBIAN YU 70 HOU NÜZUOJIA LUN

曹　霞　著

人民出版社 出版发行
(100706　北京市东城区隆福寺街 99 号)

北京佳未印刷科技有限公司印刷　新华书店经销

2021 年 4 月第 1 版　2021 年 4 月北京第 1 次印刷
开本:880 毫米×1230 毫米 1/32　印张:9.25　字数:192 千字

ISBN 978-7-01-023217-1　定价:33.00 元

邮购地址 100706　北京市东城区隆福寺街 99 号
人民东方图书销售中心　电话 (010)65250042　65289539